山东交通学院校企共建特色教材

船舶认知实习

— CHUANBO RENZHI SHIXI —

主编 ◉ 于洋 李斌
主审 ◉ 张桂臣

大连海事大学出版社
DALIAN MARITIME UNIVERSITY PRESS

图书在版编目(CIP)数据

船舶认知实习 / 于洋，李斌主编. — 大连 ：大连海事大学出版社，2024. 12. — ISBN 978-7-5632-4629-8

Ⅰ. U674-45

中国国家版本馆 CIP 数据核字第 2024JG2606 号

大连海事大学出版社出版

地址:大连市黄浦路523号　邮编:116026　电话:0411-84729665(营销部)　84729480(总编室)

http://press.dlmu.edu.cn　E-mail:dmupress@ dlmu.edu.cn

大连永盛印业有限公司印装　　大连海事大学出版社发行

2024 年 12 月第 1 版　　2024 年 12 月第 1 次印刷

幅面尺寸:184 mm×260 mm　　印张:15

字数:324 千　　印数:1～1500 册

出版人:刘明凯

责任编辑:王　琴　　责任校对:陈青丽　任芳芳

封面设计:解瑶瑶　　版式设计:解瑶瑶

ISBN 978-7-5632-4629-8　　定价:39.00 元

内容提要

《船舶认知实习》是在习近平新时代中国特色社会主义思想的指引下，依据 STCW 公约马尼拉修正案中对船员适任必须具备的七项职能要求编写完成的。全书共分为八个部分，主要内容包括船员职业道德和规范，船舶作业管理和人员管理，航行，货物装卸和配积载，轮机工程，电气、电子和控制工程，维护和修理，无线电通信。本书由校企合作完成，紧扣船舶生产实际，对了解航海类专业和船员职业大有裨益。

本书可作为航海技术、轮机工程、船舶电子电气工程以及海事管理等涉海类专业本科生和专科生的教学用书，亦可作为航运企业、有关科研及航运管理部门的干部及管理人员的入职培训用书和专业参考用书。

前　言

航海类专业是应用性很强的专业。船舶认知实习是航海类专业学生专业教育的一个重要环节。低年级的航海类专业学生对船舶构造和船员的分工协作等缺乏感性认识，需要到船舶一线去感知、领会和实践。为此，高校需要对学生的实习过程进行顶层设计，对实习内容进行合理编排，在有限的时间和空间内最大限度地提高学生的实习质量和实习效果，帮助学生尽快了解、认识所学专业，做好职业规划。

本书由山东交通学院于洋、李斌主编，由上海海事大学张桂臣主审。其中，项目一船员职业道德和规范由于洋、李胜强编写，项目二船舶作业管理和人员管理由李斌、侯永江编写，项目三航行由吴恒涛、刘昌海编写，项目四货物装卸和配积载由吴恒涛、刘昌海编写，项目五轮机工程由于洋、李斌编写，项目六电气、电子和控制工程由赵恩蕊、李胜强编写，项目七维护和修理由吴恒涛、李斌编写，项目八无线电通信由吴恒涛编写。本书中的部分插图由孙光绘制。

山东交通学院联合国内知名航运企业编写了本书。本书在编写过程中得到了海丰国际控股有限公司张建船长、威海市海大客运有限公司张广仕轮机长、中远海运船员管理有限公司青岛分公司王连荣船长、青岛韦立国际船舶管理有限公司房启涛船长、华洋海事中心有限公司申石磊轮机长、山东东弘国际船员管理有限公司史绍华轮机长以及青岛洲际船员管理有限公司谭军轮机长的大力支持，他们对本书提出了许多中肯的意见和建议。在此，向所有关心、帮助本书出版的专家、老师表示衷心的感谢！

由于编者学识水平和时间有限，书中难免有不当之处，恳请各位专家、读者批评指正。

编　者

2024 年 8 月

目 录

项目一

船员职业道德和规范

任务一

习近平新时代中国特色社会主义思想引领航海事业

航海的发展离不开航海科学技术的进步。航海是由技艺逐步发展而来的一门科学。航海事业的发展是航海科学技术进步的结果。狭义的航海科学技术是从航海人员驾驶船舶在海上航行的知识、方法和手段出发的，主要指地文航海技术、天文航海技术、无线电航海技术、船舶操纵与避碰技术。广义的航海科学技术还应包括造船技术、船舶通信导航技术、船舶安全和防污染技术、船舶能源与动力技术、船舶控制技术、船舶维护与修理技术等。无论是狭义的还是广义的，航海科学技术都依赖于相关门类科学技术，并且是相关门类科学技术在航海上的综合、集成与应用。

中国近现代航海事业历经曲折，从大到强，中国已经是名副其实的航运大国。

航海事业的发展，除了需要科学技术自身的不断发展，还需要正确的思想来指引方向。一个民族要走在时代前列，就一刻都不能没有理论思维，一刻都不能没有正确思想指引。中国是社会主义国家，中国式现代化有别于其他国家的现代化。航海事业作为社会主义现代化事业的一部分，需要切合习近平新时代中国特色社会主义思想。世界正处于百年未有之大变局，各国竞争不断加剧，中国航海事业的发展必须坚持以习近平新时代中国特色社会主义思想为引领，科学运用理论武装，才能和社会主义其他行业同进步、共命运。

党的十八大以来,习近平总书记多次强调建设海洋强国,明确指出“经济强国必定是海洋强国、航运强国”。党的二十大报告再次做出“加快建设海洋强国”重大部署。以习近平同志为核心的党中央高度重视海洋强国建设和海洋事业发展,将海洋强国建设作为中国特色社会主义事业的重要组成部分和实现中华民族伟大复兴的重大战略任务,做出了一系列重大部署,提出了一系列重要举措,为扎实推进海洋强国建设指明了前进方向,提供了根本遵循,赋予了强大动力。我们要坚持以习近平新时代中国特色社会主义思想为指导,推动航海事业创新发展,通过商品贸易,增进文化交流互鉴,加速全球一体化进程,全面推进新时代航海事业创新发展。

海上实习是培养航海类专业学生专业素质和实践技能的重要途径。航海类专业学生在校期间一般要完成海上认知实习和海上毕业实习两次实习活动。海上认知实习一般安排在学生学习理论知识之前,实习周期为 1~6 周。海上认知实习是让学生通过学习船舶航行知识,从而对船舶的整体结构、船舶的工作原理、船舶的航行安排等有一个最初的了解。这种由浅入深的过渡,使学生在今后专业课程的学习中具有更明确的目的性,为理解和掌握专业知识打下坚实的基础。海上毕业实习一般安排在学生毕业之前,实习周期为 8~16 周。海上毕业实习不仅能帮助学生获取航海生产知识,提高实际工作技能,同时还能培养海员素质。

船舶认知实习课程是一项旨在提高学生对船舶工程领域的认识的实践活动。通过实习,学生可以直观地了解船舶的设计、制造、运营和管理等方面的知识,加深对专业课程的初步认识,提高实践操作能力和团队协作能力。实习的目的在于理论联系实际,通过实习和之后的专业学习来增强学生的综合素质,培养其成为符合行业需求的专业人才。

在实习期间,学生将深入船舶的各个岗位,了解不同岗位的职责和工作内容。通过与一线员工的交流和学习,学生将认识船舶行业对人才的需求特点,明确自己的职业定位和发展方向。同时,学生还将了解船舶行业的最新发展动态和技术创新,为自己未来的发展做好准备。

航海类专业包括航海技术、轮机工程和船舶电子电气工程等专业,都是直接对口船舶的专业,毕业生不仅需要丰富的专业理论知识,也需要与之匹配的实践能力。目前各大航海类高校学生的实践性教学根据各校的实际情况而略有不同,但总体由以下两部分组成:陆上实训和海上实习。其中,陆上实训包括实验教学和实训教学,海上实习主要是指实习教学,如图 1-1 所示。实践性教学涉及的科目众多,实习环境又复杂多变,下面以山东交通学院航运学院轮机工程专业为例做具体分析。

(1)基础性实验教学:《大学物理实验》《机械设计》《数学竞赛与实训》;

(2)专业性实验教学:《金工工艺》;

(3)基本技能训练:《基本安全》《精通救生艇筏和救助艇》《精通急救》《高级消防》四个专业合格证书的培训与训练;

(4)职业技能训练:《动力设备拆装》《动力设备操作》《船舶电站操作》《机舱资源管理》《电工工艺与电气测试》;

(5)船舶认知实习:《船舶认知实习》;

(6)毕业航行实习:《船舶实习(航运企业实习)》;

(7)其他社会实践:《创新创业教育实践》《船舶装备设计与创新》《大学生劳动与教育》等。

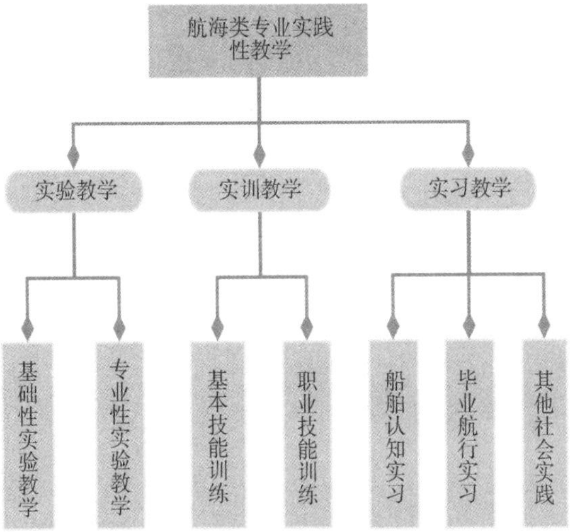

图 1-1　航海类专业实践性教学科目

“船舶认知实习”课程一般设置在大学一年级或大学二年级,因为这个时期的学生已经了解了部分专业知识,但尚未开展系统的专业学习。学生通过跟船实习,能对专业课程的学习具有更明确的目的性,也能在今后的学习中,为理解和掌握专业知识打下坚实的基础。图 1-2 所示为船舶认知实习场景。

图 1-2　船舶认知实习场景

船舶是一个极其复杂的独立系统，包含主机、副机、舵机等动力设备，雷达、罗经等助航设备，以及一系列辅助设备。航海类专业的学生需要漫长的理论和实践学习才能掌握。

百年向海图强，十年中流击水。党的十八大以来，中国航运业逐步走近世界舞台中央。面对百年未有之大变局和中华民族伟大复兴战略全局，大学生应该以习近平航运强国重要指示为指引，弘扬同舟共济的航海精神，推动全球经济融通和人文交流，向着海洋强国乘风破浪。

任务二

船员职业道德与职业素养

航运作为最高效、最安全和最环保的大宗货物远程运输方式之一，跟陆运相比有着更多的优越性，如载货量大、运价低等。航运承担着90%的过境贸易运输量，对于国际贸易正发挥着前所未有的重要作用，也为世界各国的经济繁荣做出了重要贡献。船员是海运的核心要素之一，在海运贸易和经济发展中起到了关键性作用，其共性行为不仅关系到所在船舶的安全、所在企业的效益，也关系到国家经济、政治、外交乃至军事的影响力。

职业道德规范是劳动者在长期的职业劳动实践中反复积累、逐步形成的，它是社会对劳动者在劳动中必须遵守的基本行为准则的概括和提炼。它源于劳动者的道德生活实践，又高于劳动者的道德生活实践，因而对劳动者在劳动中的道德行为有着巨大的调控和导向作用。随着海洋经济的发展，船员已成为一个重要的职业群体。船员不仅需要掌握专业的技能，还需要遵守其独特的职业道德规范。

一、船员的人际关系

人际关系就是在人们进行物质交换和精神交往的过程中发生、发展和建立起来的人与人之间的关系。

由于海上生活和工作环境的特殊性，船员的人际关系有着显著的职业特征和特殊的交往原则。正确处理好船员的人际关系，有利于船舶的安全操作和营运效率的提高，也有利于船员工作积极性、潜能和创造性的发挥。

良好的人际关系对船员来说有着特别重要的意义：

(1)良好的人际关系有利于船员形成群体感知，即形成同舟共济、克服困难的共识，以确保水上运输工作能安全、高效地完成。

(2)良好的人际关系有利于减少船员工作上的内耗。船员之间沟通信息,调节情绪,互相激励,从而提高了工作效率。

(3)良好的人际关系有利于船员完成复杂的工作任务。互补型组合的人际关系有利于船员之间取长补短、相互配合,有利于船舶的安全航行,有利于提高海上运输的经济效益。

(4)良好的人际关系有利于船舶内部形成融洽、和睦、友好的工作气氛和环境。船舶操作绝对不是单一个体行为所能承担的,而是一个完整的合作活动的组织系统,必须注重团队精神和群体环境的建立,必须注意处理好船上的人际关系,加强与同事、上下级的沟通,重视感情投资。事实已经证明,人际关系越是和睦,人们之间的感情就越好,相互之间的信任度就越高,群体内的凝聚力就越大。

(5)良好的人际关系有利于船员的身心健康,促进个性的健康发展。

船员应当了解人际交往的特点和掌握人际交往的技巧,正确认识海上生活的特殊性,加强自我修养,创造和谐的人际环境和保持良好的心境。

二、现代船员的职业特点

随着现代科学技术的发展,越来越多的科技和管理理念应用在船上,现代船员呈现出新的职业特点。职业特点是培养职业道德的基础,同时,船员的职业特点也影响着其职业道德的形成与发展。

(一)船员职业特点的普遍性

1.开放性与封闭性

远洋船舶劈波斩浪,漂洋过海,驶向五大洲。船员们耳闻目睹各国不同的社会风貌和风土人情,接触不同肤色的人群,周游列国,见多识广。其职业具有其他职业所无法比拟的开放性特征。然而,从另一个角度看,船员工作、生活在船舶这个有限的空间内,其职业又具有相对封闭的特征。

2.独立性与群体性

远洋船舶往往航行在世界各个国家和地区,经常会遇到复杂和突变的情况。一艘船上的全体船员作为一个有凝聚力的集体,在应对各种突发情况时,不仅需要船长领导全体船员果断处理,同时要求船舶上所有船员岗位明确、职责到位,这样才有可能在复杂多变的情况下保证船舶安全航行。这种长期漂泊于大海的实际状况要求远洋船员具有高度的独立性。

远洋航行是集体生活的整体行为。一旦登上远洋船舶,全体船员就构成了一个同舟共济、生死相依的集体。共同的事业和命运把船员们紧紧地联系在一起,他们朝夕相处、患难与共,因而远洋船员具有较强的群体性。

3.技术性与风险性

航海是一种技术性很强的职业。船员若没有较高的技术水平和较强的业务能力与应变能力，就很难保证船舶在大海中安全行驶。随着航海技术的发展，船舶自动化的程度不断提高，现代船员需要掌握的新知识、新技术越来越多。此外，新航线的不断开通，航道、码头设备与管理的不断升级，货物种类的不断增加，船员职责的不断重叠，世界性航运规则与公约的不断出台，对外劳务输出的不断扩大等均对现代船员的综合素质与技术水平提出了新的、更高的要求，航海职业的技术性特征将越来越突出。

海洋运输属于高风险行业。虽然有现代化科技助力，将船舶的各类风险大大降低，但是变幻莫测的大自然仍使航海具有很大的风险。随着国际航运事业的发展，船舶的数量不断增加并向大型化、高速化方向发展，船舶避碰的形势也越来越复杂。凡此种种均给航海事业增加了风险。

4.复杂性与管理性

远洋运输情况比较复杂，包括：航区、航线复杂，货品复杂，港口环境复杂，远洋船员思想状况复杂等。因此，对船员的业务和政治素质要求很高，任何不妥或越轨的言行都有可能酿成祸事。

现代船员职业的管理性体现为：船员各司其职，轮班操作，对船舶进行维修保养和严格管理，不可有一丝一毫的疏忽。现代化船舶结构复杂，更需要每一名船员都具备高度的管理意识与水平。管理水平决定着航运企业的发展前景。

5.涉外性与国防性

我国远洋船舶航行于世界 150 多个国家和地区的 1 100 多个港口。现代船员在从事跨国商贸活动中，承担着民间外交和和平友好使者的使命。他们有着清醒的政治头脑，能洞悉国内外形势，自觉地维护祖国的尊严，为祖国的繁荣与富强而工作；同时他们还具有较高的文化修养和丰富的社交知识，身体强健，仪表端庄，热情豪爽，不卑不亢，落落大方。

作为海军后备军，我国远洋运输船队在和平环境中为祖国现代化建设而努力奋斗，战时则可承担起保卫祖国和世界和平的神圣使命，在我国国防建设中起着不容忽视的作用。因而，船员职业不仅具有涉外性，而且具有国防性的特点。

6.艰苦性与豪迈性

自古流传着这样一句话：“世上三般苦，撑船、打铁、磨豆腐。”虽然时代发展了，船舶的装备越来越先进，但是也改变不了船员在风浪中的颠簸摇荡之苦、与家人的长久离别之苦和业余生活中的寂寞单调之苦。随着科技的发展和技术的进步，现代船员的工作环境、生活环境得到了极大的改善，但是相对于许多陆上行业来说，还是比较特殊和艰苦的。

虽然船员的职业是艰苦的，但是他们弘扬着“爱国、进取、敬业、奉献”的船员精神，藐视困难，乐于吃苦，以苦为乐，在航运事业中热切追求，开拓进取，为祖国现代化建设做出了突出的贡献。他们周游全球，见多识广，充满激情与豪迈。当巨轮远航归来，徐徐靠上码头之际，船员的心中充满了成就感、自豪感，见到祖国、亲人的欣喜之情溢于言表。由此可见，航海职业具有豪迈性的特点。

(二)船员职业特点的特殊性

1.服从性

现代船员应该具有军人的气质和风姿，以服从为天职，用严格的纪律约束自己，一切服从船长的指挥，不得有丝毫的差错。远洋船舶像一部庞大的机器，若有一个螺丝钉松动，拧不紧，就容易导致船毁人亡的惨剧发生。据国际海事组织的统计，国际上所发生的海难有80%是责任事故，是人为因素造成的，是可以避免的，其中很大因素与船员不服从指挥及违反操作规程有关。随着中国船员劳务输出规模的不断扩大，行业对船员的服从性要求越来越严格。因此，远洋船员的职业特点要求船员必须服从命令、听从指挥。

2.流动性

船员流动性大。就一艘船而言，几乎每个航次人员都要变动，然后重新组合调整，内部组织经常变化，时常是船员们在一艘船上刚刚熟悉，下一个航次开航时又出现了一批新面孔。

3.单调性

船员的业余生活相对于陆地生活比较单调、封闭。虽然随着星链等先进通信设备的不断组网，船员在远洋航行也可以上网并与陆地人员时刻保持联系，但是单调的色彩、嘈杂的机器轰鸣声、逢年过节不能与亲人团聚、日复一日的枯燥生活，都对船员的耐性与毅力提出了考验。因而，要想当一名好船员，必须经受得住单调、寂寞的考验，培养多种兴趣来丰富自己的在船业余生活。

三、船员职业道德与职业素养

(一)船员职业道德的基本原则

船员职业道德规范体系的内容十分丰富，其中船员职业道德的基本原则是道德规范体系的核心与支柱。船员职业道德的基本原则可以概括为两条：集体主义原则和爱国主义原则。

1.集体主义原则

集体主义原则是社会主义道德体系的基本原则，是一种传统的高尚的社会主义伦理原则，也是船员职业道德的首要原则。

集体主义是中国文化区别于西方文化的一个重要标志，是一种社会主义道德价值导向。其主要内容包括三个方面：一是从集体利益和个人利益辩证统一的观点出发，坚持集体的利益高于个人的利益；二是在保证集体利益的前提下，尽量满足个人的正当利益，将集体利益和个人利益有机地结合起来；三是在集体利益与个人利益发生矛盾的时候，个人利益必须无条件地服从集体利益。此外，由集体主义原则衍生出的集体主义精神，是一种一直为社会所倡导的传统美德，表现为热爱集体，关心集体，忠诚于集体，奉献于集体，以集体为家，与集体共进退、共荣辱等。

2.爱国主义原则

（1）爱国主义是船员职业道德规范体系的基本原则之一，是由船员的职业特点所决定的。

爱国主义是千百年来中华儿女形成并传承的对祖国的一种最深厚的感情，爱国主义是中国人民增强凝聚力的一面旗帜，也是中华民族最具魅力的传统美德之一。远洋船员周游世界，与世界各国有着多方位的联系，容易受到各种诱惑，受到的考验远比从事其他职业的人更为严峻。因此，爱国主义应是对中国船员无条件的道德要求，它规定船员无论在任何情况下都必须受此约束。

（2）爱国主义作为船员职业道德规范体系的基本原则之一，是因为爱国主义与国际主义是相统一的。

（3）爱国主义是船员职业道德规范体系的核心部分，具有相对的独立性与稳定性。

爱国主义被提升为船员职业道德的基本原则的另一个原因在于它是船员职业道德关系的本质体现。人们常把祖国比作母亲，一个人如果连自己的母亲都不爱，还有何道德可言？因此，船员若不爱国，那么其他的道德规范也无从谈起。爱国与否是用来衡量船员心灵善、恶、美、丑的道德尺度。因此，爱国主义原则构成了船员职业道德规范体系的核心部分，规定着船员的行为，形成了对船员最一般形式的道德要求。

爱国主义作为船员职业道德的基本原则，其主要内容是：

（1）热爱祖国，包括热爱自己的民族，热爱祖国的语言、文化、民族传统、风俗习惯，以及祖国的美好河山、一草一木；

（2）忠于祖国，把自己的命运同祖国的命运紧密相连，培养民族自信心、自尊心与自豪感，为祖国的繁荣昌盛而努力拼搏；

（3）无论何时何地，都坚持以祖国利益为重，自觉维护祖国的独立、完整和统一，维护民族团结，自觉地把祖国的利益、尊严和荣誉放在高于一切的位置；

（4）把爱国主义与国际主义结合起来，把热爱祖国与维护世界和平和促进人类进步结合起来，反对任何形式的霸权主义、强权政治，着眼于为人类做出较大贡献的目标，为传播中国人民和世界人民的友谊而努力工作。

集体主义原则与爱国主义原则构成了船员职业道德的基本原则，是船员职业道德庞大体系的基石。

（二）船员职业道德的基本规范

没有规矩不成方圆，没有规范不成社会。船员职业道德规范是指从事航海职业的人员在从事航海的劳动过程中应遵循的职业行为规范，是船员职业道德原则和范畴的具体化。

1.热爱祖国、热爱航海

热爱祖国、热爱航海是船员最基本的道德素质，是船员职业道德规范的首要要求。

热爱祖国、忠于祖国是中华民族的传统美德，是我国船员的光荣传统，也是爱国主义原则的具体体现与展开。

热爱航海，首先要充分认识到航海事业在国民经济中的重要地位与作用。作为一名船员，应当有光荣感与自豪感，有远大的职业理想，热爱海洋，热爱岗位，要有献身航海的决心与勇气，力争为祖国的航运事业多做贡献。

热爱航海就要有一种乐于奉献的精神。一名合格的远洋船员应该立志为祖国的航运事业做贡献。伟大的动机产生伟大的理想，一个人有了这样的理想，才能够克服重重困难，成为一名出色的船员。

2.爱岗敬业，开拓创新

爱岗敬业，是热爱祖国与热爱航海的具体化。要树立强烈的竞争意识，要有危机感、紧迫感、责任感，彻底摒弃那些把工作当成应付上级、不讲究效率和质量、处于被动状态、讨价还价、缺乏责任心等与敬业精神相悖的表现，真正做到爱国、爱海、爱岗敬业。

从某种意义上说，开拓创新是为了优质服务，而优质服务必须开拓创新。开拓创新与优质服务是船员职业道德的基本规范之一，也是航运企业保持蓬勃的生命力与长盛不衰的竞争力的动力与源泉。

3.团结协作，同舟共济

航海本身是一种充满风险的职业。正是这种团结协作、同舟共济的职业特征，才锻造了航海人钢铁般惊人的意志，又凝聚了航海人兄弟般深切的情感。风雨同舟，看似寻常，实则是生死与共。对于破坏团结的不良行为，全体船员都要展开批评，人人争当促进团结的模范，尤其是要培养“后退一步天地宽”的思想境界，真正做到团结协作、同舟共济。

4.爱船如家，精于管理

船舶是船员的谋生之所、衣食之源，没有船舶就不会有船员，船员同船舶“同呼吸，共命运”，因此培养船员爱船如家的职业道德是十分必要的。精于管理与爱船如家有着密切的内在联系。

5.安全第一，服从指挥

安全是航海人永恒的话题。安全第一，安全为本，安全是效益，安全是幸福，安全是生命。每位船员都要牢牢树立安全第一的思想，做到一切行动服从指挥，确保大海行船平安无险是船员职业道德基本的、重要的规范。

6.遵守环保法规，增强环保意识

船员要增强环保意识和公德意识，积极维护生态平衡，保持大海清澈湛蓝，保护资源，保护环境，珍惜和爱护地球上的生物，做地球村的文明公民。这是一种道德责任，也是一种道德义务。

(三)船员职业道德品质

船员职业道德品质的形成过程是一个将外在道德观念内化为船员内心道德信念的过程。

船员必备的道德品质可概括为以下几个方面:

1.诚信

诚信就是要诚实,守信用,诚实做人,诚实做事,实事求是。诚信是中华民族的传统美德,也是中国船员必备的基本道德品质。

2.勤奋

勤奋就是自强不息,奋发向上,勤学苦练,开阔视野。船员勤奋的品质表现为孜孜不倦地做好本职工作,争分夺秒、精益求精地钻研技术和业务知识,掌握最新的科技发展动态与信息,与世界航运业的发展保持同步。

3.勇敢

航海是勇敢者的事业,作为一名搏击风浪的船员,要具备不畏艰险、奋勇向前的品质,这是航海者引以为豪的突出品质。具有这种品质的船员在日常生活中不怕苦、不怕累,勇于挑重担,乐于承担责任,危险时刻敢于拼尽全力与惊涛骇浪反复较量,在出现各种险情以及人为的争端时,能够做到奋不顾身或伸张正义,主持公道,大义凛然。

4.节制

节制通常指人对自身欲望、情感、爱好、习惯的合理控制。由于船员职业的特点,他们在泛海航行时比起在陆地工作的人们更应有效地培养与练就这种品质,面对物质诱惑、情感诱惑、不良嗜好的诱惑均要节制,在日常生活中,言行要做到有节适度,保持高度的理性,不能随心所欲或放纵无度。

5.谨慎

谨慎是船员应有的品质。谨慎通常指密切注意外界事物或自己的言行,以免出现差错、发生不利或不幸的事情。

6.自尊

自尊是指尊重自己,不向别人卑躬屈膝,也不容许别人歧视和侮辱自己。这是船员必备的一种道德品质。平心而论,自尊心是每个正直的公民都应具有的品质,船员尤其应有民族自尊心和自豪感,对我国社会主义现代化大业和祖国的未来充满信心,不允许少数对我国抱有偏见的外国人或少数敌对分子歧视、贬损、侮辱我们的国家和民族,同时在工作中自信、自重、自爱和自尊。船员在对外交往中和在外国船员面前要不卑不亢、落落大方。

此外,船员还应具有朴素、公正、谦虚、豁达、仁爱、无私等优良品质。随着时代的发展和科学的进步,船员职业道德品质的内容也应不断地丰富、更新、调整与完善。

任务三

船员组织纪律、劳动纪律与涉外纪律

船员是建设海洋强国、航运强国的主力军。为贯彻落实习近平总书记的重要指示，必须要建设一支高素质船员队伍。为了优化船员职业发展环境，推动建设高素质船员队伍，交通运输部、教育部、财政部、人力资源和社会保障部、退役军人事务部和中华全国总工会六部门于2021年联合发布了《关于加强高素质船员队伍建设的指导意见》。所以，加强船员管理，建设一支高素质船员队伍就显得尤为重要。

远洋船员的合同期一般为6~8个月，合同期内船员一般都需要在船工作，内河船员一般采取轮休制度，工作45天，休息15天的工休方式居多。船员在船均需接受船长的统一领导，日常工作根据分级管理制度来完成，甲板部人员由大副领导，轮机部人员由轮机长领导，大副、轮机长、政委均须由船长直接领导。为了完成各项航行工作，每位船员都需要各司其职，并严格遵守船公司的各项规定和船舶领导的安排。

严明的组织纪律是组织活动成功的关键。船舶航行于世界各地，能够安全和高效地完成各项运输任务的基本保证是船员必须具有严明的纪律。对于船员来说，主要有以下三个方面的纪律要求。

一、组织纪律

(1)严格遵守国家的法律、法规。

(2)严格执行船舶的作息制度、请销假制度、交接班制度和其他各项规章制度。

(3)服从调动，按要求及时上船工作，严禁延误船期或漏船。

(4)积极参加船舶组织的政治学习、业务学习、培训和会议，不得无故缺席、迟到和早退。

(5)团结友爱，互相协作；不得拉帮结派，挑拨是非，寻衅闹事，打架斗殴。

(6)爱护公共财物，不得随便拆、动生活区和房间内的固定设施。

(7)自觉维护船舶工作、生产和生活秩序，不准酗酒和在航行中饮用烈性酒，航行值班人员在当值前4 h不准饮用带酒精的饮料。严禁打麻将和进行任何形式的赌博活动。

(8)家属和亲友不得登油船和装运危险品的船舶，并不得在锚泊时登船和随船航行；家属和亲友探望船员，一般应在岸上住宿。

(9)严禁吸食、注射、携带及贩运毒品。

二、劳动纪律

(1)认真履行职责,服从工作分配,保质保量地完成所承担的任务,对分配的工作或工作中的问题可提出不同意见或改进建议,但不得消极怠工和顶撞、谩骂、威胁船舶领导或部门负责人。

(2)坚持8 h工作制,做到不迟到、不早退、不旷工。

(3)严格执行各项操作规程、安全注意事项、防火防爆守则和防污染规则,不得违章作业。

(4)严格遵守船舶航行、停泊值班制度和其他有关规定,确保船舶安全。

(5)值班时应尽职尽责,坚守岗位,并按规定着装、佩戴标志;不得做与值班无关的事情,当班人员应清楚、明了地向接班人员交代工作;未经船舶或部门负责人同意不得调换值班时间。

三、涉外纪律

在境外,船员下船办事或活动,必须严格遵守所到国家或地区的法律、法规以及当地和港口的有关规定,尊重当地的风俗习惯。在涉外活动中,应严守党和国家及船公司的秘密。不得私自与任何境外机构、组织、人员联系,船员如需在国外探望亲友,应经船公司批准,由船舶领导酌情安排。境外人员登船参观访问时,应由船舶领导组织有关人员接待。未经船舶领导允许,不得私自接待。登岸购物应到正当的贸易场所;不得捡拾、偷拿任何物品和以物易物;不得在国外出售、倒卖烟酒及其他物品。不得接受贿赂和变相受贿;不得向境外人员索要或暗示其馈赠礼品;正常业务往来中所得的礼品、钱物,应由船舶领导按有关规定处理。不得有偷带国家禁止进出口或限制进出口或依法应缴纳关税的物品出入境的走私行为和申报不实、逃避监管、倒卖个人进出口物品出入境的违反海关监管规定的行为;携带和在国外使用人民币及外币应严格遵守我国海关的有关规定和所到国或地区的有关规定,不得进行非法货币兑换。

项目二

船舶作业管理和人员管理

任务一

船舶分类与船舶结构认知

一、现代船舶的发展

近半个世纪以来,船舶发展正加速朝着专业化、大型化和自动化的方向不断前进。最早的专业化运输船舶,主要是运输散装石油的油船。其他海上货运船舶专业化,首先是干散货船舶与杂货船的分离,出现了矿砂船、散货船(运载谷物、煤等)、散货与石油兼用船。20 世纪 50 年代末期,又出现了设有制冷设备的液化气船,以及液体化学品船,将件杂货集装箱化运输,产生了集装箱船、滚装船、载驳船,还有专门运输汽车的汽车运输船。

船舶大型化可以降低单位造价,有利于降低运输成本。20 世纪 50 年代以后,商船迅速向大型化方向发展,在远洋船舶中出现了大型油船及矿砂船和兼用船。1950 年最大油船的载重量为 2.8 万吨,到 1980 年,最大油船的载重量为 56.3 万吨,载重量增加了 20 多倍。不过 20 世纪 80 年代以后,巨型油船的数量逐渐减少。截至 2024 年 6 月,全球运营的最大集装箱船为 2.4 万 TEU。在建的最大集装箱船将超过 2.4 万 TEU,集装箱船大型化的发展一次次突破人们想象的界限。

近几十年来,船舶自动化的程度越来越高,不少船舶实现了全自动化机舱,这是当代船舶发展的又一大进步。随着发达的现代科学技术的应用,智能船舶、绿色船舶等逐步进入人们的视线。

二、船舶的分类

船舶的分类方法很多，通常可按船舶用途、航区、主推进动力装置的形式、推进器形式、机舱位置、造船材料、航行状态以及上层建筑的结构形式等进行分类。其中，多数船舶是按船舶的用途来分类的。

1.按船舶用途分类

(1)军用船：用于从事作战或辅助作战的各种舰艇。

(2)民用船：包括运输船、工程作业船、渔业船、特种用途船舶等。

①运输船：又称商船，是指从事水上客货运输的船舶。

②工程作业船：是指在港口、航道等水域从事各种工程作业的船舶，主要有挖泥船、打捞船、测量船、起重船、打桩船、钻探船等。

③渔业船：是指从事捕鱼和渔业加工的船舶。

④特种用途船舶：系指因船舶功能的需要而载有 12 名以上特殊工作人员的机械自航船舶，诸如破冰船、引航船、供应船、消防船、航标船、科学调查船、航道测量船等。特殊工作人员系指除乘客或船员或一岁以下儿童以外，与船舶的特殊用途有关的或在船上进行特殊工作而乘载于船上的所有人员。

2. 按航区分类

(1)远洋船舶：能在环球航线上航行的船舶，即通常所指的能航行于无限航区的船舶。

(2)近海船舶：指航行于距岸不超过 200 n mile 海域(个别海区不超过 120 n mile 或 50 n mile)的船舶，即航行于近海航区的船舶，可以来往于邻近国际港口。

(3)沿海船舶：指航行于距岸不超过 20 n mile 海域(个别海区不超过 10 n mile)的船舶，即沿海岸航行的船舶。

(4)内河船舶：在内陆江河中航行的船舶。

(5)极地水域船舶：在南北两极附近冰区航行的船舶。

3. 按主推进动力装置的形式分类

(1)蒸汽机船：以往复式蒸汽机作为主机的船舶。

(2)汽轮机船：以回转式蒸汽轮机作为主机的船舶。

(3)柴油机船：以柴油机作为主机的船舶。

(4)燃气轮机船：以燃气轮机作为主机的船舶。

(5)电力推进船：由主机带动主发电机发电，再通过推进电动机驱动螺旋桨的船舶。

(6)核动力船：利用核燃料在反应堆中发生裂变反应放出的巨大热能，再加热水产生蒸汽供汽轮机驱动螺旋桨工作的船舶。

4. 按推进器形式分类

(1)螺旋桨船：以螺旋桨为推进器的船舶，常见的有定距桨船和调距桨船两种。

(2)平旋推进器船：以平旋轮为推进器(又称为直翼推进器)的船舶。

(3)明轮船:以安装在两舷或艉部的明轮为推进器的船舶。

(4)喷水推进船:利用船内水泵自船底吸水,将水流从喷管向后喷出所获得的反作用力作为推进动力的船舶。

(5)喷气推进船:将航空用的喷气式发动机装在船上以供推进用的船舶。

5. 按机舱位置分类

(1)中机型船:机舱位于其中部的船舶[如图 2-1(a)所示]。

(2)艉机型船:机舱位于其艉部的船舶[如图 2-1(b)所示]。

(3)中艉机型船:机舱位于船舶中部偏后,又称为中后机型船[如图 2-1(c)所示]。例如,有 4 个货舱的船舶,机舱的前部布置 3 个货舱,机舱的后部布置 1 个货舱,通常称为"前三后一"。

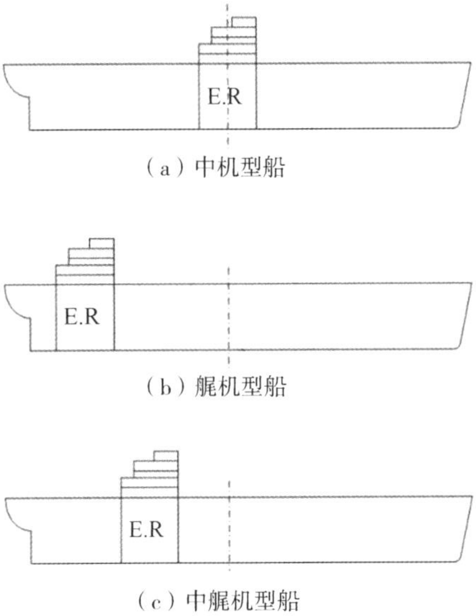

(a)中机型船

(b)艉机型船

(c)中艉机型船

图 2-1　按机舱位置分类

6. 按造船材料分类

(1)钢船:以钢板及各种型钢为主要材料的船舶。

(2)木船:以木材为主要材料,仅在板材连接处采用金属材料的船舶。

(3)钢木结构船:船体骨架用钢材,船壳用木材建造的船舶。

(4)铝合金船:以铝合金为主要材料的船舶。

(5)水泥船:以钢筋为骨架,涂以抗压水泥而成的船舶。

(6)玻璃钢船:以玻璃钢为主要材料的船舶。

(7)聚乙烯船:以聚乙烯为主要材料的船舶。

7. 按航行状态分类

(1)排水型船:靠船体排开水面而获得浮力,从而漂浮于水面上航行的船舶。

(2)潜水型船:潜入水下航行的船舶,如潜水艇等。

(3)腾空型船:靠船舶高速航行时所产生的水升力或靠船底向外压出空气,在船底与水面之间形成气垫,从而脱离水面在水上滑行或腾空航行的船舶,如水翼艇、滑行艇、气垫船等。

8. 按上层建筑的结构形式分类(如图 2-2 所示)

(1)平甲板型船:上甲板上无船楼的船舶。

(2)艏楼型船:上甲板上只设有艏楼的船舶。

(3)艏楼和艉楼型船:上甲板上设有艏楼和艉楼的船舶。

(4)艏楼和桥楼型船:上甲板上设有艏楼和桥楼的船舶。

(5)三岛型船:上甲板上设有艏楼、桥楼和艉楼的船舶。

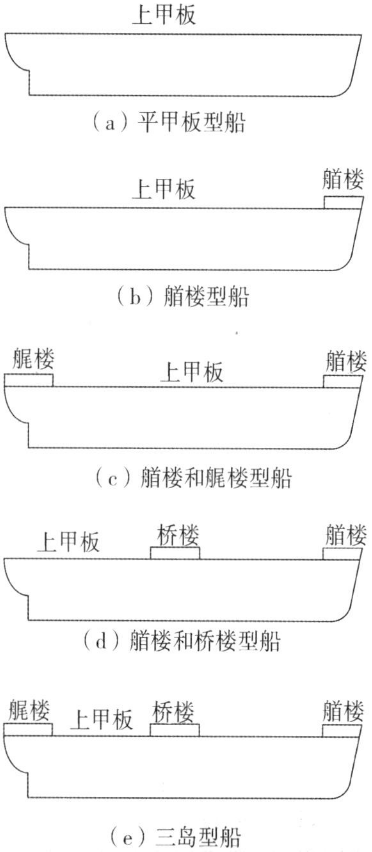

(a)平甲板型船

(b)艏楼型船

(c)艏楼和艉楼型船

(d)艏楼和桥楼型船

(e)三岛型船

图 2-2　按上层建筑结构分类

三、专用运输船舶的认知

(一)客船、客货船

根据《国际海上人命安全公约》(简称 SOLAS 公约)的规定,凡载客超过 12 人的船舶,定义为客船,包括客船和客货船。一般称专门运送旅客、行李、邮件及少量需要快速运送的货物的船舶为客船。除了载运旅客之外,还装有部分货物的船舶,称为客货船(客滚船)。客货船在要求上与客船是相同的。

客船主要有以下特点:

(1)客船的外形美观,采用飞剪式艏部,艏部甲板外飘、上层建筑庞大、层数多且长,其两端呈阶梯形与船体一起形成流线型。

(2)客船水下线型较瘦,方形系数小,适用于中机型。

(3)为了满足布置旅客居住舱室的需要,客船设置多层甲板,大型客船的甲板多达8~9层,加上多层上层建筑,水线以上的干舷高,侧向受风面积大。

(4)客船要求保证在破舱浸水后,要有足够的浮力和稳性,因此,水密横舱壁的间距较小。

(5)客船的防火要求较严格,主竖区防火舱壁、甲板、上层建筑等必须采用不燃材料制作,而家具等设施要经过防火处理,在各个防火区之间的通道上要设防火门。

(6)由于客船的居住舱室均布置在水线以上,旅客又可以到处移动,所以船的重心高,船的侧向受风面积又大,故客船对稳性的要求较高。

(7)客船应按照《1974年国际海上人命安全公约》的要求,配备有足够的救生设施。

(8)为了减少船的摇摆,大型豪华客船一般装设减摇鳍,可减小横摇角50%~80%。

(9)为了保证客船的旅客能按预期到达目的地,客船的航速高,主机功率大。大部分客船装有2部主机、2个双螺旋桨,也有的大型客船装有4部主机、4个螺旋桨。一般国际航线的大型客船的航速在20~23 kn,个别在30 kn以上。国内沿海客船的航速为14~17 kn。

(二)杂货船

杂货船亦称普通货船,主要用于将各种设备、建材、日用百货包装成捆、成箱后装船运输。它是使用最广泛的一种运输船舶,如图2-3所示。由于受货源、货物装卸速度等原因的影响,杂货船有下列一些特征:

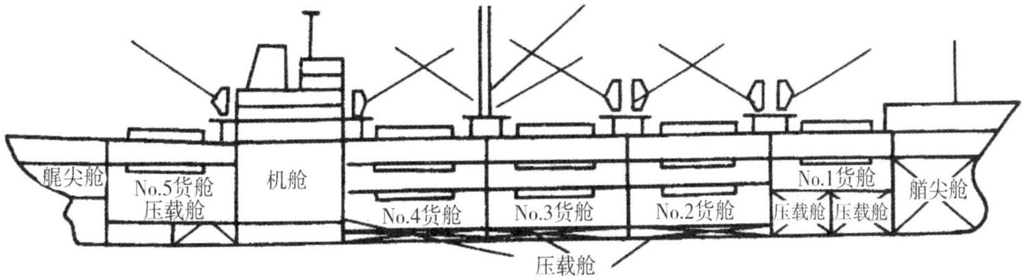

图2-3　杂货船

(1)杂货船的载重量不大,远洋杂货船总载重量(DW)为10 000~14 000 t;近洋杂货船总载重量(DW)为5 000 t左右;沿海的杂货船总载重量(DW)为3 000 t以下。

(2)为了理货方便,杂货船一般设有2~3层甲板,多数为中艉机型,也有采用艉机型。载重量为万吨级的杂货船,设有 5~6 个货舱。

(3)杂货船一般都设有艏楼,在机舱的上部设有桥楼。老式的 5 000 t 级杂货船,多采用三岛型。

(4)许多万吨级的杂货船,因压载要求,常设有深舱。深舱可以用来装载液体货物(动植物油、糖蜜等)。

(5)杂货船一般都装设起货设备,多数为吊杆式起货机,也有的装设液压旋转吊。

(6)对于大多数杂货船,每个货舱都有一个舱口。但少数杂货船根据装卸货物的需要,采用双排舱口。

(7)不定期的杂货船一般为低速船,航速过高对于杂货船是很不经济的。远洋杂货船的航速为 14~18 kn,续航力为 12 000 n mile 以上;近洋杂货船的航速为 13~15 kn;沿海杂货船的航速为 11~13 kn。

(8)杂货船一般都是一部主机,单螺旋桨,单舵。

杂货船的主要缺点是:运载的各种杂货需要包装、捆绑才能装卸;装卸作业麻烦、时间长、劳动强度大;易货损;装卸效率低;货运周期长;成本高;等等。由于存在上述缺点,杂货船已逐渐被集装箱船替代。

(三)集装箱船

集装箱船是 20 世纪 50 年代后期发展起来的一种新型货船,主要用来运输集装箱货物的船舶,如图 2-4 所示。

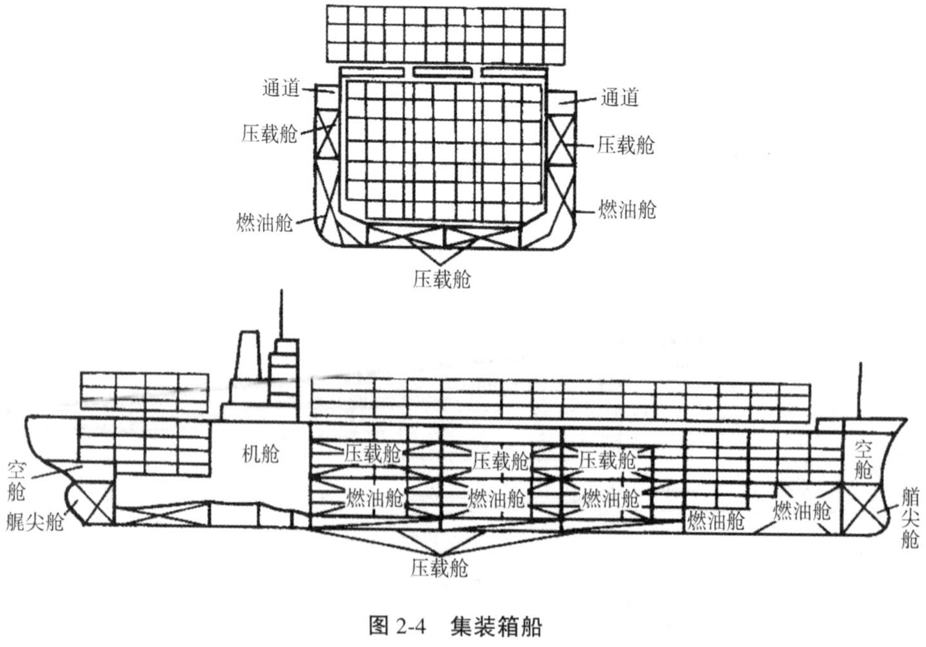

图 2-4　集装箱船

1.集装箱船的类型

集装箱船可分为三种类型:

(1)全集装箱船:是一种专门装运集装箱的船,不用于装运其他形式的货物。

(2)半集装箱船:在船的中部区域作为集装箱的专用货舱,而船的两端货舱装载杂货。

(3)可变换的集装箱船:是一种多用途船。这种船的货舱,根据需要可随时改变设施,既可装运集装箱,也可以装运其他普通杂货,以提高船舶的利用率。

2.集装箱的型号

集装箱的尺寸和重量大小、种类很多,按国际标准化组织(ISO)推荐的规格,目前主要有两种型号:

(1)40 ft 集装箱:长×高×宽为 40 ft×8 ft×8 ft(即 12.192 m×2.438 m×2.438 m),最大重量为 30.48 t。

(2)20 ft 集装箱:长×高×宽为 20 ft×8 ft×8 ft(即 6.096 m×2.438 m×2.438 m),最大重量为 20.32 t。

国际上通常采用标准箱作为换算的单位。标准箱 TEU(Twenty-foot Equivalent Unit),为 20 ft 集装箱,即装载 1 个 40 ft 的集装箱等于装载 2 个标准箱。有的集装箱自身带有制冷装置,用来运输冷冻食品,这种集装箱称为冷藏箱。

3.全集装箱船的主要特点

(1)集装箱船的货舱应尽可能方整,具有较大的型深。固定集装箱用的蜂窝状格栅,根据舱的大小可堆放 4~9 层同一规格的集装箱。在集装箱船的甲板上,一般设有固定集装箱用的专用设施,可堆放多层集装箱。

(2)由于集装箱货物的特点,集装箱船都是单甲板船。

(3)全集装箱船一般为双层船壳,可提高船体的抗扭强度,两层船壳之间作压载水舱。集装箱船货舱分段如图 2-5 所示。

图 2-5　集装箱船货舱分段

(4)货舱应尽可能方整,便于甲板堆放集装箱,一般都是艉机型船或中艉机型船。

(5)除了个别集装箱船在船上装设集装箱的专用起货设备以外,一般船上均不装设起货设备,而是使用岸上的集装箱专用起吊设备。

(6)集装箱船的主机功率大,航速高,有的船为 2 部主机,双螺旋桨。

(7)由于甲板上堆放集装箱,所以集装箱船的受风面积大、重心高度高,对于稳性、防摇、压载等一系列问题要采取相应的措施。

(四)滚装船

滚装船的货物装卸,不是从甲板上的货舱口垂直地吊进吊出,而是通过艏、艉或两舷的开口以及搭到码头上的跳板,用拖车或叉车把集装箱或货物连同带轮子的底盘车,从船舱至码头拖进拖出。

滚装船的主要优点是:不需要起货设备,货物在港口不需要转载就可以直接拖运至收货地点,缩短货物周转时间,减少货损。

滚装船的主要特征:

(1)滚装船的船体结构与杂货船、集装箱船等有许多不同之处。滚装船要求甲板面积大,甲板层数多。装载小汽车的滚装船,甲板层数可达 10 层以上。其主甲板以下设双层船壳,两层船壳之间作压载水舱。为了便于拖车开进开出,货舱区域不设横舱壁,采用强横梁和强肋骨以保证强度。在各层甲板上设有升降平台或内跳板,用来安放货物或供拖车通行。

(2)滚装船的型深较大,水线以上的受风面积也大。

(3)滚装船在艏部、艉部或两舷侧设有开口,但多数在艉部设有开口,并装设水密门和跳板,依靠机械机构或电动液压机构进行开闭和收放,如图 2-6 所示。

图 2-6　滚装船

(4)滚装船大多数装有艏部侧推装置,以改善靠离码头的操纵性。

(5)滚装船航速高，远洋滚装船的船速一般在20～30 kn。

(6)滚装船多数为艉机型，船型较瘦削。

滚装船的主要缺点是：货舱的利用率比一般杂货船低，而其造价又高；航行安全性问题尚未妥善解决；设在艉部的机舱体积小，工作条件差的问题尚待进一步解决。

(五)散货船、矿砂船

运输谷物、煤、矿砂、盐、水泥等大宗干散货物的船舶，都可以称为干散货船，或简称散货船。这些货物不需要包装成捆、成包、成箱装载运输，但是，由于谷物、煤和矿砂等的积载因数(每吨货物所占的体积)相差很大，所要求的货舱容积的大小、船体的结构、布置和设备等许多方面都有所不同，因此，一般习惯上仅把装载粮食、煤等货物积载因数相近的船舶，称为散货船，而把装载积载因数较小的矿砂等货物的船舶，称为矿砂船。散货船与矿砂船的中横剖面图如图2-7所示。

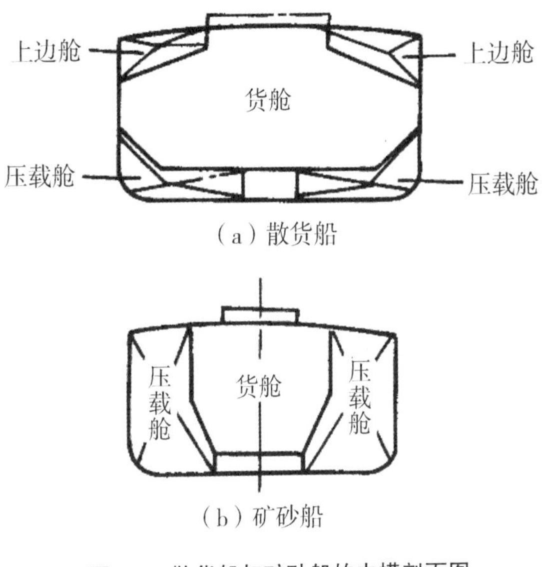

图2-7　散货船与矿砂船的中横剖面图

1.散货船

(1)散货船的货舱容积主要是按积载因数为1.20～1.60 m^3/t 的货物，如小麦、玉米、大豆、煤等为主要对象设计的。而矿砂船是按积载因数为0.42～0.50 m^3/t 的矿砂货物设计的。

(2)由于粮食、煤等散货的货源充足，装卸效率高，所以散货船的载重量较大。但是由于受到港口、航道等吃水的限制，以及世界经济形势的影响，散货船载重量的大小通常分为以下几个级别：

①总载重量(DW)为150 000以上吨级，称为好望角型散货船(Capesize bulk carrier)。该船型以运输矿石、煤炭为主，由于尺度限制，不可能通过巴拿马运河和苏伊士运河，需绕行好望角和合恩角，又称为“海岬”型。由于苏伊士运河当局已放宽通过运河

船舶的吃水限制,故现在该型船大多可满载通过该运河。

②总载重量(DW)为60 000吨级,通常称为巴拿马型散货船。这是一种巴拿马运河所允许通过的最大船型,船长要小于245 m,型宽不大于32.2 m,最大允许吃水12.04 m。

③总载重量(DW)为35 000~40 000吨级,称为轻便型散货船。

④总载重量(DW)为20 000~27 000吨级,称为小型散货船。最大船长要小于222.5 m,型宽不大于23.1 m,最大允许吃水7.925 m。

⑤总载重量(DW)一般在3万吨左右,称为大湖型散货船(Lake bulk carrier)。经由圣劳伦斯河航道航行于美国、加拿大交界处五大湖区的散货船,以承运煤炭、铁矿石和粮食为主。该型船尺度上要满足圣劳伦斯河航道的通航要求,船舶总长不超过222.50 m,型宽不超过23.16 m,且桥楼任何部分不得伸出船体外,吃水不得超过各大水域最大允许吃水,桅杆顶端与水面的距离不得超过35.66 m,该型船大多配有起卸货设备。

(3)因为干散货船的货种单一,不怕挤压,便于装卸,所以都是单甲板船。

(4)散货船都采用艉机型,船型肥大,机舱布置在艉部无困难。

(5)散货船的货舱内,在船舷的上下角处设有上下边舱。上边舱可以减小谷物的横向移动。下边舱是内底板在两舷边处向上升高而形成的,其目的是使舱底货物能自然地流向舱中心部位,以便于卸货。

(6)散货船一般都是单向运输一种货物,而船型又肥大,空载时双层底舱和上下边舱全部装满压载水,还达不到吃水要求。因此,往往还另外用1~2个货舱作压载舱。

(7)一般总载重量(DW)为40 000 t以下的散货船上都装设起货设备,且大部分采用液压旋转吊。而很多总载重量(DW)在50 000 t以上的散货船上不装设起货设备。

(8)散货船的货舱口大,舱口围板高。高的舱口围板可起到添注漏斗的作用。

(9)散货船也可以用来装载积载因数较小的矿砂等货物。但是,这种散货船在设计上必须满足强度要求,并在装载计算书上予以注明。

(10)散货船都是低速船,船速一般在14~15 kn。

2.矿砂船

(1)矿砂船是指专门运载散装矿石的船舶。

(2)矿砂船的载重量越大,成本越低。目前矿砂船最小的总载重量(DW)为57 000 t,大多数矿砂船的总载重量(DW)为170 000~400 000 t。

(3)由于矿石的密度较大,所占的货舱体积较小,为了不使船舶重心太低,货舱横断面做成漏斗形,同时抬高双层底高度,这样既可以提高船的重心,又便于卸底舱货,矿砂船的双层底高度可达型深的1/5。

(4)矿砂船应设置大容量的压载边舱,因为矿砂船船型肥大,当空载时,必须装载大量的压载水才能达到吃水要求。

(5)矿砂船都是重结构船,采用高强度钢。舱内底板等要加厚,舱内骨架构件都装设在边舱的一侧。

(6)矿砂船都是艉机型、单甲板、低速船,船速一般在14~15 kn。大型矿砂船不设置艏楼。

(7)目前,大型矿砂船上都不设置起货设备,而是利用岸上的起货设备。

(8)为了装卸货方便,矿砂船的货舱口应尽量加长,有的舱设置多个舱口;为了能迅速地开闭舱盖,并且不妨碍抓斗等起货设备的操作,有的货舱采用滚动式舱盖。

(9)因为铁矿石会吸收氧气变成氧化铁,航行中舱盖在关闭的状态下会造成舱内缺氧,船员进入舱内必须注意安全。

3.牲畜船

牲畜船是专门装运牲畜的散货船。为了防止牲畜在船舱内走动,在牲畜船船舱内设有隔板,船舱内还设有食槽,可供牲畜食料。

(六)油船、液化气船、液体化学品船

油船、液化气船和液体化学品船同属于液货船。

1.油船

通常所称的油船,多数是指运输原油的船,如图 2-8 所示。油船主要有下列一些特征:

(1)载重量大。近海油船的总载重量(DW)为 3 万吨左右;近洋油船的总载重量(DW)为 6 万吨左右;远洋大型油船的总载重量(DW)为 20 万吨左右;超级油船的总载重量(DW)为 30 万吨以上。最大油船的总载重量(DW)达到 55 万吨。

(2)大型油船与其他货船相比,船型较肥大,这主要是考虑到船舶造价、空船压载吃水要求及总纵强度等原因。

(3)油船都是艉机型船,机舱、锅炉舱布置在艉部,使货油舱连接成一个整体。

(4)油船通常是单甲板船。

(5)对于船长大于 90 m 的油船,通常在其货油舱内应设置两道纵向连续的纵舱壁、大型肋骨框架和多道水密横舱壁。

(6)装设隔离舱。为了防止油类的渗漏和防火防爆,货油舱的后端用隔离舱与机炉舱、居住舱室等隔开。

(7)装设干货舱。由于艉机型船满载时艉部轻,重心前移,易发生艏倾。为了调整纵倾,许多油船在艏尖舱之后设置一个空舱,舱内可以装载零星干货,故称为干货舱。

(8)装设压载舱。由于油船船型较肥大,为了保证空载时必要的吃水和稳性,需要装载大量的压载水,压载舱约占货舱容积的 30%,有的高达 50%。

(9)装设污油舱。MARPOL 73/78 公约规定,船舶排放含油污水浓度不得超过 15ppm。

(10)装设货油泵舱。它是专门用来布置货油泵的舱。油船在装油时都使用岸上的泵,但在卸油时用船上的货油泵。

(11)装设舱底加温管系。其目的是防止舱内货油因温度下降而凝固。

(12)上层建筑、步桥和通道的设置。现代油船一般不在船中部设置桥楼,只设艉楼。

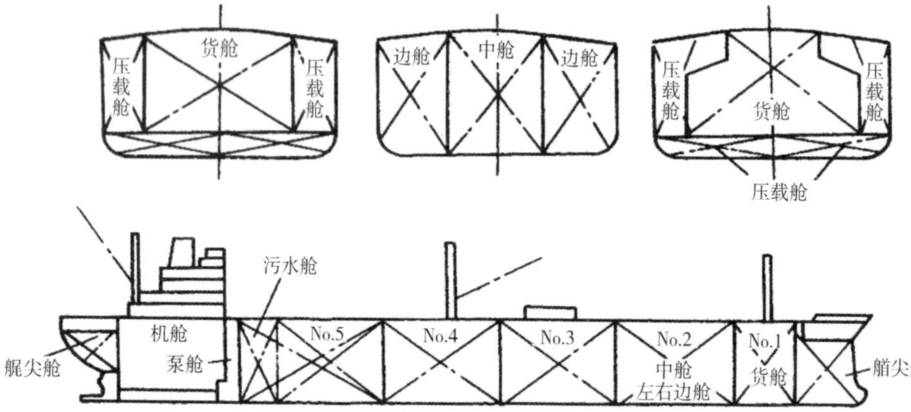

图 2-8 油船

船的艏部设置艏楼，艉楼和艏楼之间设置与艏楼同样高度的步桥，亦称天桥。步桥下面可以铺设各种管系和电缆等。

大型油船可以不设艏楼，也有不设步桥而是在甲板的下面从艉楼至艏部设置一条封闭的通道，在通道内可铺设管路和电缆。

（13）配置防火设施。

（14）油船都是单主机、单螺旋桨和单舵的低速船。

成品油船的结构与原油船基本相同。所谓成品油，是指由原油加工、提炼出来的各种油，如汽油、煤油、柴油、燃油等。

2.液化气船

液化气船，是专门散装运输液态石油气和天然气的船。甲烷（天然气）、乙烯、丙烯、丙烷、丁烷等在常温常压下会完全汽化，为此需要特殊装置装载运输。

专门散装运输液化石油气（液化丙烷、丁烷等）的船舶，简称 LPG 船。石油气是以丙烷为主的碳氢化合物。

专门散装运输液化天然气（液化甲烷等）的船舶，简称 LNG 船。天然气是以甲烷为主的碳氢化合物，其中含有乙烷、丙烷及石蜡等成分。

由于液化气船也是一种散装液货船，故也有人称之为特种油船。液化气船是 20 世纪 70 年代开始发展的一种新型船舶。

液化气船按其运输时液化气体的温度和压力分为 6 种类型：全压式、半冷/半压式、半压/全冷式、全冷式 LPG 船、乙烯船和 LNG 船。

（1）全压式液化气船

这种液化气船适用于近海短途运输少量的液化气体。它是在常温下将气体加压至液化，把液化气储藏在高压容器中进行运输的船舶。全压式液化气船如图 2-9 所示。

（2）半冷/半压式液化气船

这种液化气的液货储运采用低温压力方式，但设计压力比全压式低，表压一般为 0.4~0.8 MPa。半冷/半压式液化气船多用于载运 LPG 和化学气体货物。

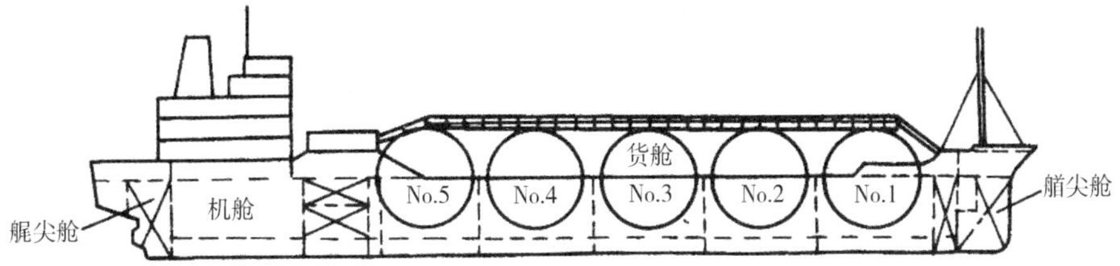

图 2-9　全压式液化气船

(3)半压/全冷式液化气船

这种液化气船可根据装卸货港的要求和液货特性灵活采用低温常压、低温加压或常温常压等方式运输,温度可控制到-42 ℃以下,适用于 LNG 以外其他所有液化气体的运输。

(4)全冷式 LPG 船

液货采用常压低温方式储运。此类船一般用于大规模载运 LPG 和氨。

(5)乙烯船

乙烯船是为运输乙烯专门建造的船舶。采用常压全冷方式运输,液货舱设计在常压下温度为-104 ℃,对舱外绝热保温材料的要求较高。

(6)LNG 船

LNG 船也是专用船舶,以常压低温储运 LNG。温度控制在-163～-160 ℃。

3.液体化学品船

液体化学品船是专门用于运载散装液体危险化学品货物的船舶。液体化学品一般都具有易燃、易挥发、腐蚀性强等特性,有的还有毒性。因此,对运输液体化学品的船舶,在防止渗漏、防腐蚀、防火、防爆等各方面必须要特别予以注意。另外,液体化学品船货舱的特点之一就是分舱多、货泵多,并且各有自己的专用货泵,不能混用。

四、船体结构认知

(一)船体结构形式

钢质的船体结构都是由钢板和骨架组成的,船体的甲板板和外板(包括舷侧外板、舭部外板、船底外板)是由钢板制成的,形成一个水密的外壳。在甲板板和船体外板的里面,布置着许多骨架,支撑着钢板。这样,船体就形成了一个外部由骨架和钢板包围、中间是空心的结构。这种由骨架和钢板组成的船体结构的优点是,在同样的受力条件下,船体结构重量小。

(二)船体结构认知

通常,根据船体结构特点的异同,将船体结构划分为货舱区域结构、机舱区域结构、艏艉端区域结构、船底结构、舷侧结构、甲板结构、舱壁结构等。

(三)外板

1.外板名称

位于主船体两舷侧的船壳钢板,称为舷侧外板;船底部的外壳板,称为船底外板;从船底过渡到两舷侧转弯处的船壳板,称为舭部外板。这三部分的船壳板,统称为船体外板,简称外板,又称船壳板(如图 2-10 所示)。位于船体中心线处的一列船底外板,称为平板龙骨。

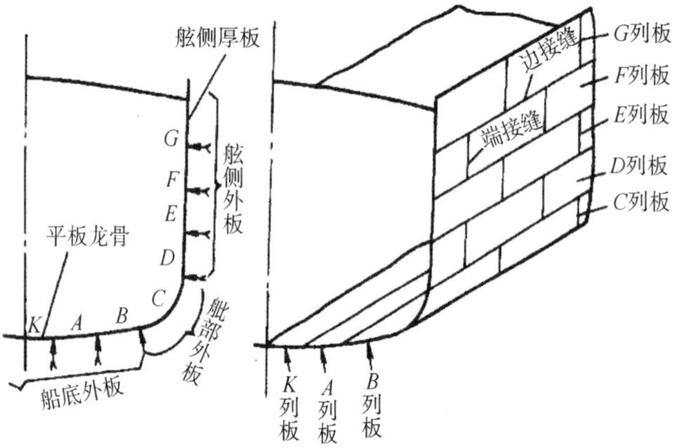

图 2-10 船体外板名称

2.外板的作用

保证船体的水密性;承担船体总纵弯曲强度、横向强度和局部强度;承担舷外水压力、波浪冲击力、坞墩反作用力,以及外界的碰撞、挤压和搁浅等作用力。

(四)舷墙与栏杆

沿着露天甲板边缘装设的围墙,称为舷墙(如图 2-11 所示)。

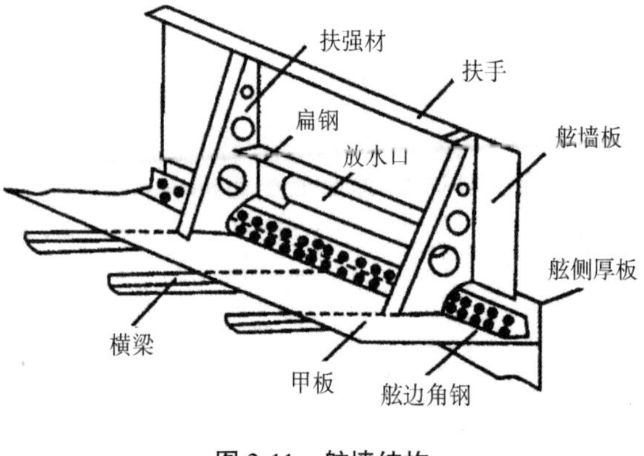

图 2-11 舷墙结构

舷墙不参与船舶总纵弯曲,其作用主要是减少甲板上浪,保障人员安全和防止甲板上货物及物品滚到舷外。

(五)机舱结构

根据在船上所处的位置不同,机舱可分为中部机舱、中艉机舱和艉部机舱。机舱具有以下特点:

(1)机舱是主机、副机、锅炉等重型设备布置的地方,所以局部负荷大。

(2)主机、副机等设备在运转时易引起船体的振动。

(3)因布置机器设备、主机吊缸等工作的需要,机舱在甲板上应开口大,不设二层甲板,尽可能不设支柱。

(4)机舱内易腐蚀。

因此,机舱内的结构形式虽然与货舱基本相同,但要求采取加强措施。

五、船舶主要部位和舱室的布置认知

(一)甲板、平台及左舷/右舷

1. *甲板*(Deck)

在船舶同一层中,自艏部至艉部纵向连续的,且从一舷伸至另一舷的平板,称为甲板。其中,船体最上面一层纵向连续的自艏部至艉部的全通甲板称为上甲板(主甲板),上甲板一般是露天甲板。上甲板之下的甲板,自上而下分别称为第二甲板、第三甲板等,统称为下甲板。

2. *平台*(Platform)

沿着船长方向不连续的一段甲板,称为平台甲板,简称平台,例如设置以辅锅炉为主的锅炉平台、设置以发电机组为主的发电机平台、设置起货机的起货机平台等。

3. *左舷/右舷*(Port/Starboard)

连接艏部和艉部的直线叫艏艉线,艏艉线把船体分为左、右两半。从艉部向前看,在艏艉线右边的叫右舷(Starboard);在艏艉线左边的叫左舷(Port)。与艏艉线中点相垂直的方向叫正横,在左舷的叫左正横,在右舷的叫右正横。

(二)船舶的基本组成

船舶由主船体、上层建筑及其他各种配套设备组成。

主船体是指上甲板及以下由船底、舷侧、甲板、艏艉与舱壁等结构所组成的水密空心结构,为船舶的主体部分。

在上甲板上及其以上的所有围蔽建筑物,统称为上层建筑(Superstructure)。上层建筑主要包括船楼与甲板室两种形式。其宽度与上甲板宽度一样,或其侧壁板距舷边的距离小于4%型宽的上层建筑称为船楼,如图2-12(a)所示。船楼又分为艏楼、桥楼和艉楼。

1.艏楼

艏楼(Forecastle)是位于艏部的船楼。艏楼的长度一般为船长的10%左右。超过25%船长的艏楼称为长艏楼。艏楼一般只设一层,艏楼的作用是减小艏部甲板上浪,并可减小纵摇,改善船舶航行条件。艏楼内的舱室可作为贮藏室,长艏楼内的舱室可用来装货。

2.桥楼

桥楼(Bridge)是位于船中部的船楼。当桥楼的长度大于15%船长,且不小于本身高度的6倍时,称为长桥楼。桥楼主要用来布置驾驶室和船员居住处所并保护机舱。

3.艉楼

艉楼(Poop)是位于艉部的船楼。当艉楼的长度超过25%船长时,称为长艉楼。艉楼可减小艉部甲板的上浪和保护机舱,并可布置甲板室、船员居住处所和其他用途的舱室。

在上甲板上及其以上的围蔽建筑物的两侧壁,离船壳外板向内的距离大于4%型宽的围蔽建筑物称为甲板室,如图2-12(b)所示。

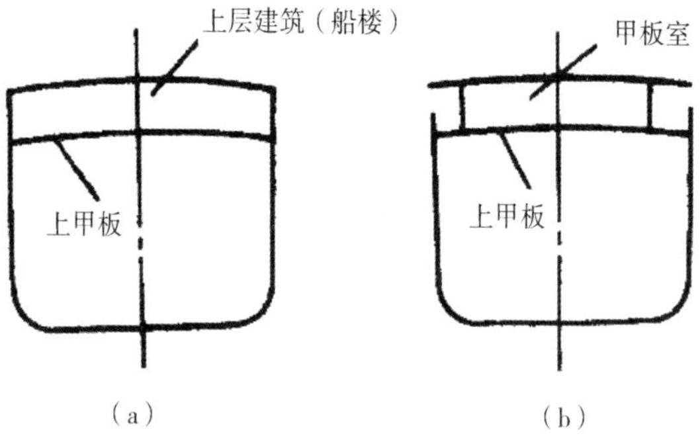

图2-12　船楼与甲板室

(三)上层建筑中的各层甲板

1.罗经甲板

罗经甲板是指设有罗经的甲板,又称顶甲板,是船舶最高一层甲板。罗经甲板上设有桅、雷达天线、探照灯和罗经等。

2.驾驶甲板

驾驶甲板(Bridge deck)是指设置驾驶室的甲板。该层甲板的舱室处于船舶最高位置,布置有驾驶室、海图室、报务室和引航员房间等。

3.艇甲板

艇甲板是指放置救生艇或工作艇的甲板。艇放置在两舷侧,便于快速放艇。船长、轮机长、大副等的房间一般布置在该层甲板上。此外,船舶的应急发电机室、蓄电池室和空调室一般也布置在该层甲板。

4.起居甲板

起居甲板(Accommodation deck)主要用来布置船员的居住舱室及生活服务舱室。

5.上层建筑内的上甲板

上层建筑内的上甲板一般用来布置厨房、餐厅、水手和厨工等船员房间,以及伙食冷库、粮食库等。

6.游步甲板

游步甲板(Promenade deck)是客船或客货船上供旅客散步或活动的甲板,常设有宽敞的通道或活动场所。

(四)主船体的主要部位

按艏艉方向布置,一般货船的主船体的主要部位有艏尖舱、货舱、深舱、机舱和艉尖舱等。

1.艏尖舱

艏尖舱是位于艏部防撞舱壁之前、舱壁甲板之下的船舱。艏尖舱主要用作压载水舱,它对调整船舶纵倾的效果较好。必要时艏尖舱也可储存淡水。

2.货舱

一般货船,在双层底内底板之上和上甲板之下、艏尖舱舱壁与艉尖舱舱壁之间,除了布置机舱和深舱之外,基本上都用于布置货舱(Cargo hold)。货舱的名称按艏艉方向排号。货舱之间用水密横舱壁隔开。

3.深舱

有的船舶因燃油储存量较大,在机舱前舱壁与货舱之间设有深舱。

4.机舱

一般货船设有一个机舱(Engine room),个别大型客船设有主、副机舱。

5.艉尖舱

艉尖舱是位于艉部最后一道水密横舱壁之后、舱壁甲板或平台甲板之下的船舱。艉尖舱主要作为压载水舱或淡水舱,以调整船舶浮态。

(五)船舶工作舱室

船舶工作舱室可分为驾驶部、甲板部、轮机部三个部门的工作舱室。

1.驾驶部

驾驶部工作舱室包括驾驶室、海图室和报务室。

2.甲板部

甲板部工作舱室包括理货室、锚链室、木匠工作间、灯具间、油漆间、缆绳和索具间等。其中,锚链室位于锚机下方艏尖舱内用钢板围起来的两个圆形或长方形的水密小舱,与船舶中心线对称布置,底部设有排水孔。

3.轮机部

轮机部工作舱室有:

(1)机舱

机舱是集中放置船舶动力装置中绝大部分机电设备的船舱。运输船舶的机舱基本设在驾驶船楼的下方。机舱必须与货舱分开,因此机舱前后端均设有水密横舱壁。

(2)应急发电机室

应急发电机室是放置应急发电机组及其配电板的舱室。应急发电机是在机舱内发电机组发生故障或船舶发生海损时为船舶提供应急电源而设置的。

(3)蓄电池室

蓄电池室应是独立的舱室,一般位于艇甲板。

(4)舵机间

舵机间是用于布置舵机的舱室,位于舵的上方艉尖舱顶部水密平台甲板上,如图2-13所示。

(5)应急消防泵舱

应急消防泵应布置在机舱之外的水密舱室内,如图2-13所示。

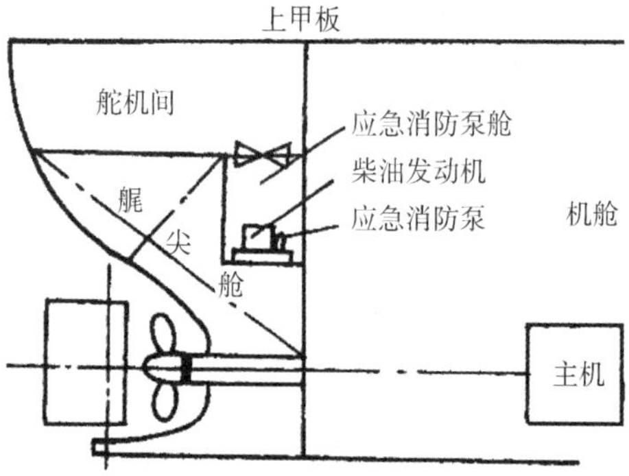

图2-13　应急消防泵舱

(6)空调室

空调室是放置空调器的舱室。在货船上,空调室一般位于艇甲板后部。

(7)制冷机室

制冷机室是放置制冷压缩机及其有关设备的舱室,一般在冷藏舱室附近。

(六)船舶生活舱室

1.居住舱室的布置

(1)船员居住舱室

船员居住舱室一般都布置在各自的工作场所附近,但各船的布置不尽相同。

(2)旅客居住舱室

旅客居住舱室应与船员居住舱室分开,也应与货舱、装卸作业区域分开。

2.公共舱室的布置

船上的公共舱室是船员或旅客共同使用的舱室。

(1)厨房

厨房一般设在上甲板上、机舱棚的周围、船楼的后部,并远离厕所、浴室及医疗室等处所。

(2)餐厅

按我国《国际航行海船法定检验技术规则》的规定,等于或大于1 000总吨的船舶一般应分设船长、轮机长和高级船员餐厅及普通船员餐厅。客船则根据限定载客数量分设数个餐厅。船员餐厅应与旅客餐厅分开。

(3)厕所、浴室和盥洗室

厕所、浴室、盥洗室一般都集中布置在居室附近,船员的厕所、浴室与旅客的应分开。

(七)液舱

1. 液舱的种类

液舱是指用来装载液体的舱,如燃油舱、淡水舱、压载水舱、其他液舱等。

(1)燃油舱

燃油舱一般布置在机舱的前壁处和机舱的两舷侧处,以及机舱下面的双层底内。

(2)淡水舱

淡水舱分为饮用水舱、清水舱和锅炉水舱等几种。

(3)压载水舱

压载水舱对调整船舶浮态、吃水和稳性有很大影响。可作为压载水舱的有艏尖舱、艉尖舱、双层底舱、压载深舱、散货船的上下边舱、集装箱船和矿砂船的边舱等。

(4)其他液舱

其他液舱包括前面已介绍过的艏尖舱、艉尖舱、双层底舱、深舱、液货舱等。

2.测深管、空气管、溢流管

(1)测深管

在船上的每一个液舱和污水井中,都装设一根直径为30~50 mm的直管,这个直管称为测深管。

(2)空气管

空气管又称透气管,其作用是保证液舱在注入或排出液体时,能使空气自由地从管中排出或进入舱中。

(3)溢流管

所有用泵灌注的液舱柜,均在舱柜顶部设有一根管子,将可能溢出的液体引入溢流柜内或有剩余空间的储存柜内,这种管子称为溢流管。

（八）其他舱室

冷库和粮库一般位于厨房附近，其出入口应远离卫生间，且搬运物品应方便。

根据食物对冷藏温度的要求不同，大、中型海船一般有 3~4 个冷库，分别储藏肉、鱼、蔬菜、水果和乳蛋品等。粮库用于存放米、面粉、食油、酒和饮料等。

六、船舶附件的认知

（一）船体结构上的开口关闭装置

根据用途，开口关闭装置主要有下列四种：货舱舱盖、船用门、船用窗、人孔盖。在这些开口关闭装置中，若按密性划分，又可分为：水密型、油密型、风雨密型、非密型的开口关闭装置。

1.货舱舱盖

货舱舱盖是保证船舶货物安全并保证船体水密的一种封闭设备，同时还应具有一定的抵抗大件货压力的能力。

2.船用门

船用门种类很多，若按门的密性划分，有下列几种形式。

（1）水密门

船舶主管机关认可的船上使用的水密门有以下三级：一级铰链门；二级手动滑动门；三级动力兼手动滑动门。

铰链门（一级）。铰链门把手的数目一般为 6~8 个，要求在门的两面可以迅速地关闭（如图 2-14 所示）。

手动滑动门（二级）分为横动式和竖动式两种。此种水密门要求能在门的两侧关闭，并能在舱壁甲板上方可到达之处，通过旋转转动手轮，驱动齿轮和连杆传动机构使水密门开启或关闭。当船舶在正浮位置时，手动将门完全关闭所需的时间应不超过 90 s。

动力兼手动滑动门（三级）可分为竖动式和横动式。动力兼手动滑动门还备有手动装置可在门两侧操纵，并能在舱壁甲板上方可到达之处用转动手轮驱动齿轮和连杆传动，使水密门开启或关闭。

（2）风雨密门

在干舷甲板以上的封闭上层建筑两端壁的出入口处，要求装设风雨密门。风雨密门也要求在门的两面可以操纵。驾驶室两侧壁的门，因为顶风的情况下铰链门不易启闭，故都采用横向滑动门。

（3）钢质轻便门

钢质轻便门的结构较轻，装设在无密性要求的贮藏室、工作舱室、卫生处所等的出入口。

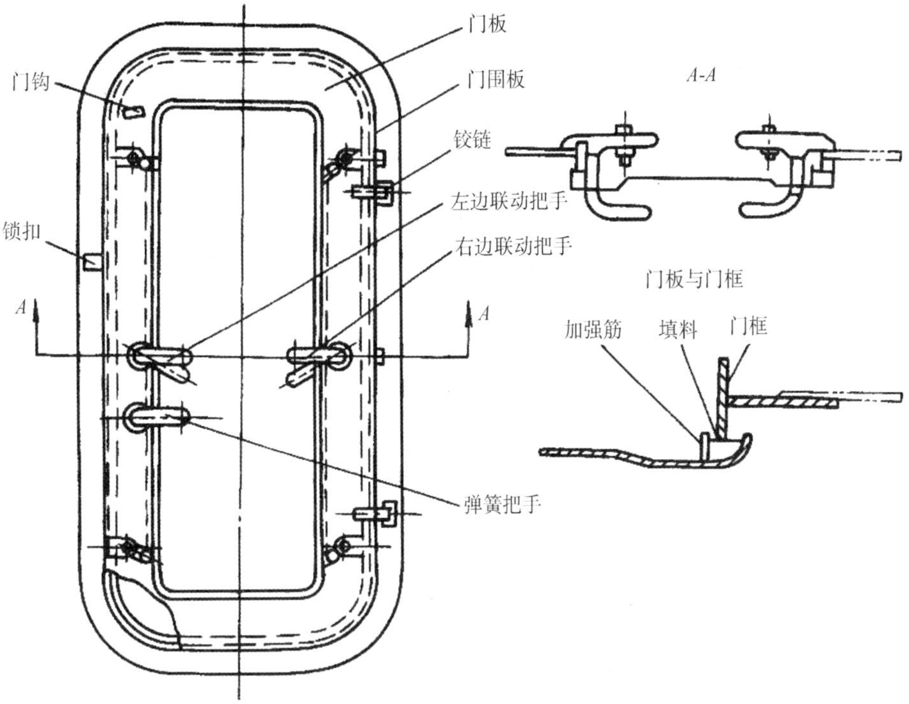

图 2-14　铰链门

(4)防火门

防火门是一种用钢板制成的门板和门框,镶嵌石棉等耐火材料的防火隔热门。

3.船用窗

在船上为了采光和通风,装设有各种类型的窗。船用窗主要有舷窗、方窗、天窗、手摇窗等。

4.人孔盖

在船体结构的构件上为人员出入而开设的孔,称为人孔。人孔通常有圆形和椭圆形两种。

(二)桅杆

桅杆是指船上悬挂帆和旗帜、装设天线、支撑观测台的高的柱杆,一般为木质的长圆杆或金属柱,通常从船的龙骨或中板上垂直竖起,可以支撑横桁帆下桁、吊杆或斜桁。货船上的桅杆用处很多,比如用它来装信号灯、挂旗帜、架电报天线等。此外,它还能支撑吊货杆,吊装和卸运货物。

七、舵设备认知

(一)舵设备的作用

舵设备是船舶操纵装置的一个重要设备,船舶在海上航行时需要根据驾引人员的意图,利用舵设备使船舶保持所需航向、改变原来航向和进行旋回运动。

(二)舵设备的结构与布置

舵设备由舵、舵机及其转舵装置、操舵装置控制系统及其他附属装置等组成(如图2-15 所示)。

1.舵

舵通常安置在船尾,承受水流的作用,以产生较大的转船力矩使船回转。它包括舵叶、舵杆和舵承等几个部分。

2.舵机及其转舵装置

舵机及其转舵装置(也称传动机构)安置在艉尖舱甲板平台上的舵机房内。舵机为转舵的动力源,通过转舵装置将力矩传给舵杆,以带动舵叶转动。舵机和转舵装置统称为操舵装置。

3.操舵装置控制系统

操舵装置控制系统的主要部件设于驾驶室内,将舵令通过电力或液压控制系统由驾驶室传递给舵机,以控制其动作。

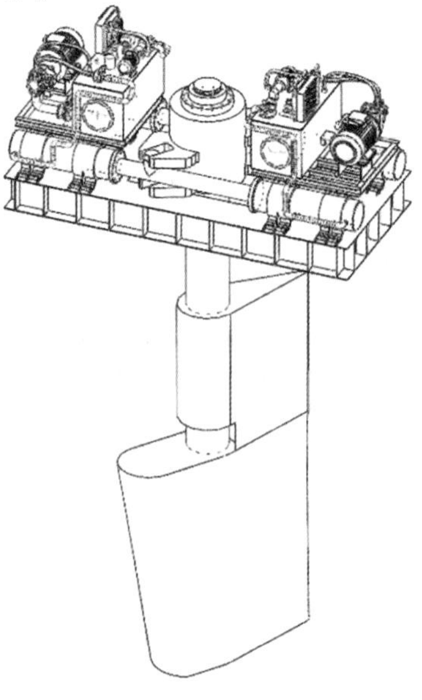

图 2-15　舵设备

任务二

船舶适航性认知

一、船舶适航性基本知识

(一)船体的型表面、艏垂线和艉垂线

1.型表面

型表面是指不包括船舶附体在内的船体外形的设计表面，是形线图所表示的船体外形。这里所指的船舶附体，主要包括舵、螺旋桨、舭龙骨、减摇鳍、艉轴架等。

2.艏垂线

艏垂线是通过艏柱的前缘和设计夏季载重水线的交点所作的垂线，如图 2-16 所示，通常以符号“F · P”表示。

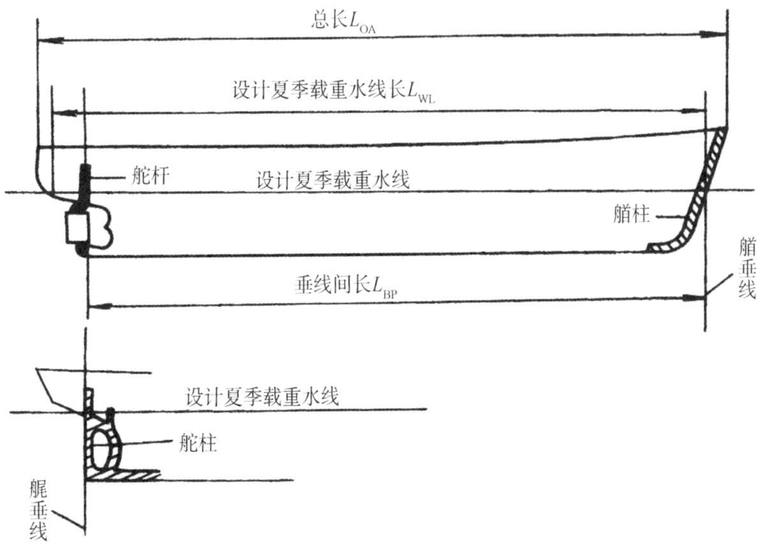

图 2-16　船舶长度

3.艉垂线

艉垂线是沿着舵柱的后缘或舵杆中心线所作的垂线，通常以符号“A · P”表示。

4.垂线间长

垂线间长,又称两柱间长,是艏垂线与艉垂线之间的水平距离,通常以符号“L_{BP}”表示。垂线间长,一般用来代表船长。

(二)船舶尺度

船舶尺度,主要是指表示船体外形大小的基本量度。

常用的船舶尺度有主尺度、登记尺度、最大尺度三种。

1.主尺度

主尺度是用垂线间长 L_{BP}×型宽 B×型深 D(或船长 L_{BP}×型宽 B×型深 D)这三个尺度表示的。

(1)船长 L

船长 L 是沿设计夏季载重水线,由艏柱前缘量至舵柱后缘的长度;对于无舵柱的船舶,是由艏柱前缘量至舵杆中心线的长度,即艏艉垂线间的长度。

对于箱形船体,船长 L 为沿设计夏季载重水线自艏端壁前缘量至艉端后缘的长度。

通常所称的船长用垂线间长 L_{BP}代表。船长用符号“L”表示,单位为米(m)。

(2)型宽 B

在船体的最宽处,由一舷的肋骨外缘量至另一舷的肋骨外缘的水平距离(或者说在船体的最宽处船壳板内表面之间的水平距离),如图 2-17 所示。

通常所称的船宽即为型宽,用符号“B”表示,单位为米(m)。

(3)型深 D

在船长中点处,沿船舷由平板龙骨上缘量至上层连续甲板横梁上缘的垂直距离;对甲板转角为圆弧形的船舶,则由平板龙骨上缘量至横梁上缘延伸线与肋骨外缘延伸线的交点(如图 2-17 所示)。型深用符号“D”表示,单位为米(m)。

(4)总长 L_{OA}

总长 L_{OA}包括两端上层建筑在内的船体型表面最前端与最后端之间的水平距离(如图 2-16 所示)。总长用符号“L_{OA}”表示。

(5)设计夏季载重水线长 L_{WL}

设计水线长 L_{WL}是指设计夏季载重水线面与船体型表面艏艉端交点之间的水平距离,通常满载水线的长度即为设计水线长。设计水线长用符号“L_{WL}”表示。

(6)型吃水 d

型吃水 d 是指在船长中点处,沿着船舷由平板龙骨上缘量至夏季载重水线的垂直距离(如图 2-17 所示)。型吃水用符号“d”表示,单位为米(m)。

吃水是指船舶在水面以下的深度。根据量度位置的不同,吃水主要分为:型吃水、实际吃水(或外形吃水)、设计吃水(或满载吃水)、空船吃水、压载吃水、艏吃水、艉吃水、平均吃水等。

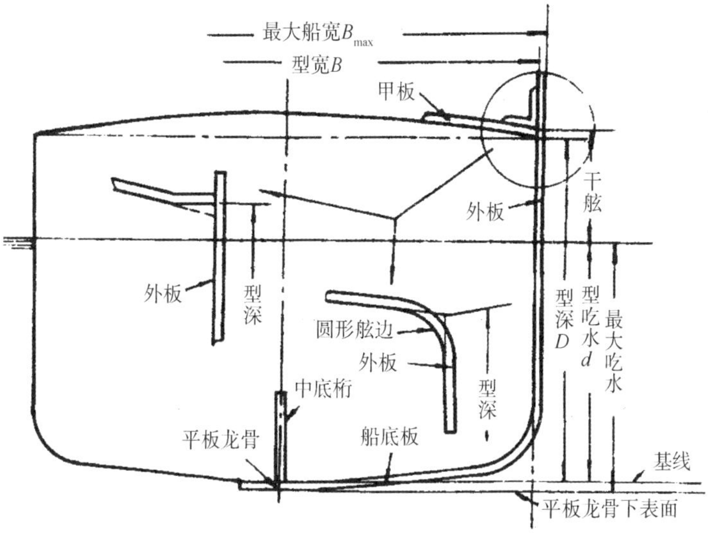

图 2-17　型宽、型深和型吃水

型吃水是根据船体型表面量度的，它不计入水下突出物和船底板的厚度，而且是量至设计水线（或满载水线、设计夏季载重水线）。

实际吃水或外形吃水，是从船舶外形的最低点（包括附体或水下突出物在内）量至某一水线面的吃水。

设计吃水，通常均指满载吃水，是船舶处于满载排水量状态时的吃水，亦是船舶在正常航行状态下的最大吃水。

空船吃水，是船舶处于空船排水量状态的吃水。

压载吃水，是船舶处于压载排水量状态时的吃水。

艏吃水，是艏垂线处的吃水，通常用符号“d_F”表示，可以是型吃水或实际吃水。

艉吃水，是艉垂线处的吃水，通常用符号“d_A”表示，可以是型吃水或实际吃水。

平均吃水，是艏吃水与艉吃水的平均值；当船舶有横倾又有纵倾时，平均吃水，是左、右舷相应的艏艉位置测得的吃水平均值。

2.登记尺度

船舶在完成吨位丈量工作并填写吨位证书之后，需要申请登记。登记的内容包括船名、船籍港、螺旋桨数目、建造日期、建造地点和船舶尺度等。该处所使用的船舶尺度，也称为船舶登记尺度。

目前，我国船舶所使用的登记尺度分两种：持有“国际船舶吨位证书（1969）”的船舶，用“国际航行船舶”的登记尺度，即按《1969 年国际船舶吨位丈量公约》中所规定的定义（与《1966 年国际载重线公约》中规定的船舶尺度定义相同）；持有“船舶吨位证书”的船舶，用“国内航行船舶”的登记尺度。

3.最大尺度

最大尺度包括船舶的最大长度、最大宽度、最大高度。船舶在停靠码头,进坞,过船闸、桥梁和狭窄航道以及船舶避碰时要用到最大尺度。

(1)最大长度 L_{max}

最大长度 L_{max} 是指船舶最前端与最后端之间包括外板和两端永久性固定突出物(如顶推装置等)在内的水平距离。

对于两端无永久性固定突出物的船舶,如木质、水泥、玻璃钢等船舶,其最大长度等于总长,钢质船舶的最大长度与总长相差两端外板的厚度。最大长度是船舶的实际长度。

(2)最大宽度 B_{max}

最大宽度 B_{max} 是指包括外板和永久性固定突出物(如护舷材、水翼等)在内的垂直于中线面的船舶最大水平距离。

对于两舷无永久性固定突出物的船舶,如木质、水泥、玻璃钢等船舶,其最大宽度等于型宽,钢质船舶的最大宽度与型宽相差两舷外板的厚度。最大宽度是船舶的实际宽度。

(3)最大高度

最大高度是指从船舶的空载水线面垂直量到船舶固定建筑物(包括固定的桅、烟囱等在内的任何构件)最高点的距离。

(三)船舶的排水量、载重量和吨位

表示船舶重量方面的量度有船舶的排水量和载重量,包括空船排水量、满载排水量、装载排水量、总载重量、净载重量等。

表示船舶容积方面的量度有船舶吨位(包括总吨位和净吨位)及舱室容积(包括包装容积和散装容积)等。

1.排水量和载重量

(1)排水量

船舶排水量,是指船舶自由漂浮于静水中,保持静态平衡所排开水的质量或重量,通常用符号“D”表示。排水量等于船舶重量。

①空船排水量

空船排水量等于空船重量,是指民用船舶装备齐全,但无载重时的船舶排水量。除了船体和机器设备等的重量之外,空船重量还包括固定压载、备件、管系中的液体、液舱中不能吸出的液体、给水,以及锅炉和冷凝器中的水的重量,但不包括船员、粮食、淡水、供应品、燃料、滑油、货物和旅客的重量。

②满载排水量

满载排水量等于空船排水量加上总载重量时的排水量。满载排水量是反映船舶大小的一个重要量度,是船舶的许多性能、结构、载重能力等计算的主要依据。

③装载排水量

装载排水量是指船舶在空载吃水与满载吃水之间任一吃水下的排水量。

(2)载重量

船舶载重能力主要表现在它的载重量上。载重量分为总载重量和净载重量。

①总载重量 DW

船舶总载重量,通常简称为载重量,是船舶允许装载的可变载荷的最大值,通常用符号“DW”表示。总载重量包括船员、粮食、供应品、淡水、燃料、滑油、货物和旅客等重量。它用来表示船舶运输中总的载重能力。例如称某船是万吨级的船,意思是说该船的总载重量为 10 000 t 左右。

②净载重量

船舶净载重量,是载重量中允许装载的货物与旅客,包括旅客的行李及其随身携带的物品在内的最大重量。它用来反映船舶的运输能力,其值的大小影响船舶的运输成本。

2.容积吨

容积吨是依据船舶登记尺度丈量出船舶容积后经计算而得出的吨位,它表示船舶所具有空间的大小,又称登记吨位。根据丈量范围和用途的不同,容积吨可分为总吨位、净吨位和运河吨位。

(1)总吨位 GT

总吨位 GT 根据公约或规范的各项规定,丈量测定出船舶的总容积后,再按公式计算得出。

船舶总吨位的用途:

①表示船舶建造规模的大小,同时也是商船拥有量的统计单位;

②计算造船、买卖船舶、定期租船和光船租船费用的依据;

③国际公约、船舶规范中划分船舶等级、技术管理和设备要求的基准;

④船舶登记、丈量和检验等收费的标准;

⑤确定海事索赔责任限制的基准;

⑥某些港口使费的计费依据;

⑦计算净吨位的基础。

(2)净吨位 NT

船舶净吨位是指根据有关国家主管机关制定的规范丈量确定的船舶有效容积,即扣除不能用来载货或载客的处所后得到的船舶可营运容积。不能用来载货或载客的处所包括船员的生活起居处所、船舶机械和装置处所、航行设备处所、安全设备处所和压载处所等。

向船舶征收的各种港口使费,如船舶吨税、船舶港务费、引航费、码头费、系解缆费、船舶服务费等,一般以船舶净吨位作为计费的依据。

(3)运河吨位

通过苏伊士运河、巴拿马运河的船舶,须按照运河吨位交付各种过河费用。运河当局根据自己制定的船舶吨位丈量规范,对通过运河的船舶进行总吨位和净吨位的丈量,并核发相应的运河吨位证书。不论是苏伊士运河吨位还是巴拿马运河吨位,它们均较普通船舶登记吨位要大。

(四)储备浮力、干舷

1.储备浮力

为了保证船舶的航行安全,在任何情况下船体的水密空间都不允许全部浸入水中。就是说,在载重水线以上,必须保留一部分水密空间备用。因此,满载水线(设计水线)以上的船体水密部分的体积所具有的浮力,称为储备浮力。储备浮力通常用船舶正常排水量的百分数来表示,一般海洋运输船舶的储备浮力占满载排水量的20%~50%。

2.干舷

所谓干舷,通常是指船舶的夏季最小干舷,它是在船中处,沿舷侧从夏季载重水线量至干舷甲板上表面的垂直距离。

储备浮力的大小,一般用船舶干舷的高度来衡量。

为了既能保证船舶的安全航行,又能使船舶具有尽可能大的装载能力,每艘船舶都必须具有一个最小储备浮力。最小储备浮力限定了船舶最大吃水,或者说规定了最小干舷。

(五)船舶标志认知

船舶标志主要有载重线标志、水尺标志和船舶其他标志。

1.载重线标志

在不同季节所用的最小干舷,用载重线标志的形式勘绘在船长中部的两舷,并颁发载重线证书,以示证明有效,如图2-18所示。这项工作由各国政府所属的验船机构或政府委托船级社代表政府执行。

勘划船舶载重线标志的意义就是:在保证船舶安全航行条件下,根据海上风浪情况,最大限度地利用船舶的载重能力。

(1)国际航行船舶的载重线标志

根据《1966年国际载重线公约》的规定,国际航行船舶应勘绘的甲板线载重线圈和载重线的形式如下:

①甲板线

甲板线是勘绘在船中两舷侧长300 mm、宽25 mm,其上边缘通过干舷甲板的上表面(木铺板时,为木铺板的上表面)向外延伸与船体表面相交的线段。

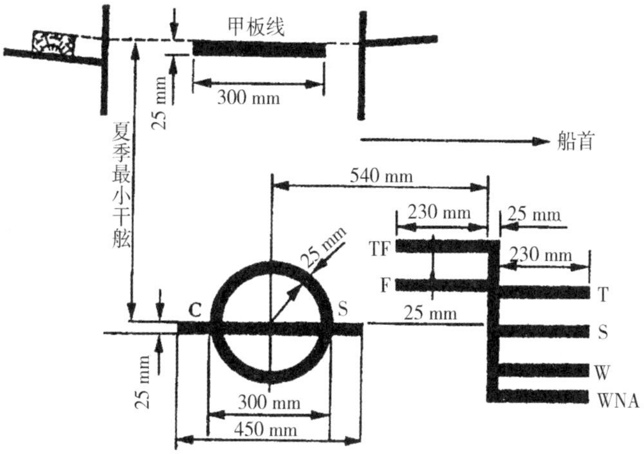

图 2-18　载重线标志

②载重线圈

载重线圈是一个外径为 300 mm、线宽为 25 mm 的圆圈和一条与圆圈相交的水平线段。水平线段长 450 mm、宽 25 mm,其上边缘通过圆圈的中心。圆圈中心位于船中处,从甲板线上边缘垂直向下量至圆圈中心的距离等于所核定的夏季最小干舷。在圆圈的两侧标注两个字母,代表核定勘绘干舷的验船机构。

③载重线

载重线分别以长 230 mm、宽 25 mm 的水平线段表示。各载重线与一根位于载重线圈中心向艏部一侧,长 540 mm、宽 25 mm 的垂直线相垂直。各载重线的上边缘为船舶航行在不同区域、区带和季节区带中所允许的最高载重水线位置,即代表各区域、区带和季节区带船舶航行所允许的最小干舷。

各载重线上的字母符号代表的意义如下:

“S”——夏季载重线(国内船舶采用“X”);

“T”——热带载重线(国内船舶采用“R”);

“W”——冬季载重线;

“WNA”——北大西洋冬季载重线,船长大于 100 m 的船舶须勘绘北大西洋冬季载重线;

“F”——夏季淡水载重线(国内船舶采用“Q”);

“TF”——热带淡水载重线(国内船舶采用“RQ”)。

木材船载重线应在通常的货船载重线以外勘绘,位于船中舷侧载重线圈的后方(向艉部)。在木材载重线上除标注上述规定字母外,均附加上“木”字的英文词头“L”(Lumber)表示(国内航行船舶加“M”)。而客船需要在载重线下方绘有分舱载重线。

(2)国内航行船舶的载重线标志

由于海岸附近的风浪较小,因此国内航行船舶的最小干舷比国际航行船舶的最小干舷要小一些。另外,我国航行船舶无冬季载重线和北大西洋冬季载重线。

2.水尺标志

水尺是表示船舶吃水的标记,也称吃水标志。它用数字和线段刻画在艏部、艉部和船中两舷的船壳板上(如图2-19所示),一般用以分别标明相当于艏垂线、艉垂线和船中横剖面处的实际吃水值。所用单位为国际单位或英制单位(如英国)。我国采用国际单位制,以米(m)或厘米(cm)为单位。用阿拉伯数字标绘,每个数字高为10 cm,字与字的间隔也为10 cm(英制水尺以英尺、英寸为单位,用罗马数字标绘,字高和字间隔均为6英寸)。每一个数字的下缘(与水尺线段的下缘为同一水平面)表示该数字所指的吃水值。读取吃水时,看水面与水尺数字下缘相切的位置。例如,若水面刚好与"8.6"数字的下边缘相切,则表示吃水为8.6 m;若水面淹没"8.6"字体的一半,则表示吃水为8.65 m;若水面刚好淹没"8.6"的上边缘,则表示吃水为8.7 m。

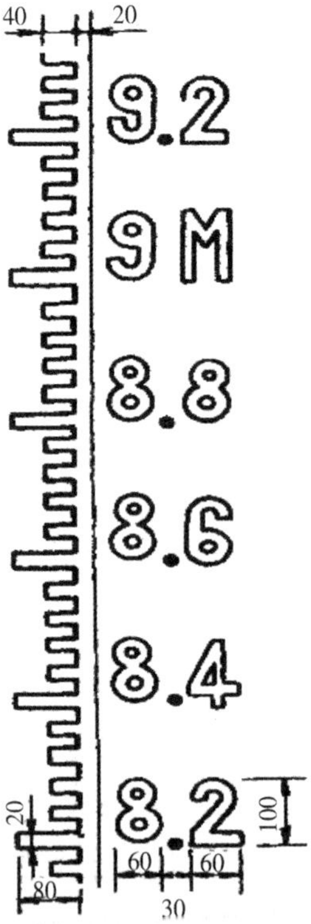

图2-19　吃水标志(单位:mm)

3.船舶其他标志

船舶其他标志主要有船名和船籍港标志、烟囱标志、球鼻艏和侧推器标志、顶推标志、IMO识别号、引航员登离船位置标志、分舱与顶推位置标志、公司名称标志等。

(1)船名和船籍港标志

每艘船都在船首两侧明显位置写上船名。有的船舶还在驾驶台顶部的罗经甲板两舷侧勘划船名。

(2)烟囱标志

烟囱标志是用来表示船舶所属公司的标志,该标志勘划于烟囱左、右两侧的高处。

(3)球鼻艏和侧推器标志

球鼻艏和侧推器标志在船首两侧满载水线以上船壳处(如图 2-20 所示)。

图 2-20　球鼻艏和侧推器标志

(4)顶推标志

顶推标志表示拖船可以在此处顶推,在船体处用大写字母“T”标志。

(5)IMO 识别号

IMO 识别号在船尾或船中左、右舷最深核定载重线以上或上层建筑正前方上部,勘划在船尾船籍港标志的下方、桥楼正前方的上部及机舱明显处。较普遍的勘划位置是船尾船籍港标志的下方。

二、船舶浮性认知

船舶浮性、稳性和抗沉性是船舶主要的航海性能,每一适航船舶必须具有足够的浮性、稳性和抗沉性。

(一)船舶静浮于水中的平衡条件

1.船舶的浮力与重力

船舶在各种载重情况下,能保持一定浮态的性能称为船舶浮性,是船舶的基本性能之一。

船舶自由浮于静水中所排开水的重量,称为船舶排水量,通常用符号“D”表示。

船舶浮力的作用中心,称为船舶的浮心。浮心就是水线下船体体积的几何中心,通常用符号“B”表示。

船舶重力的方向总是垂直于静水面向下。重力的作用中心,称为船舶重心,通常用符号“G”表示。

2.船舶浮于水中的平衡条件

根据静力学的物体平衡条件,船舶静止地浮于水中的条件是:作用于船上的重力和浮力,必须大小相等、方向相反,且作用在同一条垂直于静水面的铅垂线上。

(二)船舶的浮态

船舶在静水中的漂浮状态称为浮态。由于船舶载重的大小和漂浮状态的不同,船舶的浮态主要有正浮、横倾、纵倾、横倾加纵倾(任意状态)四种形式。表征船舶不同浮态的参数主要有船舶的吃水 d、横倾角 θ、纵倾角 φ 或艏艉吃水差 t。

1.正浮

船舶既无横倾又无纵倾的漂浮状态称为正浮,也就是船舶的左、右舷吃水和艏、艉吃水均分别相等。正浮时船舶的中纵剖面和中横剖面都垂直于静水面,只需用船舶吃水 d 表示其浮态。

2.横倾

船舶只具有横向倾斜(无纵向倾斜)的漂浮状态,称为横倾。横倾用正浮与横倾时两水线的夹角 θ(横倾角)表示船舶横倾的状态。船舶横倾时,艏、艉吃水一致,左、右吃水不同,左舷吃水大于右舷吃水称为左倾,右舷吃水大于左舷吃水称为右倾。

3.纵倾

船舶相对于设计水线具有纵向倾斜(无横倾)的漂浮状态,称为纵倾。纵倾是用吃水差 t 或设计水线与静水平面的夹角 φ(纵倾角)表示船舶纵倾的状态。

船舶吃水差(Trim)是指艏吃水 d_F 与艉吃水 d_A 的差值,用符号 t 表示,$t = d_F — d_A$。当艏、艉吃水相等,即吃水差等于零时,称为平吃水(Even keel);艉吃水大于艏吃水时,称为艉吃水差(Trim by stern),也叫艉倾,一般用负值表示;艏吃水大于艉吃水时,称为艏吃水差(Trim by head),也叫艏倾,俗称拱头,一般用正值表示。

应当注意的是,世界上某些航运国家(如日本)将艉吃水与艏吃水的差值定义为吃水差,这与我国定义的吃水差符号恰好相反。

(三)船舶抗横倾系统的分类及管理

船舶抗横倾系统用于对由负荷不对称引起的船舶横倾进行补偿,主要有泵控制的抗横倾系统和风机控制的抗横倾系统。出于安全原因,均不允许在公海上用任何形式运行抗横倾系统。

三、船舶稳性认知

如果受到风浪等各种外力矩的干扰,船舶会偏离其平衡位置而倾斜,当外力矩消失后,船舶能够自行恢复到初始平衡位置的能力称为船舶稳性。

四、船舶抗沉性认知

船舶在营运过程中,偶尔会因为某种海损事故而导致船体破损进水,严重的会导致沉船。为了保证船舶的航行安全,在船舶的设计和建造中采取有关措施,使船舶具有一定的储备浮力;进行水密分舱;船体结构及开口的关闭要有可靠的水密性,使船体本身具有一定的抗沉能力;并在船上配备一定的排水设备和堵漏器材。

五、船舶摇荡性认知

(一)船舶摇荡运动的形式

船舶因某种外力的作用,使其围绕原平衡位置所做的往复性(或周期性)的运动,称为船舶摇荡运动。船舶摇荡运动共有横摇(船舶绕纵轴做周期性的角位移运动)、纵摇(船舶绕横轴做周期性的角位移运动)、艏摇(船舶绕垂向轴做周期性的角位移运动)、垂荡(船舶沿垂向轴做周期性的上下平移运动)、纵荡(船舶沿纵轴做周期性的前后平移运动)和横荡(船舶沿横轴做周期性的前后平移运动)六种运动方式,如图 2-21 所示。在这六种摇荡方式中,横摇摆幅比较大,对船舶的性能影响最大,因此对船舶的横摇应该给予更多的关注。

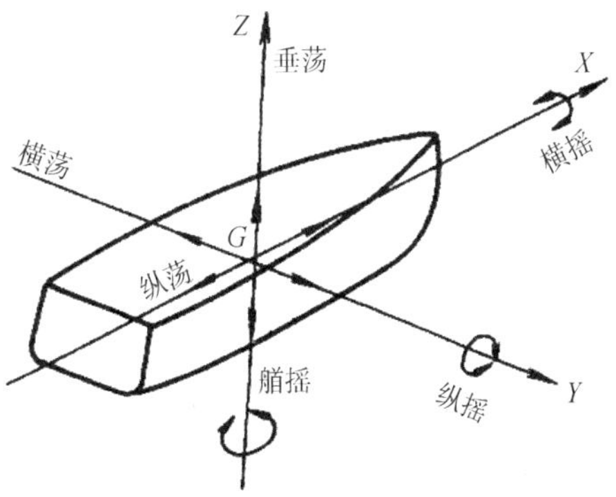

图 2-21　船舶摇荡运动的形式

(二)船舶减摇装置

为了减小船舶的摇荡,除了在装载和操纵方面采取措施以外,在船舶设计与建造中,都装设必要的减摇装置。减摇装置用来产生一种外加的稳定力矩,使船舶的摇摆减缓。根据工作原理的不同,减摇装置可以分成三类:第一类是利用流体的重力作用以产生对船舶摇摆的稳定力矩(如减摇水舱);第二类是利用流体的动力作用以产生稳定力矩(如舭龙骨、减摇鳍);第三类所获得的稳定力矩则是由回转力产生(如减摇回转仪)的。

六、船舶操纵性

(一)基本概念

船舶能保持或改变航向、航速和位置的性能,称为船舶操纵性。船舶操纵性主要包括航向稳定性、回转性和改向性(转艏性)。

航向稳定性是指船舶保持直线航行的性能。

回转性是指船舶经操舵后改变原航向做圆弧运动的性能。通常用旋回直径的大小表示回转性能的好坏。

改向性是指船舶回转初期对舵的反应能力。

(二)影响船舶操纵性的因素

1.船型和浮态

船体形状和大小对船舶操纵性能的好坏有着重要的影响。

2.船舶受风情况

船舶水线以上及其上层建筑侧面形状、大小和分布,风力作用中心位置等对船舶操纵性能有着重要的影响。

3.船舶速度

船舶速度越快,舵效越高,航向稳定性也就越好。

4.舵与桨的作用

(1)舵的位置要对称于船体中纵剖面或在中纵剖面内,才能保持良好的航向稳定性;舵叶面积比越大,则船舶操纵性越好。

(2)螺旋桨的推力作用线要在中纵剖面内,推力的大小及桨的数目等对船舶操纵性都有很大影响。

任务三

船舶安全管理认知

一、船舶消防演习与应急反应

1. SOLAS 公约对船舶消防演习的规定

(1)演习应尽可能按实际应变情况进行。

(2)每位船员每月应至少参加 1 次弃船演习和消防演习。若有 25%以上船员未参加该特定船上的上个月弃船和消防演习,应在该船离港后 24 h 内举行该两项船员演习。当船舶是第一次投入营运或经重大修理或有新船员时,应在开航前举行这些演习。客船每周应举行 1 次弃船演习和消防演习。

(3)每次消防演习计划应根据船舶类型和货物种类及实际可能发生的各种应急情况制订。

(4)每次消防演习应包括:①向集合地点报到,并准备执行应变部署表规定的任务;②启动消防泵,要求至少使用 2 支所要求的水枪,以显示该系统处于正常的工作状态;③检查消防员装备及其他个人救助设备;④检查有关的通信设备;⑤检查演习区域内水密门、防火门、挡火风闸和通风系统的主要进口和出口的操作;⑥检查供随后弃船用的必要装置。

(5)演习中使用过的设备应立即放回,保持其完整的操作状态,如在演习中发现有任何故障和缺陷,应尽快修补。

2.消防演习的组织

(1)消防演习应按消防应变部署表中的消防部署进行。大副任消防演习的现场指挥。

(2)演习要求。消防演习时,应假想船上某处发生火警,组织船员扑救。假想的火警性质及发生的地点应经常改变,以便船员熟悉各种情况。全体船员必须严肃对待演习,听到警报后,应按照消防应变部署表的规定,在 2 min 内携带指定器具到达指定地点,听从指挥,认真操演。机舱应在 5 min 内开泵供水。

(3)演习评估。消防演习后,由现场指挥进行讲评,并检查和处理现场,还要对器材进行检查和清理,使其恢复至可用状态。必要时,船长可召开全体船员大会,进行总结。

(4)演习记录。演习结束后,应将每次演习的起止时间、地点、演习内容和情况,如实记入航海日志。

二、船舶救生与应急反应

船舶救生包括弃船求生和人落水救助两种应变,此部分仅介绍弃船求生。

(一)SOLAS 公约对船舶弃船求生演习的规定

(1)每次弃船求生演习应包括:①利用有线广播或其他通信系统通知演习,将乘客和船员召集到集合地点,并确保他们了解弃船命令;②向集合地点报到,并准备执行应变部署表规定的任务;③查看乘客和船员的穿着是否合适;④查看乘客和船员是否正确地穿好救生衣;⑤在完成任何必要的降落准备工作后,至少降下 1 艘救生艇;⑥启动并操作救生艇发动机;⑦操作降落救生筏所用的吊筏架;⑧模拟搜救几位被困于客舱中的乘客;⑨介绍无线电救生设备的使用。

(2)每艘救生艇一般应每 3 个月在弃船演习时乘载被指派的操作船员降落下水 1 次,并在水上进行操纵。

(3)在合理可行的情况下,专用救助艇应乘载被指派的船员每个月降落下水 1 次,并在水中进行操纵。在任何情况下,至少应每 3 个月进行 1 次。

(4)如救生艇与救助艇的降落下水演习在船舶航行中进行,为了避免危险,该项演习应在遮蔽水域,并在有此项演习经验的驾驶员的监督下进行。

(5)在每次弃船演习时应试验供集合和弃船所用的应急照明系统。

(6)如船上配备海上撤离系统,演习应包括:在实际布防这一系统前对该系统布防所要求的演练程序达到能立即使用的程度。

(7)对于从事短程国际航行的船舶,如果由于港口泊位的安排及运输方式不允许救生艇在某一舷降落下水者,主管机关可准许救生艇不在该舷降落下水。但无论如何,所有这些救生艇应至少每 3 个月下降 1 次并每年至少降落下水 1 次。

(二)弃船求生演习的组织

1.集合地点

弃船求生或其演习的集合地点应紧靠登乘地点。集合与登乘地点一般在艇甲板。通往集合与登乘地点的通道、梯口和出口应有能用应急电源供电的照明灯。

客船应有乘客容易到达登乘的集合地点,并且是一个能集结和指挥乘客的宽敞场地。

2.演习组织

(1)听到弃船警报信号后,全体船员应在 2 min 内穿好救生衣并到达集合地点。

(2)艇长检查人数,检查各艇员是否携带规定应携带的物品,检查每个人的穿着和救生衣是否合适,并加以督促、指挥,然后向船长汇报。

(3)船长宣布演习及操练内容。

(4)由2名艇员在(船长发出放艇命令后)5 min内完成登乘和降落准备工作;其他船员按分工各就各位。

(5)在完成任何必要的降落准备工作后,至少降下一艘救生艇;启动并操纵救生艇发动机。

(6)操作降落救生筏所用的吊筏架。

(7)模拟搜救几位被困于客舱中的乘客。

(8)介绍无线电救生设备的使用。

(9)试验集合与弃船所用的应急照明系统。

(10)演习结束,船长发出解除警报信号;收回救生艇;清理好索具;由艇长进行讲评后解散,艇员也应向船长汇报。

3.记录

弃船求生演习的起止时间、演习及操练的细节由大副和大管轮分别记录于航海日志和轮机日志。

三、封闭处所救助与应急反应

封闭处所是指有下列特点之一的处所:①开口,仅限于出入口;②通风不足;③非设计为连续有人工作的处所。封闭处所包括但不限于:货舱、双层底、燃油舱、压载舱、货泵室、货物压缩机室、隔离空舱、锚链舱、空舱、箱形龙骨、保护层间处所、锅炉、发动机曲轴箱、发动机扫气箱、污水柜和相邻处所。

SOLAS公约规定,在船舶应变演习中,自2015年1月1日起,每2个月举行一次围蔽处所进入和(遇险人员)救援演习。

封闭空间进入和救援演习:应以安全的方式计划和组织实施封闭处所进入和救援演习。每次封闭处所进入和救援演习应包括:

(1)检查及使用进入封闭处所所需的个人防护装备;

(2)检查并使用通信设备和程序;

(3)检查及使用封闭处所内空气检测的仪器;

(4)检查和使用救援设备和程序;和

(5)急救和复苏技术说明。

封闭处所救助的具体要求,参见船舶应变部署表的有关要求。

封闭处所内有人员进入后,应经常对空气进行检测,并在状况发生恶化时提示处所内的人员离开。

四、船上训练与授课

1.训练与授课安排

(1)船员上船后,应在2个星期内尽快对其进行有关使用包括救生艇筏属具在内的船上救生设备和灭火设备的船上培训。但是,如果船员是被定期安排轮派上船的,则这种培训应在船员第一次上船后 2 个星期内进行。

(2)在装有吊架降落救生筏的船上,应在不超过 4 个月的间隔期内进行一次该设备用法的船上训练。

(3)应与应急演习的时间间隔相同,讲授船舶消防、救生设备的用法和海上救生须知方面的课程。每一课程的内容可以是船舶救生和消防设备系统中的不同部分,但每 2 个月一期的课程应覆盖全部救生和消防设备。

(4)应专门为每次授课未参加听课的值班人员补课。

2.授课内容

每位船员均应听课。课程内容包括但不限于:气胀式救生筏的操作与使用;低温保护问题,低温急救护理及其他合适的急救方法;在恶劣天气和海况中使用救生设备所必需的专门知识;消防设备的操作与使用;对于围蔽处所的相关风险和安全进入围蔽处所的船上程序。

五、船舶应变部署

船舶应变部署是指货船和客船在弃船救生、消防灭火、进入封闭处所和客船破损控制时,船上所有人员的分工部署、职责和技术动作要求。

船舶应变部署表是指在船舶上用表格形式表达的符合《1974 年国际海上人命安全公约》要求的船舶遇险时紧急报警信号及其全员的应变部署。

海洋运输船舶应变部署表分为货船应变部署表和客船应变部署表。应变部署表以船长为核心,全体船员分工配合,分成救生部署、消防部署和封闭处所救助三部分,包括紧急报警信号、驾驶台和机舱、弃船、放救生艇筏、消防、封闭处所救助、人员编号表格和备注等八个栏目。

紧急报警信号:根据船长命令,用汽笛或报警器发出紧急报警信号,如有可能应伴随有线广播。船员听到报警信号后,应立即着装就位。信号分为短声和长声:短声是历时约 1 s 的笛声或铃声;长声是历时 4~6 s 的笛声或铃声。

(1)消防报警

①消防报警:短声连放 1 min。

②船前部失火:短声连放 1 min 后一长声。

③船中部失火:短声连放 1 min 后二长声。

④船后部失火:短声连放 1 min 后三长声。

⑤机舱失火:短声连放 1 min 后四长声。

⑥上甲板失火:短声连放 1 min 后五长声。

(2)弃船报警

七短声一长声,重复连放 1 min。

(3)人员落水报警

人员落水报警的主要内容如下:

①人员落水报警:连续三长声。

②人员右舷落水:连续三长声后一短声。

③人员左舷落水:连续三长声后二短声。

(4)解除警报

一长声。

(一)货船应变部署表

货船应变部署表(Muster List for Cargo Ship)包含驾驶台、机舱的团队组成及人员职责,紧急报警信号的内容,救生部署(弃船、放救生艇筏动作),消防部署,封闭处所救助以及备注等内容,如表 2-1 所示。

(二)客船应变部署表

客船应变部署表(Muster List for Passenger Ship)包含驾驶台、机舱的团队组成及人员职责,紧急报警信号的内容,救生部署(弃船、放救生艇筏动作),海上撤离系统释放动作,放救生漂浮平台动作,消防部署,封闭处所救助以及备注等内容,如表 2-2 所示。

(三)应变部署卡

应变部署卡(Emergency Card):分为船员用应变部署卡和旅客用应变部署卡两种。

船员用应变部署卡应每位船员一张,放置在船员房间内明显位置。

旅客用应变部署卡应放置在每位旅客床头。

(1)船员用应变部署卡样式见表 2-3。

表 2-1 货船应变部署表

驾驶台/机舱 BRIDGE/ENGINE ROOM 任务 duties	执行人 operator
协助船长，瞭望，操纵车钟，管理烟火探测器，对外联系，做好记录 Assist Master lookout，operate telegraph，administer fire detector，Contact with outside and record in fact	
操舵，协助瞭望，悬挂信号 Helm，assist to lookout，display signals	
轮机长替代人，机舱值守，管理操纵主机。 Substituted C/E. E/Room on duty. Control the main engine	

货船应变部署表

MUSTER LIST FOR CARGO SHIP

船名：M/V：　　　　船东/管理公司：MANAGEMENT COMPANY：

紧急报警信号：根据船长指令，用报警器或汽笛发出如下紧急报警信号，如有可能并应伴随有线广播。船员听到报警信号后，应立即着装就位。

Emergency alarm signal：The following alarms are sounded on whistle or siren according to master's order，and accompany with wire broadcast if possible. When the alarm is sounded crew shall be donned and mustered at stations immediately.

消防 fire alarm：　短声连放 1 min　short blast continued for one minute

弃船救生 lifeboat alarm：　七短一长重复连放 1 min　seven short blasts with one prolonged blast repeat for one minute

解除 signal for dismissal：　一长声 one prolonged blast

人员落水 man overboard：　三长声 three prolonged blasts

编号 Crew No	1	2	3	4	5	6	7	8	9	10	11	12	13	14	15	16	17	18	19	20	21	22	23	24
职务 Crew rank																								
姓名 Name																								
筏号 craft No.	1	2	1	2	1	2	1	2	1	2	1	2	1	2	1	2	1	2	1	2	1	2	1	2

弃船救生动作 ACTIONS FOR ABANDONING SHIP

弃船时的任务 DUTIES	执行人 OPERATOR	弃船时的任务 DUTIES	执行人 OPERATOR
降国旗 Lower the national flag。		关闭有关机器，操纵遥控阀门及电钮 Shut off concerned engines，control remote control valves & button	
携带有关海图、航海日志、轮机日志电台日志 Carry conversed charts，log book，engineer's log book and radio log book		携带、投放救生艇筏紧急无线电示位标（操作说明）Carry and lay EPIRB （With operating instruction）	
携带船舶证书及重要文件　Carry ship's certificates and important papers		携带双向无线电话（操作说明）Carry two-way radio telephone （With operating instruction）	
携带现金及账册　Carry cash and account hooks.		管理操纵抛绳器（操作说明）Administer line-throwing appliances （With operating instruction）	
携带食品、毛毯　Carry provisions，blankets		携带雷达应答器（操作说明）carry SART （With operating instruction）	
关闭水密门窗、舱口、孔道、甲板开口，操作燃油速闭阀 Closing of the watertight doors and windows，scuppers，skylights，portholes and other similar openings in the ship. Operate oil quick closed valve		发送最后求救信号 Send the last rescue signal	

放救生艇/救助艇/救生筏动作与任务 SURVIVALS CRAFT LAUNCHING

执行人 Operator	自由降落式救生艇 GRAVITY FREEFALL LIFEBOAT	吊放式救生筏 davit type liferaft	执行人 operator
	艇长，持艇员名单，核对艇员，指挥放艇。 Commanderon spot. Carry boat crew list，Command boat launching.	松开滑钩，脱开绑扎钢丝绳。 Unfasten slip hook to disconnect lashing wire.	
	副艇长，持艇员名单，检查救生衣和浸水保温服。 Substituted commander carry boat crew list，check	打开盖子，把卸扣挂在吊艇柱挂钩上。 Open the cover and hang the shackle on the davit hook.	
	管理集合地点应急照明和救生艇电气设备。 Administer the emergency light of muster station and		
	解除救生艇艉部固艇索，挂钩。 Release stern gripes oflifeboat. Hitch the hook	拉出拉线，分别拧紧左右扶手上的每根线。 Pull out the bowsing lines and tighten each lines on right &left hand-rail respectively.	
	解除救生艇底部保险钩。 Release bottom secure hook of lifeboat.		
	带艇缆 make fast aft line.	拉缆绳，直到木筏充气，并将登艇布放在甲板上。 Pull painter line until raft is inflated and place boarding cloth on the deck.	
	放登乘梯，Lay out embarkation ladder.		
	管理艇机和应急舵。Administer boat engine and emergency rudder.	登筏，解开吊艇索和登艇布，放低至海面。 Get on board and disconnect the bowsing lines and boarding cloth and lower to the sea.	
	操纵救生艇脱钩装置。Operation　on-load　release.		
		将吊艇柱吊钩从筏子上卸下，用小刀割断缆绳，使其处于自由状态。 Release the davit hook from raft and cut painter line with a knife for evacuation.	

抛投式救生筏 Flat type liferAFT	重力式救助艇/救生艇 GRAVITY LIFEBOAT/RESCUEBOAT	执行人 operator
筏长，持有筏员名单，检查登乘人员着装。 Commander carry a list of raft crew，check. Crew number and dressing.	现场指挥，总指挥接替人，指挥放艇。 Commander on spot，carry a list of boat crew，command boat launching.	
管理集合地点应急照明。 Adminisier emergency light of muster station.	艇长，现场指挥接替人，协助指挥放艇，操作脱钩装置，操纵救助艇 Commander of the boat，substituted for commander on spot，Release boat hook	
放登乘梯，照料人员登乘。 Lay out embarkation ladder and take care ofcrew	检查集合地点应急照明和吊艇机电气设备。 Administer emergency light of muster station and davit electrical	
解除浸水压力释放器，将筏抛投水中，拉动充气绳，扶正。 Release the hydrostatic gear，Throw in water and pull line，Re-right	放登乘梯。 Lay out embarkation ladder.	
解除救生筏系缆，使筏脱离船舶。 Untie the painter move away the raft from the ship.	解除艇首/后固艇索，带艇首/艇缆。 Release gripes fore and aft，Make fast painter and aft line.	
抛投救生浮环，救助落水人员登筏。 Throw rescue quoits to help fallen overboard man boarding.	操纵吊艇架放艇。 Operate the davit in launching condition.	
管理海锚，控制救生筏漂流速度。 Cast sea anchor to control the raft drift.	拆除舷边护栏，照料艇员登艇。 Dismantle side-rail and take care of crew embarking.	
	随艇下，管理艇艏缆，出艇靠把，撑篙。 In boat，control painter，take fender and pole.	
	随艇下，管理艇尾缆，携带救生圈。 In boat，Carry lifebuoy，Control aft rope.	
	随艇下，操作艇机。 In boat，Operate boat motor.	
	携带急救药品、毛毯、担架、医疗器材，现场救助 Carry First-aid Kit，blanket，stretcher and medical equipment. Give the emergency treatments.	

救生部署 BOAT STATIONS

驾驶台 BRIDGE

二副/3 2nd Officer	协助船长，瞭望，操纵车钟，对外联系。 Assist Master lookout，operate telegraph，Contact with outside.
一水/12 A.S.D	操舵，协助瞭望，悬挂信号，抛投带自亮浮灯和救生索的救生圈。 Helm，assist to lookout，display signals，throwing lifebuoy with auto-light and life-line

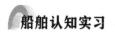

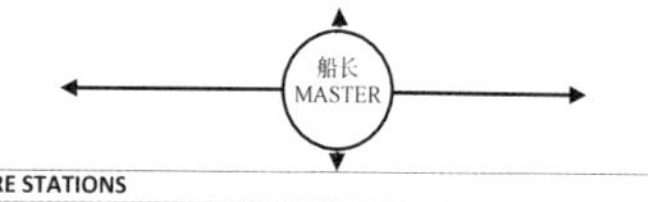

电台任务 RADIO STATION

二副/3 2nd/Officer	管理电台，VHF 等通信设备，根据船长指示，通知弃船救生集合地点，协助对外联系。 Administer radio station，VHF etc，Indicating muster station according to　master's order

消防部署 FIRE STATIONS

消防队 FIRE-FIGHTING SQUAD

任务 DUTIES	执行人 OPREATOR
船长接替人，甲板着火，现场指挥，危险品着火携带装载图和应急措施表；机舱着火协助轮机长指挥。Substituted master，command on spot if deck on fire carry loading plan and Ems when DG on fire assist C/E if E/R on fire	
机舱着火，现场指挥；甲板着火协助大副指挥。 Command on spot if E/R on fire，assist C/O if deck on fire	
消防队队长，大副接替人，管理国际通岸接头、固定式CO2 灭火系统危险品着火携带防化服。Leader of fire-fighting squad. Substituted	
消防队副队长，队长接替人，协助队长工作。 Substituted the leader，assist leader.	
消防员，携带消防员装备，穿着消防员装备/防化服，探火、抢险。 Fireman，Carry FFE and dress FFE/Anti-chemical suits，search for fire spot，	
管理消防栓，皮龙，水枪。 Control hydrants，fire hose and nozzles.	
携带手提式CO2/干粉灭火器。 Carry portableCO2 / dry powder extinguishers.	
管理操纵主、应急消防泵 Control the main/emergency fire pumps.	

隔离队 ISOLATION SQUAD

任务 DUTIES	执行人 OPREATOR
隔离队队长，携带长柄太平斧 Leader of isolation squad，Carry fire-fighting axe.	
隔离队副队长，队长接替人，协助队长工作。 Substituted the leader，assist leader.	
隔离火场附近易燃物。 Remove inflammable of fire spot and its vicinity.	
关闭防火门窗，挡火闸，舱口，孔道，通风筒。 Close fire doors，fire dampers，windows，hatches，access ventilations.	
切断有关电路，关闭风机。 Cut off　relative circuit，turn off　ventilation.	
切断有关油路，管理操纵副机、应急发电机。 Shut off valves and cocks of oil suction pipes. Control A/E and E/G.	
检查供随后弃船用的必要设备和装置。 Check the necessary arrangements for subsequent abandoning ship.	

封闭处所救助 ENCLOSED SPACE RESCUE

任务 DUTIES	执行人 OPREATOR
现场指挥，负责甲板/机舱所属封闭处所区域。 On Scene Commander. Responsible for the enclosed area belong to the deck/engine	
驾驶台值班，保持通信畅通，负责对外联系。 Bridge on duty，Keep good communicating with internal and external.	
机舱值班 Engine room on duty	
携带并穿戴防护用具、呼吸器，配备安全设备进入处所救助伤员。 Carry and wear protective and breathing apparatus. Entering and rescue	
携带便携式鼓风机，插线板，对处所进行彻底通风。 Carry portable ventilator，electric plug. provide thorough ventilation.	
携带救生绳，安全带等属具，移开附近障碍物。 Carry the lifeline，belts and other safety gears. Remove the obstacles near the enclosed	
进行隔离，关闭相关的管路和阀门，对处所进行机械通风。 Isolate the enclosed space. Close the relative pipe and valves. Switch on mechanical ventilation.	
携带便携式舱灯，提供电源和充足的通道照明。 Carry portable cargo light. Provide power and enough lighting in the gallery	
看护员，携带通信设备，建立与进入人员的通信。 Carry communication equipment. Act as a monitor. Get in touch with the person entering the enclosed space.	
拉警戒绳，挂警戒牌，禁止无关人员进入。 Make guard zone with line，post guard board，forbid entering of any others.	
携带急救药箱、毛毯现场救护。 Carry First-aid Kit and blanket. Give the emergency treatments.	
携带担架和医疗器材，现场救护。 Carry stretcher and medical equipment. Give the emergency treatments.	

救护队 FIRST-AID SQUAD

任务 DUTIES	执行人 PREATOR
救护队队长，携带急救药箱，救护。 Leader of the squad，Carry first-aid box，performance first-aid	
副队长，队长接替人，携带担架，救护。 Substituted the leader，Carry stretchers，performance first-aid.	

技术队 technical squad

任务 DUTIES	执行人 PREATOR
队长：现场指挥。 Lead of squad：command on the spot.	
副队长：队长接替人，协助队长工作。 Substitute for lead：assist leader.	
管理固定灭火系统，按船长命令施放。 Release fixed fire extinguishing systemaccording to master's order.	
管理应急消防泵。Control the emergency fire pumps.	
管理固定式局部灭火系统。 Control fixed local application fire-fighting system.	
关闭机舱防火门、天窗、孔道及通风筒。 Close fire doors，skylight，access and ventilators in engine room.	
切断有关油路；管理国际通岸接头。 Shut off valves and cocks of oil suction pipes；Adminster international shore	

三副
负责船上消防救生设备的日常检查和维护。

Third officer：In charge of the inspection and maintenance of the fir-fighting and life-saving equipments and appliances onboard the vessel.

注：1.应变部署表中的任务可以一人多职，也可以一职多人。
2.船长的接替人为大副。
3.弃船救生.集合地点如与登乘地点不同，全体船员听到弃船救生信号后，应穿好救生衣先到集合地点集合，集合地点一般应在救生艇筏甲板。
4.符合SOLAS 公约第III 章第V 节第47 条要求的救生艇可做救助艇用。
5.救助艇的降落可参照救生艇的降落并在放艇任务中适当增设救助，救护和担架人员，具体人员由船长临时指定。
6.航行途中发生应变部署时，驾驶室固定人员为船长、值班驾驶员、高级值班水手等，机舱固定人员为轮机长，值班轮机员、高级值班机工等。
7.表中“执行人”一栏应填船员编号。
8.应变部署表应在船舶出航前制定，在应变部署表制定后，如船员有所变动而必须更改应变部署表时，船长应修订该表，或制新表。

REMARKS：
1.For the duties assigned in the Muster List，one person may do more than one work and one work may be done by more than one person.
2.The substitute for master in art emergency is the chief officer.
3.When ship abandoning，if the muster station is different from the location for embarkation，all of the crew hearing the alarm sounded should be donned with lifejackets and summoned at muster station first. The muster station is usually on boat deck
4.The life boat which complies with the requirements described in Regulation 47，Chapter III，section 5 of SOLAS convention may be used as a rescue boat.
5.Launching of rescue boat make reference to launching of lifeboat and be added some persons，assigned at the moment by the master，for rescue，first-aid and stretcher
6.If there is muster list on route，the following crew must be kept，on bridge：master，watching officer，AS（D）；on engine room：chief engineer，watching engineer，AS（E）.
7.The columns of “operator” in the List should be filled with crew's numb.
8.The muster list shall be prepared before the ship proceeds to sea .After the muster list has been prepared，if any change takes place in crew which necessitates an alteration in the muster list，the master shall either revise the list or prepare a new list.

船长MASTER：__________　　日期DATE：__________

表 2-2　客船应变部署表

驾驶台/机舱 BRIDGE/ENGINE ROOM 任务 Duties	执行人 Operator
协助船长，瞭望，操纵车钟，管理烟火探测器，对外联系，做好记录 Assist Master lookout，operate telegraph，administer fire detector，Contact with outside and record in fact	
操舵，协助瞭望，悬挂信号 Helm，assist to lookout，display signals.	
轮机长替代人，机舱值守，管理操纵主机。Substituted C/E. E/Room on duty. Control the main engine	
向旅客示警，稳定旅客情绪。Warn the passengers，stabilize their emotions	
预备人员：待命 Reserves：wait for orders	

客船应变部署表
MUSTER LIST FOR PASSENGER SHIP

船名：　　　　　　　　船东/管理公司：
M/V:　　　　　　　　　MANAGEMENT COMPANY:

紧急报警信号：根据船长指令，用报警器或汽笛发出如下紧急报警信号，如有可能并应伴随有线广播。船员听到报警信号后，应立即着装就位。Emergency alarm signal：The following alarms are sounded on whistle or siren according to master's order，and accompany with wire broadcast if possible. When the alarm is sounded crew shall be donned and mustered at stations immediately.

消防 fire alarm：　短声连放 1 min short blast continued for one minute
弃船救生 lifeboat alarm：　七短一长重复连放 1 min seven short blasts with one prolonged blast repeat for one minute
解除 signal for dismissal：　一长声 one prolonged blast
人员落水 man overboard：　三长声 three prolonged blasts

编号 Crew No	
职务 Crew rank	
姓名 Name	
筏号 craft No.	

弃船救生动作　ACTIONS FOR ABANDONING SHIP

弃船时的任务 DUTIES	执行人 OPERATOR	弃船时的任务 DUTIES	执行人 OPERATOR
发送最后求救信号 Send the last rescue signal		关闭有关机器，操纵遥控阀门及电钮 Shut off concerned engines，control remote control valves & button	
携带有关海图、航海日志、轮机日志电台日志 Carry conversed charts，log book，engineer's log book and radio log book		携带、投放救生艇筏紧急无线电示位标（操作说明）Carry and lay EPIRB（With operating instruction）	
携带船舶证书及重要文件 Carry ship's certificates and important papers		携带双向无线电话（操作说明）Carry two-way radio telephone（With operating instruction）	
向旅客警告，指示旅客集合地点。Warn the passengers，indicate the master station.		携带旅客名单等旅客资料。Carry passenger list and relevant documents.	
携带食品、毛毯 Carry provisions，blankets		携带雷达应答器（操作说明）Carry SART（With operating instruction）	
维持梯口及通道秩序，稳定旅客情绪，疏导旅客流向 Keep order in the passage ways，control the movements of the		检查旅客救生衣着装，召集并引领旅客至集合地点，并协助登乘。Check if the passengers have suitable donned their life jacket，gather and guide then to master station，help them to embark.	
关闭水密门窗、舱口、孔道、甲板开口，操作燃油速闭阀 Closing of the watertight doorr and windows，scuppers，skylights，portholes and other similar openings in the ship. Operate oil quick closed valve			

放救生艇/救助艇/救生筏动作与任务　SURVIVALS CRAFT LAUNCHING

抛投式救生筏 Flat type liferaft	执行人 Operator	吊放式救生筏 Davit type liferaft	重力式救助艇/救生艇 GRAVITY LIFEBOAT/RESCUEBOAT	执行人 Operator
筏长，持有筏员名单，检查登乘人员着装 Commander carry a		松开滑钩，脱开绑扎钢丝绳：Unfastern slip hook to disconnect lashing wire.	现场指挥，总指挥接替人，指挥放艇。Commander on spot，carry alist of boat crew，command	
管理集合地点应急照明。Administer emergency light of muster station.		打开盖子，把卸扣挂在吊艇柱挂钩上。Open the cover and hang the shackle on the davit hook.	艇长，现场指挥接替人，协助指挥放艇，操作脱钩装置，操纵救助艇。Commander of the boat，substituted for	
放登乘梯，照料人员登乘。Lay out embarkation ladder and		拉出拉线，分别拧紧左右扶手上的每根线。Pull out the bowsing lines and tighten	检查集合地点应急照明和吊艇机电气设备。Administer emergency light of muster station	
解除静水压力释放器，将筏抛投水中，拉动充气绳，扶正。Release the hydrostatic gear，Throw in water and pullline，Re-right theraft		拉拽绳，直到木筏充气，并将登艇布放在甲板上。Pull painter line until raft is inflated and place boarding cloth on the deck.	放登乘梯。Lay out embarkation ladder.	
解除救生筏系缆，使筏脱离船舶。Untie the painter move away the raft from the ship.		登筏，解开吊艇索和登艇布，放筏至海面。Get on board and disconnect the bowsing lines and boarding cloth and lower to	解除艇前/后固艇索，带艇艏/艉缆。Release gripes fore and aft，Make fast painter and aft line.	
抛投救生浮环，救助落水人员登筏。Throw rescue quoits to		将吊艇柱吊钩从筏子上卸下，用小刀割断缆绳，使其处于	操纵吊艇架放艇。Operate the davit in	
管理海锚，控制救生筏漂流速度。Cast sea anchor to control the raft drift.			拆除舷边护栏，照料艇员登艇。Dismantle side rail and take care of crew embarking.	
			随艇下，管理艇首缆，出艇靠把，撑篙。In boat，control painter，take fender and pole.	
			随艇下，管理艇尾缆，携带救生圈。In boat，Carry lifebuoy，Control aft rope	
			随艇下，操作艇机。In boat，Operate boat motor.	
			携带急救药品、毛毯、担架、医疗器材，现场救助 Carry First-aid Kit，blanket，stretcher and medical equipment. Give the emergency treatments.	

船舶损坏控制演习 Ship damage control drills	执行人 Operator
指挥操纵船舶，制定抢修脱险方案，对外联系 The captain command and control of the ship，formulate emergency repair and escape plans，and contact with the outside world.	
协助船长工作，测定船位，观测气象水况、潮汐，做好各项记录，负责通信联系，及时抄收航警及气象预报。The driver on duty assist the captain to	
协助瞭望，注意号灯显示/悬挂号型，传令及内部联络。Driver 1 assisted look，pay attention to the light display / suspension type，transmission and internal contact.	
甲板现场指挥，查找损坏部位和程度，协助船长制定抢修/脱险方案。Chief officer deck site command，find the location and extent of damage.	
协助大副工作，按指令率领水手扬收救生艇待命及其他准备工作。Driver 2 assist in the work of the chief officer，and lead the sailors to accept the lifeboat standby and other preparatory work according to the instructions.	
备妥堵漏器材和舰缆，关闭水密门窗，测量各水舱、货舱污水井的井位，根据大副指示调整纵/横倾，备锚。Sailor prepare for leaking equipment and cable removal. Close the watertight doors and windows，measure the well position of each water tank and cargo tank	
听从指挥，协助大副、水手长、二副工作。Other sailors obey the command，assist the chief officer，the sailor，and the third officer.	
机舱现场指挥，备车，应急操作机器，协助船长制定抢修方案，准备排水堵漏。Chief engineer on-site command of the cabin，preparation of vehicles，emergency operation of the machine，assistance to the captain to develop a repair plan，preparation for drainage and plugging.	
率领机工查找机舱损坏部位与程度，关闭水密门，堵漏，排水。Engineer1 lead the mechanic to find the damaged parts and extent of the cabin，close the watertight door，plug the leak，and drain.	
测量各油舱油位，做好驳油准备。Engineer2 measure the oil level of each oil tank and prepare for oiling.	
协助轮机长工作，管理泵、阀、排水。Engineer3 assist the chief engineer to work，manage pumps，valves，and drains.	
协助轮机员工作，准备应急抢修器械，备妥堵漏器材。Mechanic assist the engineer to work，prepare emergency repair equipment，and prepare for leaking equipment.	

放撤离滑梯动作 Actions For Launching EvacuationSlide

操作 Operation	执行人 Operator 左舷 Portside	执行人 Operator 右舷 Starboard
指挥员：持有人员名单，指挥放至滑梯平台，在甲板指导旅客从滑梯下滑。Commandor：carry a name list command the launching of evacuation slide and the persons evacuated to the platform，guide the passengers to slide down through the evacuation slide on deck.		
操作员：打开门，抽出安全销，拔下手柄，放下滑道，然后放好遮盖布，用绞车调整滑梯位置，检查登乘口，从滑梯下至平台，打开平台出门，等候在平台外，协助滑下的旅客。Operation open the door of the evacuation slide container box，pull off the lever，lower the evacuation slide with a winch. After checking the entrance，slide down to the platform，and guard on the platform when the passengers are sliding down.		

救生部署　BOAT STATIONS

驾驶台 BRIDGE

二副/1 2nd Officer	协助船长，瞭望，操纵车钟，对外联系 Assist Master lookout，operate telegraph，Contact with outside.
一水/12 A.S.D	操舵，协助瞭望，悬挂信号，抛投带自亮浮灯和救生索的救生圈 Helm，assist to lookout，display signals，throwing lifebuoy with self illuminating floating lights and lifeline

船长 MASTER

电台任务 RADIO STATION

二副/3 2nd/Officer	管理电台、VHF 等通信设备，根据船长的指示，通知弃船救生集合地点，协助对外联系。Administer radio station，VHF etc.，Indicating muster station according to master's order.

放救生漂浮平台动作 ACTIONS FOR LAUNCHING RAFT

操作 OPERATION	
操作降放装置 Operate the davit	
解除救生平台绑扎，打开上半盖，将吊杆吊钩与平台的吊装卸扣相连接。Unlock the craft，open the upper half of the case，connect the drvit hook with the lifting shack of the craft.	
将平台吊出舷外，拉充气缸拉绳将平台充气。Life the craft outside the ship，pull the line to inflate the	
调整平台紧靠船边。Adjust the craft and make it well alcegide the ship.	

消防部置　FIRE STATIONS

消防队 FIRE-FIGHTING SQUAD

任务 DUTIES	执行人 OPREATOR
船长接替人，甲板着火，现场指挥；[illegible]，机舱着火协助轮机长指挥。Substituted master，command on spot if deck on fire，carry	
机舱着火，现场指挥；甲板着火协助大副指挥。Command on spot if E/R on fire，assist C/O if deck on fire	
消防队队长，大副接替人，管理固定灭火系统，[illegible]。Leader of fire-fighting squad. Substituted C/O.	
消防队副队长，队长接替人，协助队长工作。Substituted the leader，assist leader	
消防员，携带消防员装备，穿着防化服，探火，抢险。Fireman，Carry FFT and dress FFT Anti-chemical suits，search for fire spot，rush to	
管理消防栓、水龙、水枪。Control hydrants，fire hose and nozzles	
携带手提式CO2/干粉灭火器 Carry portableCO2 / dry powder extinguishers.	
管理操纵主、应急消防泵 Control the main/emergency fire pumps.	

隔离队 ISOLATION SQUAD

任务 DUTIES	执行人 OPREATOR
隔离队队长，携带太平斧。Leader of isolation squad，Carry fire-fighting axe	
隔离队副队长，队长接替人，协助队长工作。Substituted the leader，assist leader	
隔离火场附近易燃物。Remove inflammable of fire spot and its vicinity	
关闭防火门、挡火闸、窗口、孔道、通风筒。Close fire doors，fire dampers，windows，hatches，access ventilations	
切断有关电路，关闭风机。Cut off relative circuit，turn off ventilation	
切断有关油路，管理操纵副机、应急发电机。Shut off valves and cocks of oil suction pipes. Control A.E and E.G	
检查供随后弃船用的必要设备和装置。Check the necessary arrangements for subsequent abandoning ship	

技术队 TECHNICAL SQUAD

任务 DUTIES	执行人 OPREATOR
队长，现场指挥。Lead of squad，command on the spot	
副队长，队长接替人，协助队长工作。Substitute for lead，assist leader.	
管理固定灭火系统，按船长命令施放。Release fixed fire extinguishing system according to master's order.	
管理应急消防泵。Control the emergency fire pumps	
管理固定式局部灭火系统。Control fixed local application fire-fighting system	
关闭机舱防火门、天窗、孔道及通风筒。Close fire doors，skylight，access and ventilators in engine room	
切断有关油路，管理国际通岸接头。Shut off valves and cocks of oil suction pipes；Administer international shore connection	

救护队 FIRST-AID SQUAD

任务 DUTIES	执行人 OPREATOR
救护队队长，携带急救药箱，救护。Leader of the squad，Carry first-aid box，performance first-aid	
副队长，队长接替人，携带担架，救护。Substituted the leader，Carry stretchers，performance first-aid	
安全守卫。Take charge of safety guard.	
维持秩序，疏导旅客流向。Guide passengers，stabilize their emotions	

封闭处所救助　ENCLOSED SPACE RESCUE

任务 DUTIES	执行人 OPREATOR
现场指挥，负责甲板、机舱内属封闭处所区域。On Scene Commander. Responsible for the enclosed area belong to the deck/engineroom	
驾驶台值班，保持通信畅通，负责对外联系。Bridge on duty，Keep good communicating with internal and external	
机舱值班。Engine room on duty	
携带并穿戴防护用具、呼吸器，配备安全设备进入处所救助伤员。Carry and wear protective and breathing apparatus. Entering and rescue	
携带便携式通风机、插线板，对处所进行彻底通风。Carry portable ventilator，electric plug，provide thorough ventilation	
携带救生绳、安全带等属具，移开附近障碍物。Carry the lifeline，belts and other safety gears. Remove the obstacles near the enclosed space	
进行隔离，关闭相关的管路和阀门，对处所进行机械通风。Isolate the enclosed space. Close the relative pipe and valves. Switch on mechanical ventilation	
携带便携式货灯，提供电源和充足的通道照明。Carry portable cargo light. Provide power and enough lighting in the gallery	
看护员，携带通信设备，建立与进入人员的通信。Carry communication equipment. Act as a monitor. Get in touch with the person entering the enclosed space.	
拉警戒绳，挂警戒牌，禁止无关人员进入。Make guard zone with line，post guard board，forbid entering of any others	
携带急救药箱、毛毯现场救护。Carry First-aid Kit and blanket. Give the emergency treatments.	
携带担架和医疗器材，现场救护。Carry stretcher and medical equipment. Give the emergency treatments	

备注：Remarks：

1. 应变部署表应在船舶出航前制定。在应变部署表制定后，如船员有所变动而必须更改应变部署表时，船长应修订该表，或制新表。
The master list shall be prepared before the ship proceeds to sea. After the master list has been prepared if any change takes place in crew which necessitates an alteration in the master list，the master shall either revise the list or prepare a new list.
2. 应变部署表中的任务可以一人多职，也可以一职多人。
For the duties assigned in the Master list，one person may do more than one work and one work may be done by more than one person.
3. 船长的接替人为大副，轮机长接替人为大管轮，驾驶员互为替换人，轮机员互为替换人，客运主任接替人为服务组长，艇长的接替人为持证人员。
The substitute for master in an emergency is the chief officer and for chief engineer is second engineer. The officers substitute each other by themselves and engineers do likewise. The substitute for the chief of passenger clerk steward，the substitute for commander of lifeboat should be certified person.
4. 弃船救生集合地点如与登乘地点不同，全体船员听到弃船救生信号后，应穿好救生衣先到集合地点集合。
If the location of ship abandoning master station is different from the location of embarkation，all the crew and passengers hearing the alarm signals should be donned with life jackets and mustered at master station first.
5. 航行途中发生应变部署时，驾驶室固定人员为船长、值班驾驶员、高级船员水手等，机舱固定人员为轮机长、值班轮机员、值班机工。
If there is master list on route，the following crew must be present：master，duty officer and duty seaman in the bridge；chief engineer，duty engineer and duty motorman in the engine room.
6. 表中"执行人"一栏应填船员编号。
The column of"operator"in the list should be filled with crew's numb.
7. 救助艇的降落可参照救生艇的降落并在放艇任务中适当增设救助，救护和担架人员。
Reference is made to lifeboat launching for the operation of rescue boat launching. Person，needed for rescue，first-aid and stretcher should be assigned on the spot by the master.
8. 消防、救生设备维护保养责任人分别为驾驶员和轮机员，大副和轮机长负责监督指导。
Crew members appointed to maintain life saving and fire-fighting appliances should be deck officer or engineer，this work should be conducted under the direct supervision of chief officer and chief engineer.

其他：Other：

船长MASTER：________　　　　日期DATE：________

表 2-3　船员用应变部署卡

<table>
<tr><td colspan="4">应变部署卡 EMERGENCY CARD
船名 M/V:____________</td></tr>
<tr><td colspan="2">编号 No.:</td><td>姓名 Name:</td><td>职务 Rank:</td></tr>
<tr><td colspan="2">艇号 Boat No.:</td><td colspan="2">消防集合地点 Fire muster station:</td></tr>
<tr><td rowspan="2">消防
Fire
control</td><td>信号
Signal</td><td colspan="2">火警信号:短声连放 1 min。
Fire alarm:short blasts continued for one minute.
随后,一长声(船前部失火),二长声(船中部失火),三长声(船后部失火),四长声(机舱失火),五长声(上甲板失火)。
Thereafter,one long blast stands for fore part,two for middle part,three for aft part,four for engine room,five for upper deck</td></tr>
<tr><td>任务
Duty</td><td colspan="2"></td></tr>
<tr><td rowspan="2">弃船
Abandon
ship</td><td>信号
Signal</td><td colspan="2">弃船求生信号:七短声一长声,重复连放 1 min。
Abandoning ship alarm: seven short blasts with one long blast repeated for one minute</td></tr>
<tr><td>任务
Duty</td><td colspan="2"></td></tr>
<tr><td rowspan="2">人员落水
Man
overboard</td><td>信号
Signal</td><td colspan="2">人员落水信号:连续三长声。
Man overboard alarm: three long blasts.
随后,一短声(右舷落水),二短声(左舷落水)。
Thereafter,one short blast stands for starboard,two for portside</td></tr>
<tr><td>任务
Duty</td><td colspan="2"></td></tr>
<tr><td rowspan="2">封闭处所
救助
Enclosed
space
rescue</td><td>信号
Signal</td><td colspan="2">封闭处所救助信号:广播通知。
Enclosed space rescue alarm:broadcast notification</td></tr>
<tr><td>任务
Duty</td><td colspan="2"></td></tr>
<tr><td colspan="4">解除警报:一长声。
Signal for dismissal: one long blast</td></tr>
</table>

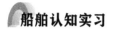

(2)旅客用应变部署卡样式见表2-4。

表2-4　旅客用应变部署卡

应变部署卡 EMERGENCY CARD 船名 M/V:______________ 艇号 Boat No.:__________　集合地点 Muster station:__________
火警信号:短声连放1 min。 Fire alarm: short blasts continued for one minute. 随后,一长声(船前部失火),二长声(船中部失火),三长声(船后部失火),四长声(机舱失火),五长声(上甲板失火)。 Thereafter,one long blast stands for fore part,two for middle part,three for aft part,four for engine room,five for upper deck. 注意事项 Notice:
弃船求生信号:七短声一长声,重复连放1 min。 Abandoning ship alarm: seven short blasts with one long blast repeated for one minute. 注意事项 Notice:
人员落水信号:连续三长声。 Man overboard alarm: three long blasts. 随后:一短声(右舷落水),二短声(左舷落水)。 Thereafter,one short blast stands for starboard,two for portside. 注意事项 Notice:
封闭处所救助信号:广播通知。 Enclosed space rescue alarm: broadcast notification. 注意事项 Notice:
解除警报:一长声。 Signal for dismissal: one long blast

六、船舶其他应急演练

应急操舵演习如下:

(1)SOLAS公约规定,每次在船上举行的应急操舵演习应包括下列内容:

①在舵机间对舵机的直接控制;

②驾驶台与舵机间的通信程序;

③转换动力供应的操作。

(2)应急操舵演习应按应急操舵演习计划进行。

(3)每3个月至少进行一次应急操舵演习(试验)。

七、船舶安全操作认知

(1)甲板部安全操作涉及的主要项目如下:

开关货舱,收放引航员软梯和舷梯,系解缆绳,操作锚缆组合机,压排船舶压载水,检查并测试二氧化碳灭火系统、海水泡沫灭火系统、住舱室火警报警系统、货舱烟雾探测系统、紧急逃生装置(EEBD)及各类型消防装备,收放并检查救生艇和救助艇,投掷抛绳器,参加船舶应急部署表上的各项演习,操作克令吊(如配有)等。

(2)机舱部安全操作涉及的主要项目如下:

进行机舱备车、电焊、气焊、气割等操作,操纵主机,应急操纵主机、应急舵,冲洗主机透平,开关主海水阀、机舱舱底应急吸入阀,使用砂轮机、超声波清洗机、机舱天车、台钻、车床,检查压力钢瓶,检修应急发电机、伙食冰机、空压机、造水机、救生艇机、救助艇机,操作污油泵、分油机、焚烧炉、供油单元、油水分离器、空调、组合锅炉、应急消防泵、消防泵、压载泵等,测试机舱局部水雾喷淋灭火系统、生活污水处理装置,测试主配电板、蓄电池充放电以及应急处置主机扫气箱着火、触电救护等。

八、船舶应急设备认知

(一)船舶应急设备的种类

(1)应急动力设备:应急电源、应急空气压缩机(简称空压机)和应急操舵装置等。

(2)应急消防设备:应急消防泵、燃油速闭阀、风油应急切断开关、通风筒防火板和机舱天窗应急关闭装置等。

(3)应急救生设备:救生艇发动机和脱险通道(逃生孔)等。

(4)其他应急设备:应急舱底水吸口及吸入阀、水密门等。

(二)应急动力设备

1.应急电源

(1)一切客船和500总吨及以上的货船均应设独立的应急电源。

(2)应急电源应布置于经主管机关/船级社认可的最高一层连续甲板以上和机舱棚以外的处所。

(3)应急电源可以是发电机,由1台具有独立的冷却系统、燃油系统和启动装置的柴油机驱动。

(4)应急电源也可以是蓄电池组:当主电源供电失效时,蓄电池组自动连接至应急配电板。

2.应急空压机

(1)应急空压机应采用手动启动的柴油机或其他有效的装置驱动,以保证对空气瓶的初始充气。

(2)应急空压机是船舶以“瘫船状态”恢复运转的原始动力。

3.应急操舵装置

(1)每艘船都应配备主操舵装置和辅助操舵装置,并且当两者之一发生故障时不会导致另一装置不能工作。

(2)辅助操舵装置应能于紧急时迅速投入工作,并能在船舶最深航海吃水和以最大营运前进航速的一半或 7 kn(取大者)前进时,在 60 s 内将舵自一舷 15°转至另一舷 15°。

(3)对于辅助操舵装置,其操作在舵机室进行,如系动力操纵也应能在驾驶室进行,并应独立于主操舵装置的控制系统。

(4)驾驶室与舵机室之间应备有通信设施。

(三)应急消防设备

1.应急消防泵

(1)2 000 总吨以下船舶的应急消防泵可为可携式汽油机驱动的离心泵;2 000 总吨及以上船舶应设固定式应急消防泵。

(2)应急消防泵的排量应不少于所要求的消防泵总排量的 40%,且任何情况下都不得少于 25 m^3/h。

(3)作为驱动应急消防泵的柴油机,应在温度降至 0 ℃时的冷态下能用人工手摇曲柄随时启动。

2.速闭阀

速闭阀一般布置在油舱(柜)出口管路,当该处失火时能从有关处所的外部加以关闭。弃船时,也要关闭此阀。

3.风油应急切断开关

强力送风机或抽风机、燃油驳运泵和燃油装置泵以及其他类似的燃油驱动机械,应在有关处所的外部装设风油应急切断开关,以便于在这些处所失火时可让其停止工作。

4.通风筒防火板、机舱天窗应急关闭装置

此项设施在失火时一般能从各处所的外面操纵,关闭通往该处所的一切门道、通风筒、烟囱周围的环状空间。

(四)应急救生设备

1.救生艇发动机

(1)救生艇发动机应是压燃式发动机;

(2)发动机应设有手动启动系统,或设有两个独立的可再次充电的电源启动系统;

(3)发动机启动系统和辅助启动设施应在环境-15 ℃,启动操作程序开始后 2 min 内启动发动机;

(4)使用的燃油的闪点不得低于 42 ℃;

(5)滑油的使用:应有耐寒性,在低温下不能结冰;

(6)救生艇发动机应有独立的冷却系统,现在的救生艇发动机都采用风冷系统;

(7)发动机应能在救生艇没入水的情况下冷态运行 5 min;

(8)用于启动发动机的电池和用于探照灯的电池应有再充电的设备;

(9)救生艇艇机的油箱内应储存足够艇机运行 24 h 的燃料。

2.脱险通道(逃生孔)

(1)货船和载客不超过 36 人的国际航行客船,在机器处所内,在每一机舱、轴隧和锅炉舱应设有两个脱险通道,其中一个可为水密门。在专设水密门的机器处所内,两个脱险通道应为两组尽可能远离的钢梯,通至舱棚上同样远离的门,从该处至艇甲板应设有通路。

(2)从机舱处所的下部起至该处所外面的一个安全地点,应能提供连续的防火遮蔽。

(五)其他应急设备

1.应急舱底水吸口和吸入阀

机舱应设 1 个应急舱底水吸口。应急舱底水吸口应与排量最大的 1 台海水泵相连,如主海水泵、压载泵、通用泵等。少数船舶的应急吸口还与舱底水泵相通,其管路直径应不小于所连接泵的进口直径。

2. 水密门

(1)水密门应为滑动门或铰链门或其他等效型式的门。任何水密门操作装置,无论是否为动力操作,均须于船舶横倾 15°时能将水密门关闭。

(2)机舱与轴隧间舱壁上应设有滑动式水密门,水密门的关闭装置应能就地两面操纵和远距离操纵。在远距离操纵处应设有水密门开关状态的指示器。

九、船舶内部通信系统认知

(一)船内通信工具和信号装置的组成和作用

为了保证船舶安全营运,及时了解和掌握船舶机电设备的工作情况,以及进行日常工作和生活的事务联系,船舶必须配备工作可靠、简单有效的船内通信系统。

1.船内通信工具和信号装置

(1)各种不同方式和用途的电话通信设备,例如:声力电话、共电式指挥电话系统和自动电话设备;

(2)船舶操纵用电气传令钟和各种指示仪表,例如:机舱传令钟、舵角指示器和电动转速表等;

(3)各种应急状态时用的报警信号装置,例如:紧急动员警钟,测烟、测温式报警装置;

(4)船舶航行时的各种信号装置,例如:航行灯、信号灯、自动雾笛;

(5)船用广播音响设备,例如船用指挥扩音机。

2.船用电话

目前,船舶上使用的电话通信设备大体可分为声力电话、船用指挥电话、船用自动电话。声力电话和船用指挥电话设备主要用于航行驾驶和操纵各工作部位之间作为指挥和联络通信;船用自动电话作为日常工作和生活联系之用。

3.船用电气传令钟

船用电气传令钟又称船用电车钟或机舱传令钟,是用在驾驶室、机舱集控室和机旁操作部位之间传送主机运转情况的命令和回令的装置。

(二)船用报警信号装置

1.船用报警信号装置的组成

(1)紧急动员警钟系统和应急状态下的各种铃组系统;

(2)火警探测和报警装置;

(3)主、辅机工况的自动监视报警系统。

2.船用报警信号装置的使用

(1)紧急动员警钟系统

紧急动员警钟系统用于在船舶发生火灾或重大海损事故等紧急情况下,对全体船员和旅客发布紧急动员信号。系统由关闭器、警钟、警灯及接线盒等组成。

(2)铃组系统

铃组系统是船上有关部位之间专用的通信联络信号。铃组系统的发信器为按钮或关闭器,信号器为电铃或带信号灯的电铃。机舱组合声光报警系统由报警控制箱、报警灯柱组成。该报警灯柱代表的含义依次为紧急逃生报警、二氧化碳施放报警、火警、机舱通用报警、电话报警和车钟报警。图 2-22 所示为机舱报警灯柱实物图。

图 2-22　机舱报警灯柱实物图

应急情况下使用的铃组主要有：

①机舱铃组：用于驾驶室和机舱的双向联络，作为传令钟故障时应急车令和回令信号。

②冷藏库报警铃组：用于各冷藏库与厨房之间的单向联络，作为被误锁在冷藏库里的人对外呼救的信号装置。若冷藏库的门能从内部开启，则此装置可免于设置。

③二氧化碳灭火装置的施放预告铃组：用于施放控制部位与失火部位的单向联络，以通知该部位的所有人员迅速撤离。它一般与施放电磁阀连锁，以保证在发送前和施放中都能自动发出警报。在许多新船中这一铃组已采用电笛和转灯。

④水密门关闭和开启指示灯装置及预告水密门关闭的声响铃组：前者是光报警，让人们有所准备；后者是声报警，要求人们迅速撤离，亦属单向联络。

除上述信号装置外，有的船还装有联络指挥用的铃组，如在配餐间装有呼叫服务员的铃组；在客船的医院或医生房间装有病房呼叫铃组；有跳板设备的船装有跳板放落时的警告铃组；等等。

十、船舶消防系统认知

船舶消防的基本原则是以防为主，以消为辅。

船舶消防系统的作用是防火、探火及灭火。防火是从船体材料、船体结构、布置和设施上来预防火灾的发生和蔓延；探火是通过探火报警系统来及早发现火情，以便及早采取灭火措施；灭火是根据火灾情况及灭火介质的不同采用不同的灭火系统。

固定式灭火系统有水消防系统、水雾喷淋灭火系统、泡沫灭火系统及二氧化碳灭火系统及干粉消防系统等。

(一)水消防系统

水消防系统是所有船舶必须布置的固定式消防系统，它由消防泵、管路、消火栓、消防水带和水枪等组成。

(二)水雾喷淋灭火系统

水雾喷淋灭火系统主要有居住舱室水喷淋灭火系统及机舱局部水雾灭火系统。图2-23(a)所示为某船水雾喷淋灭火系统的喷头，图2-23(b)所示为某船水雾喷淋灭火系统的布局图。

(三)泡沫灭火系统

泡沫灭火系统主要用于扑灭油类火灾和固体物质火灾。该系统主要包括泡沫泵、泡沫罐、泡沫喷嘴等设备。泡沫泵将泡沫混合液输送到泡沫罐，泡沫喷嘴则将泡沫混合液喷射到火灾现场覆盖火焰，使火焰失去氧气而熄灭。图2-24所示为某油船的泡沫灭火系统。

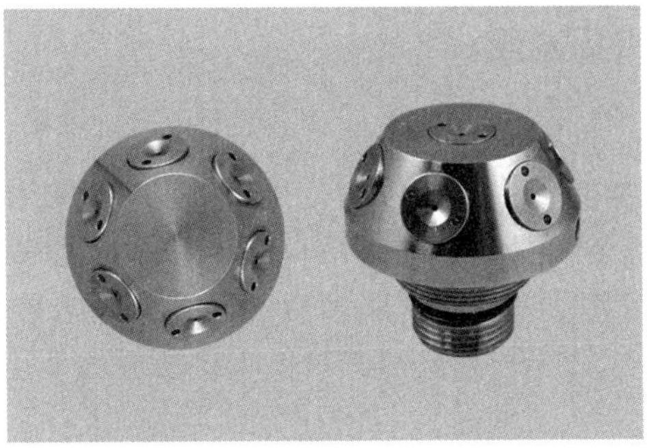

（a）

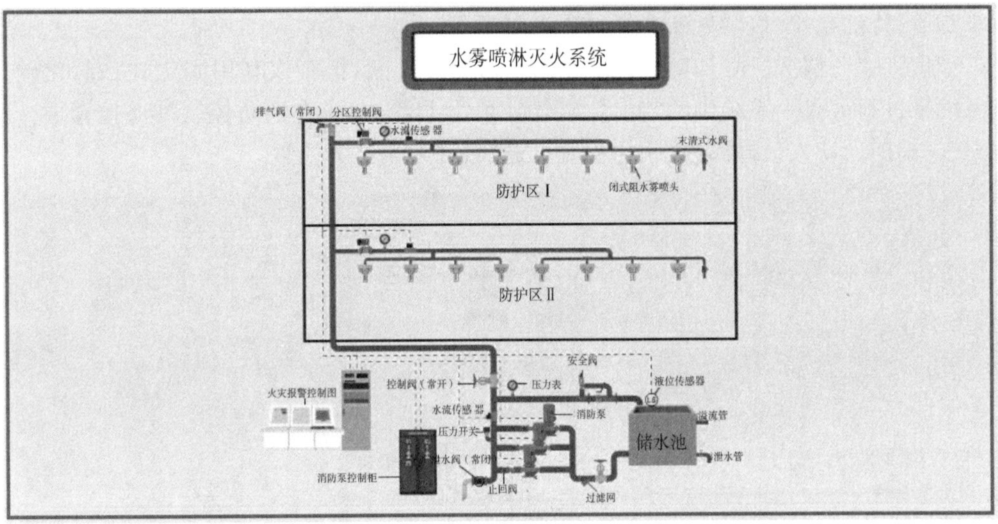

（b）

图 2-23　某船水雾喷淋灭火系统的喷头和布局图

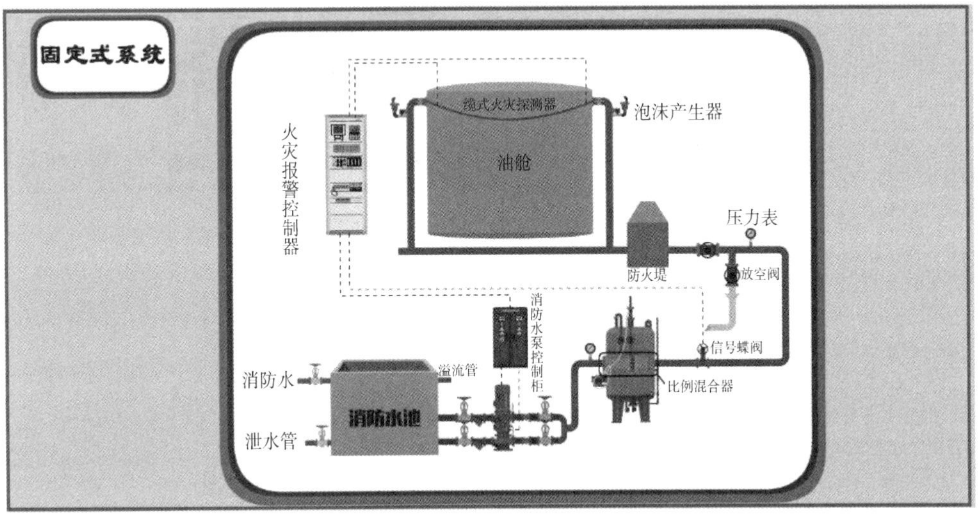

图 2-24　某油船的泡沫灭火系统

(四)二氧化碳灭火系统

固定式二氧化碳灭火系统分为高、低压两种:高压系统为15 MPa,以液态形式储存于钢瓶中,适用于一般船舶的机舱、货舱;低压系统为2.1 MPa,储存于-18 ℃以下的专用冷库中,适用于大型油船、滚装船和集装箱船。固定式二氧化碳灭火系统由二氧化碳钢瓶、瓶头阀、分配阀、启动装置、压力表、管路和自动烟雾探测装置等组成。图2-25所示为某船固定式二氧化碳灭火系统图,其全部二氧化碳钢瓶放在船尾甲板上的二氧化碳储存间中,如图2-26所示。

二氧化碳灭火系统包括固定式二氧化碳灭火系统和独立二氧化碳灭火系统,普遍用在干货舱、货油泵舱、机器处所和燃油设备处所等。

如遇到紧急情况,通过其他方式无法将火扑灭时,船长有权利用固定式二氧化碳灭火系统来进行灭火。系统中的二氧化碳气体可手动释放,或在消防控制站遥控释放。释放时,应提前通知人员撤离,关闭门窗等处通风,并发出声光报警。

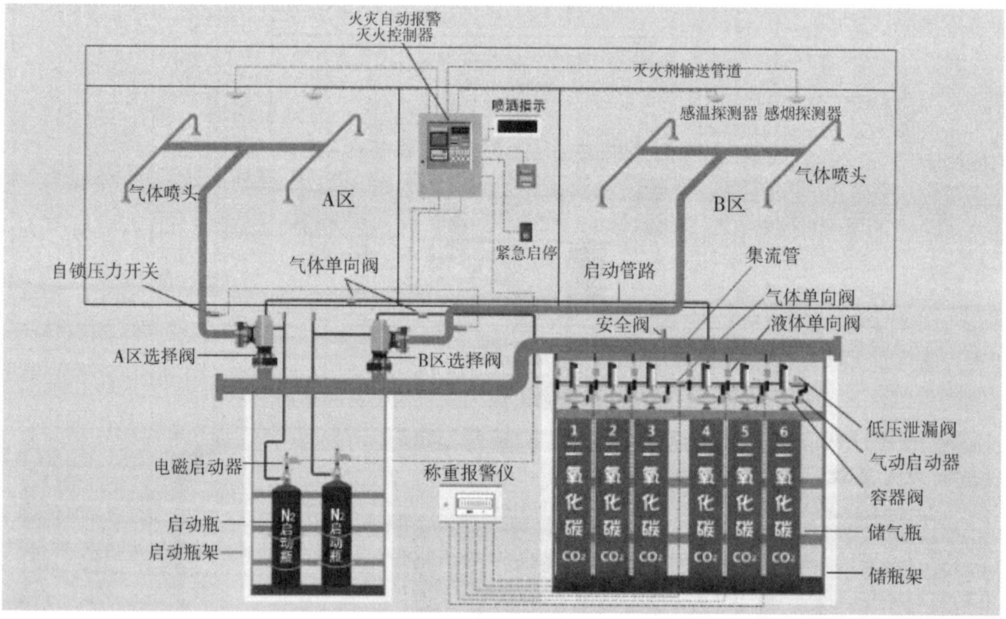

图2-25 某船固定式二氧化碳灭火系统图

图 2-26　某船二氧化碳储存间

任务四

船舶防污染管理认知

随着海洋运输业的发展,世界船队规模不断增大,从船舶上排入海洋及大气中的各种有害物质的数量与日俱增,海洋环境日趋恶化,海洋的生态环境不断被破坏,人类健康受到危害,即造成海洋污染。因此,必须加强船舶防污染管理,高度重视保护海洋环境。

海洋污染是指人类直接或间接把物质或能量引入海洋环境(其中包括河口港湾),以致或可能损害生物资源和海洋生物、危害人类健康、妨碍包括捕鱼和海洋的其他正当用途在内的各种海洋活动、损坏海水使用质量和破坏海洋环境等有害影响。

船舶对海洋污染的特点是污染物种类繁多而且成分复杂,污染持续时间长,危害大,污染范围广。

通常,船舶对海洋污染的方式按污染物的种类可分两大类:油类污染和非油类的有害物质污染。油类污染又可分为操作性排放(营运作业期间的排油)和事故性排放两种。操作性排放主要是指油舱压载水,油舱洗舱水,机舱中设备运转时排出并漏入舱底的油料而形成的含油污水、油渣等的排放,此外,还包括船舶在加油、装卸货油以及机舱驳油等船舶油类作业中由操作失误造成的排放。事故性排放是指船舶在航行中由于各种原因而发生的触礁、碰撞、搁浅、失火等意外事故,使货油舱柜、燃油舱柜破损而造成的排放。事故性排放还包括营救船舶、货物或人员生命安全而进行的应急排放。事故性排放的危害十分严重,它具有溢油量大、污染持久、清除困难等特点。事故性溢油多发生在靠近海湾和海岸的海域。非油类的有害物质污染包括非油的有毒液体、有害物质、生活污水、货舱舱底水、船舶垃圾、船舶产生的空气污染、含有有害水生物和病原体的船舶压载水以及有毒的船体涂料等对海洋环境的影响。

一、国际防止船舶造成污染公约

(一)MARPOL 73/78 公约的制定过程

为防止船舶故意排放油类污染海洋,保护海洋环境,1954 年第一个国际防止海上油污会议在伦敦召开。该国际会议制定了《国际防止海上油污公约》(简称 1954 年公约)。1954 年公约于 1958 年 7 月 26 日起生效,对防止海洋油污染起到了一定的积极作用。

1973 年 10 月,政府间海事协商组织 IMCO(现 IMO)在伦敦召开国际海洋污染会议,制定了第一个不限于油污染的具有普遍意义的《1973 年国际防止船舶造成污染公约》,简称 MARPOL 73 公约。它是一个综合性的防止海洋污染的国际公约,但由于技术、经济方面的原因公约迟迟不能生效。

国际海事组织于 1978 年 2 月 17 日在伦敦召开国际油船安全与防污染会议,通过了 MARPOL 73 公约 1978 年议定书。由于 1978 年议定书吸收了 1973 年公约的内容,而且将“公约”和“议定书”的各项规定作为一个整体文件理解和解释,因此将其合称为《经 1978 年议定书修正的 1973 年国际防止船舶造成污染公约》(*International Convention for the Prevention of Pollution from Ships*, 1973 *as Modified by the Protocol of* 1978 *Relating thereto*),简称 73/78 防污公约(MARPOL 73/78 公约)。MARPOL 73/78 公约于 1983 年 10 月 2 日生效。

1997 年 9 月 15 日—26 日,IMO 在总部伦敦召开 MARPOL 73/78 公约缔约国大会,批准新增加附则Ⅵ“防止船舶造成空气污染规则”,并于 2005 年 5 月 19 日生效。

(二)MARPOL 73/78 公约的基本组成

现行的 MARPOL 73/78 公约共有 20 条,另附 2 个议定书(议定书Ⅰ——关于涉及有害物质事故报告的规定;议定书Ⅱ——仲裁)和 6 个附则。

附则Ⅰ——防止油类污染规则。

附则Ⅱ——控制散装有毒液体物质污染规则。

附则Ⅲ——防止海运包装有害物质污染规则。

附则Ⅳ——防止船舶生活污水污染规则。

附则Ⅴ——防止船舶垃圾污染规则。

附则Ⅵ——防止船舶造成空气污染规则。

(三)附则Ⅰ——防止油类污染规则(Regulations for the Prevention of Pollution by Oil)

油类(Oil):系指包括原油、燃油、油泥、油渣和炼制品在内的任何形式的石油(本公约附则Ⅱ所规定的石油化学品除外),以及本附则附录Ⅰ中所列的物质。

根据附则Ⅰ的规定,船舶采用下述措施防止油污染。

1.油水分离器

为了减少船舶污水的排放对海洋造成的污染,符合MARPOL 73/78公约的要求,船舶机舱的污水排放必须经过处理(应急排放不受此限制),使其排放时的含油浓度低于15ppm(百万分之十五),这就是油水分离器的作用。图2-27所示为船舶油水分离器示意图。

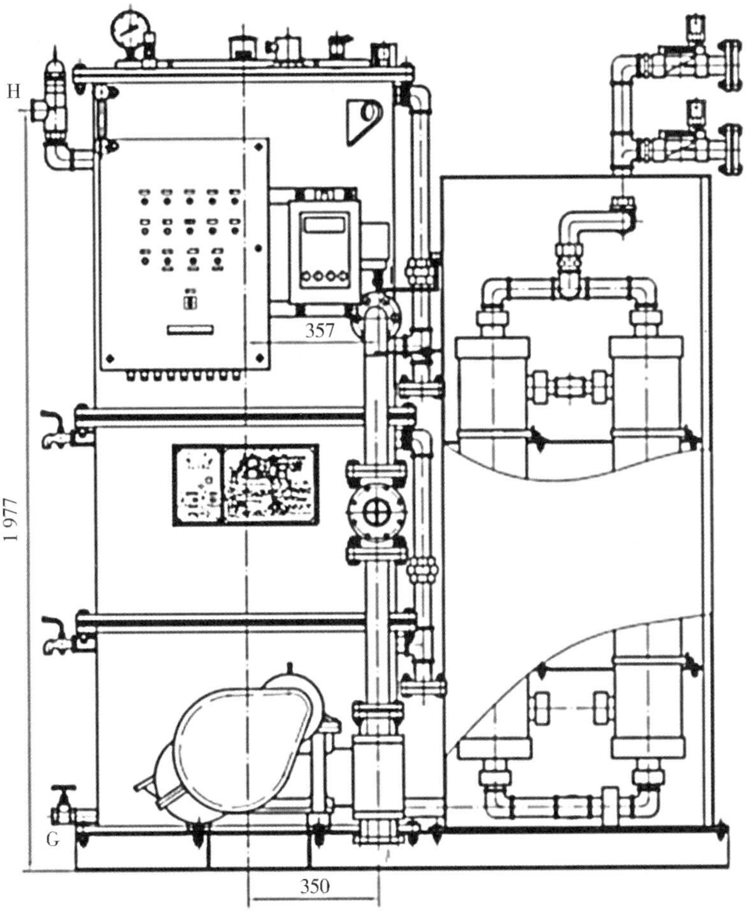

图2-27 船舶油水分离器示意图(单位:mm)

2.焚烧炉

焚烧炉用来处理油渣、废油、生活污水处理装置中产生的污泥、食品残渣,以及机舱产生的废棉纱和其他可燃的固体垃圾等，其工作原理与锅炉相似，但应保证炉膛内保持负压以防止异味散出。其中污油通过污油燃烧器燃烧；固体垃圾经投料口送入炉内燃烧；生活污泥可送入污油柜中与污油混合，经粉碎泵循环粉碎后，通过污油燃烧器送入炉内燃烧。

（四）附则Ⅳ——防止船舶生活污水污染规则（Regulations for the Prevention of Pollution by Sewage from Ships）

（1）生活污水：系指①任何型式的厕所和小便池的排出物和其他废弃物；②医务室（药房、病房等）的洗手池、洗澡盆和这些处所排水孔的排出物；③装有活体动物处所的排出物；④混有上述排出物的其他废水。

（2）特殊区域：本附则的特殊区域有波罗的海区域；和根据指定有关防止船舶生活污水造成污染的特殊区域的标准和程序，由国际海事组织所指定的任何其他海域。

（五）附则Ⅴ——防止船舶垃圾污染规则（Regulations for the Prevention of Pollution by Garbage from Ships）

垃圾系指产生于船舶正常营运期间并需要连续或定期处理的各种食品废弃物、生活废弃物、操作废弃物、所有的塑料、货物残留物、焚烧炉灰、食用油、渔具和动物尸体，但MARPOL 73/78 公约其他附则中所界定的或列出的物质除外。垃圾不包括因航行过程中的捕鱼活动和为把包括贝类在内的鱼产品安置在水产品养殖设施内，以及把捕获的包括贝类在内的鱼产品从此类设施转到岸上加工的运输过程中产生的鲜鱼及其各部分。

特殊区域：就本附则而言，特殊区域系指地中海区域、波罗的海区域、黑海区域、红海区域、海湾区域、北海区域、南极区域和大加勒比海区域。

食品废弃物系指任何变质或未变质的食物，包括水果、蔬菜、乳制品、家禽、肉制品和船上产生的食物碎屑。

（六）附则Ⅵ——防止船舶造成空气污染规则（Regulations for the Prevention of Air Pollution from Ships）

附则Ⅵ对船舶使用消耗臭氧层物质、发动机产生的氮氧化物和硫氧化物的排放、挥发性有机物蒸气的回收处理、船用焚烧炉的使用以及船舶燃油质量的控制、船舶温室气体的排放等方面做了具体规定。

硫氧化物控制可采用低硫燃油、替代燃料以及洗涤塔（脱硫塔）等技术设备。

氮氧化物主要采用选择性催化还原装置（SCR）进行船舶发动机尾气处理。

二、压载水管理公约

船舶压载水和沉积物的无控制排放会导致有害水生物和病原体的转移，通过船舶压载水引入的有害水生物和病原体对生物多样性的保护和可持续利用造成威胁，对环境、人体健康、财产和资源造成损伤或损害。

压载水系指为控制船舶纵倾、横倾、吃水、稳性或应力而在船上加装的水及其悬浮物。

压载水管理系指旨在消除、无害处置、防止摄入或排放压载水和沉积物中的有害水生物和病原体的机械、物理、化学和生物的单一或综合方法。

目前,船舶普遍采用压载水处理装置来处理压载水。

任务五

船舶人员管理

一、船员管理

(一)船员的权利和义务

船员作为中华人民共和国公民有其基本的权利和义务。

船员肩负着发展国家水上运输事业、促进我国与世界各国和地区的经济贸易关系及文化交流的重要使命。由于船员的工作处于艰险、涉外、分散和流动的职业环境中,又面临国际航运竞争日趋激烈的局面,因而,对船员的个人责任还应有特别的要求:

(1)忠于祖国,热爱人民,立场坚定,爱憎分明。

(2)热爱航海,敬业爱岗,爱船如家,精于管理,具有正确的服从意识和良好的职业道德。

(3)团结协作,同舟共济;开拓创新,优质服务。

(4)遵守国际公约、国内法规和船公司的各项规章制度;严守船舶所到国家和地区的有关法律法规;严守党和国家的秘密以及所在企业的商业秘密。

(5)树立“安全第一”的思想,增强自我保护意识。

(6)发扬艰苦朴素的优良传统,厉行节约,杜绝浪费,降低船舶营运成本,提高经济效益。

(7)注重文明礼貌和仪表仪容,严格遵守外事交往的各项规定;尊重船舶所到国家和地区人民的风俗习惯。

(8)遵守环保法规,增强环保意识和公德意识,积极维护生态平衡,保护资源,保护环境,做地球村的文明公民。

(9)弘扬正气,敢于同违法犯罪现象作斗争。

(10)发扬国际主义精神,坚守人道主义原则。

(二)船员证件管理

根据 STCW 78/95 公约、《中华人民共和国船员条例》和《中华人民共和国海船船员适任考试、评估和发证规则》的基本要求,船员必须经过认可的航海技术教育和培训;满足海上经历的要求;满足最低年龄的要求,年满 18 周岁(在船实习、见习人员年满 16 周岁)但不超过 60 周岁;身体符合健康标准。

《中华人民共和国海商法》《中华人民共和国海船船员适任考试、评估和发证规则》规定:所有船员必须持有基本安全培训合格证;船长、驾驶员、轮机长、轮机员、电子电气员和组成航行值班的水手、机工必须持有相应的适任证书;从事国际航行的船舶的中国籍船员必须持有中华人民共和国海事局颁发的海员证、船员服务簿和其他有关证书;在客船、油船、危险品船、高速船和超大型船舶上工作的船员还必须持有专业或特殊培训合格证书。

船员上船担任实职前,除了应具备上述基本条件外,还应具备熟悉所上船舶和岗位的具体情况和实际操作要求的条件。新上某类船舶或新上岗的船员必须经过熟悉培训或所在船舶指定专人帮助其熟悉情况和掌握实际操作,在确认其已完全熟悉情况和掌握实际操作后方可认定其具备了正式任职的条件。

船员上船工作必须做到持证上岗,下面介绍一下船员上船需要的几种常见证书。

1.海员证

海员证是由中华人民共和国海事局统一印制并签发的中国海员出入中国国境和在境外使用的有效身份证件,是海员的专用护照。它表明持证人具有中华人民共和国国籍,其职业为船员,中华人民共和国海员证的制式如图 2-28 所示。

图 2-28　海员证

海员证签发给在航行国际航线的中国籍船舶上和在外国籍船舶上工作的中国海员。

海员证的有效期不超过 5 年，截止日期不超过持证人 65 周岁生日。

海员更换服务单位时，应由其原劳动或人事关系所在单位或派出单位在办理其调离手续时收回海员证，并在 3 个月内交颁发海员证的海事局注销。

2.船员服务簿

船员服务簿是船员的职业身份证件，也是中华人民共和国按照《2006 年海事劳工公约》标准 A2.1.1(e)项的要求，为中国籍海员提供的载有其船上就业记录的法定文书。船员服务簿是记录船员本人的服务资历、违法记分以及参加有关专业训练和体格检查情况的证件，是船员申请考试、办理职务升级签证和换领海船船员适任证书的证明文件之一。

船员服务簿中的任解职记载栏的各项内容，都必须正确无误，不得谎报或涂改，船长应认真负责地填写相应栏目。签发机关如发现谎报或涂改任解职记载的各项内容，可收回、注销该船员服务簿，责令该船员写出检查后，方准其申请新的船员服务簿，并可同时对该船员进行相应的处罚。图 2-29 所示为船员服务簿。

图 2-29　船员服务簿

自 2002 年 10 月 1 日起，中华人民共和国海事机构对因违反水上交通安全管理法规受到海事行政处罚的船员、船舶安全检查存在缺陷的当事船员或实际操作检查不合格的船员实施违法记分管理，在船员服务簿的主管机关签注(一)栏加盖船员违法记分专用章，并填上分值。在每一公历年的记分周期期满时，分值累加满 15 分的船员，必须经强制培训、考试后，记分分值方可重新起算。

3.海船船员健康证书

海船船员健康证书全称中华人民共和国海船船员健康证书，是用来表明海船船员身体状况符合船员任职岗位健康要求的职业医学证明。海船船员在船工作期间应持有有效的健康证明。图 2-30 所示为海船船员健康证书的样式图。

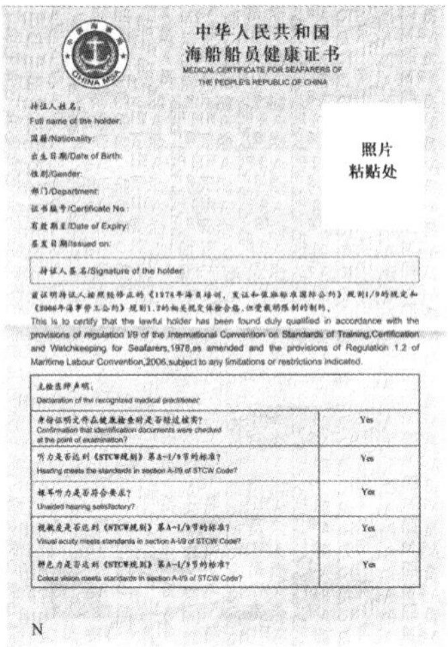

中华人民共和国
海船船员健康证书
MEDICAL CERTIFICATE FOR SEAFARERS OF THE PEOPLE'S REPUBLIC OF CHINA

持证人姓名：
Full name of the holder:
国籍/Nationality:
出生日期/Date of Birth:
性别/Gender:
部门/Department:
证书编号/Certificate No.:
有效期至/Date of Expiry:
签发日期/Issued on:

照片
粘贴处

持证人签名/Signature of the holder:

兹证明持证人按照经修正的《1978年海员培训、发证和值班标准国际公约》规则I/9的规定和《2006年海事劳工公约》规则1.2的相关规定体检合格，但受载明限制的制约。
This is to certify that the lawful holder has been found duly qualified in accordance with the provisions of regulation I/9 of the International Convention on Standards of Training,Certification and Watchkeeping for Seafarers,1978,as amended and the provisions of Regulation 1.2 of Maritime Labour Convention,2006,subject to any limitations or restrictions indicated.

主检医师声明： Declaration of the recognized medical practitioner:	
身份证明文件在健康检查时是否经过核实？ Confirmation that identification documents were checked at the point of examination?	Yes
听力是否达到《STCW规则》第A-I/9节的标准？ Hearing meets the standards in section A-I/9 of STCW Code?	Yes
裸耳听力是否符合要求？ Unaided hearing satisfactory?	Yes
视敏度是否达到《STCW规则》第A-I/9节的标准？ Visual acuity meets standards in section A-I/9 of STCW Code?	Yes
辨色力是否达到《STCW规则》第A-I/9节的标准？ Colour vision meets standards in section A-I/9 of STCW Code?	Yes

N

图 2-30 海船船员健康证书

交通运输部设在各地的直属海事管理机构按照职责具体负责海船船员健康证书的管理工作。空白的海船船员健康证书由主管机关统一印制。开展海船船员健康证书发放服务的体检机构及其主检医师具体负责海船船员职业健康体检及海船船员健康证书的发放工作。

海船船员满足下列要求的，由主检医师在海船船员健康证书上签名，并加盖体检机构公章：

（1）年满 18 周岁（在船实习、见习人员年满 16 周岁）；

（2）持有有效的身份证件；

（3）符合《船员健康检查要求》（GB 30035—2021）的标准；

（4）完成海船船员信息采集。

海船船员健康证书的有效期一般不超过 2 年；申请海船船员健康证书的船员年龄小于 18 周岁，则海船船员健康证书有效期不超过 1 年。

海船船员健康证书的体检项目符合《中华人民共和国船员条例》的相关规定。该条例规定，海船船员任职岗位健康要求主要涉及身高、血压、心率、呼吸频次、视力、视野、复视、暗适应、色觉、听力、语言、脊柱、四肢等方面。

海船船员健康证书根据任职岗位的不同会有所不同，根据任职岗位分为船长和甲板部值班船员、轮机部值班船员及无线电操作人员、服务船员及其他船员。其中，服务船员是指在船舶上提供饮食、起居、娱乐、医疗、安保等服务的船员。

4.国际旅行健康检查证明书

国际旅行健康检查证明书是由中华人民共和国出入境检验检疫签发的证书，是证明出入境人员健康检查合格的重要凭证。国际旅行健康检查证书有利于实现健康码的跨国查验，助力国际人员的安全有序流动。证书的有效期一般为 1 年。国际旅行健康检查证明书如图 2-31 所示。

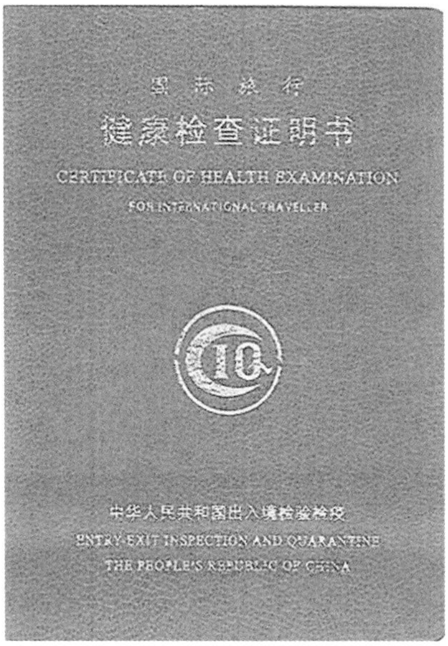

图 2-31　国际旅行健康检查证明书

申请人取得国际旅行健康检查证明书后要对其中内容逐一进行查验，如有疑问应当即向医生提出询问；在出境接受口岸检查时，应连同护照一起交与口岸检查人员；在国外居住 3 个月以上，回国前应到所在国家或地区的有关检疫机关和医院进行体检，请检查单位在本人的国际旅行健康检查证明书上填写有关内容和签字盖章；回国入境时，应连同护照一起交与口岸检查人员检查。

5.疫苗接种或预防措施国际证书

疫苗接种或预防措施国际证书，简称 ICOVOP，也称黄皮书，是世界卫生组织为了保障出入国(边)境人员的人身健康，防止危害严重的传染病[通过出入国(边)境的人员、交通工具、货物和行李等传染和扩散]而要求提供的一项预防接种证明，其作用是通过卫生检疫措施来避免传染。疫苗接种或预防措施国际证书是由中华人民共和国出入境检验检疫签发的证书，一般和国际旅行健康检查证明书一起使用，是证明出入境人员健康检查合格的重要凭证。疫苗接种或预防措施国际证书样式如图 2-32 所示。

接种疫苗一般包括霍乱、黄热病等。

证书的有效期是按疾病种类划分的。预防霍乱疫苗的有效期根据疫苗种类的不同而不同。黄热病疫苗的有效期限一般是 10 年。

6.中华人民共和国海船船员培训合格证书

中华人民共和国海船船员培训合格证书(简称培训合格证)是海员上船工作最基本的证件之一，培训合格证考试包括理论考试与评估。培训合格证考试科目和大纲由中华人民共和国海事局制定并公布。中华人民共和国海船船员培训合格证书如图 2-33 所示。

图 2-32　疫苗接种或预防措施国际证书

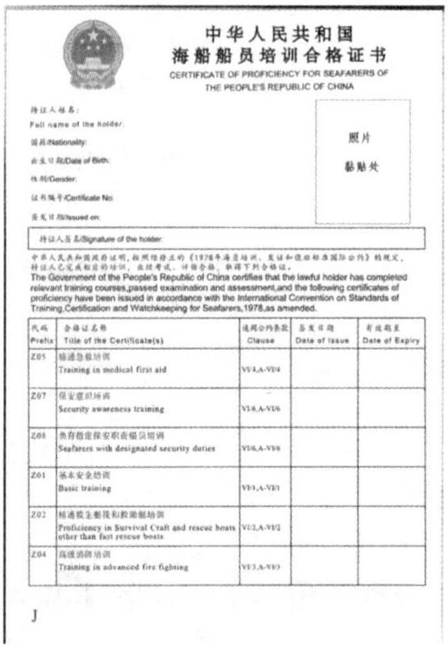

中华人民共和国
海船船员培训合格证书
CERTIFICATE OF PROFICIENCY FOR SEAFARERS OF
THE PEOPLE'S REPUBLIC OF CHINA

持证人姓名：
Full name of the holder:
国籍/Nationality:
出生日期/Date of Birth:
性别/Gender:
证书编号/Certificate No:
签发日期/Issued on:

照片
黏贴处

持证人签名/Signature of the holder:

The Government of the People's Republic of China certifies that the lawful holder has completed relevant training courses,passed examination and assessment,and the following certificates of proficiency have been issued in accordance with the International Convention on Standards of Training,Certification and Watchkeeping for Seafarers,1978,as amended.

代码 Prefix	合格证名称 Title of the Certificate(s)	适用公约条款 Clause	签发日期 Date of Issue	有效期至 Date of Expiry
Z05	精通急救培训 Training in medical first aid	VI/4,A-VI/4		
Z07	保安意识培训 Security awareness training	VI/6,A-VI/6		
Z08	负有指定保安职责船员培训 Seafarers with designated security duties	VI/6,A-VI/6		
Z01	基本安全培训 Basic training	VI/1,A-VI/1		
Z02	精通救生艇筏和救助艇培训 Proficiency in Survival Craft and rescue boats other than fast rescue boats	VI/2,A-VI/2		
Z04	高级消防培训 Training in advanced fire fighting	VI/3,A-VI/3		

J

图 2-33　中华人民共和国海船船员培训合格证书

各级海事管理机构应当在职责范围内制订并公布考试计划，明确考试的时间、地点、申请程序等相关信息。申请参加培训合格证考试者，应当完成规定项目的培训并取得培训证明，由其所在的船员培训机构向海事管理机构申请相应培训项目的考试。评估成绩分为及格和不及格两种。培训合格证理论考试满分为 100 分，除船舶保安员合格证 80 分及以上为及格外，其他合格证 60 分及以上即为及格。培训合格证理论考试和评估均及格，方可通过培训合格证考试。培训合格证考试有科目或项目不及格者，可以自初次考试之日起 6 个月内申请 1 次补考。逾期不能通过全部考试的，已有考试成绩失效并应重新参加培训。

(1)培训合格证的申请条件

①年满16周岁。

②完成规定的培训。

③具有规定的海上服务资历和合格的任职表现。

④符合海船船员健康检查要求。

⑤通过相应考试并完成规定的船上见习;但办理精通救生艇筏和救助艇培训合格证、精通快速救助艇培训合格证和船舶保安员培训合格证者,应当年满18周岁;初次办理高速船船员特殊培训合格证者,不得超过45周岁。

(2)培训合格证的种类和有效期

培训合格证包括基本安全培训合格证、专业技能适任培训合格证、特殊培训合格证。培训合格证代码、有效期对照信息请参见表2-5。在海船上任职的船员应当持有相应的培训合格证。

表2-5　培训合格证代码、有效期对照表

序号	培训合格证项目	代码	最长有效期
1	基本安全培训合格证	Z01	5年
2	精通救生艇筏和救助艇培训合格证	Z02	5年
3	精通快速救助艇培训合格证	Z03	5年
4	高级消防培训合格证	Z04	5年
5	精通急救培训合格证	Z05	长期
6	船上医护培训合格证	Z06	长期
7	保安意识培训合格证	Z07	长期
8	负有指定保安职责船员培训合格证	Z08	长期
9	船舶保安员培训合格证	Z09	长期
10	油船和化学品船货物操作基本培训合格证	T01	5年
11	油船货物操作高级培训合格证	T02	5年
12	化学品船货物操作高级培训合格证	T03	5年
13	液化气船货物操作基本培训合格证	T04	5年
14	液化气船货物操作高级培训合格证	T05	5年
15	客船船员特殊培训合格证Ⅰ	T06-1	5年
16	客船船员特殊培训合格证Ⅱ	T06-2	5年
17	客船船员特殊培训合格证Ⅲ	T06-3	5年
18	大型船舶操纵特殊培训合格证	T07	长期
19	高速船船员特殊培训合格证(全垫升气垫船)	T08-1	2年

续表

序号	培训合格证项目	代码	最长有效期
20	高速船船员特殊培训合格证(水面效应船)	T08-2	2 年
21	高速船船员特殊培训合格证(水翼船)	T08-3	2 年
22	高速船船员特殊培训合格证(单体船)	T08-4	2 年
23	高速船船员特殊培训合格证(多体船)	T08-5	2 年
24	船舶装载散装固体危险和有害物质作业船员特殊培训合格证	T09	长期
25	船舶装载包装危险和有害物质作业船员特殊培训合格证	T10	长期
26	使用气体或其他低闪点燃料船舶船员基本培训合格证	T11	5 年
27	使用气体或其他低闪点燃料船舶船员高级培训合格证	T12	5 年
28	极地水域船舶操作船员基本培训合格证	T13	5 年
29	极地水域船舶操作船员高级培训合格证	T14	5 年

专业技能适任培训合格证包括：

①精通救生艇筏和救助艇培训合格证；

②精通快速救助艇培训合格证；

③高级消防培训合格证；

④精通急救培训合格证；

⑤船上医护培训合格证；

⑥保安意识培训合格证；

⑦负有指定保安职责船员培训合格证；

⑧船舶保安员培训合格证。

特殊培训合格证包括：

①油船和化学品船货物操作基本培训合格证；

②油船货物操作高级培训合格证；

③化学品船货物操作高级培训合格证；

④液化气船货物操作基本培训合格证；

⑤液化气船货物操作高级培训合格证；

⑥客船船员特殊培训合格证；

⑦大型船舶操纵特殊培训合格证；

⑧高速船船员特殊培训合格证；

⑨船舶装载散装固体危险和有害物质作业船员特殊培训合格证；

⑩船舶装载包装危险和有害物质作业船员特殊培训合格证；

⑪使用气体或其他低闪点燃料船舶船员基本培训合格证；

⑫使用气体或其他低闪点燃料船舶船员高级培训合格证；

⑬极地水域船舶操作船员基本培训合格证；

⑭极地水域船舶操作船员高级培训合格证。

7.海船船员适任证书

海船船员适任证书,全称中华人民共和国海船船员适任证书,是在中国籍海船上任职的船长、高级船员和值班水手、值班机工应当持有的与其所服务的船舶航区、种类、等级或主机类别和所担任的职务相符的有效适任证书。其取得以及使用要遵循《中华人民共和国海船船员适任考试、评估和发证规则》的规定。图 2-34 所示为中华人民共和国海船船员适任证书。

中华人民共和国
海船船员适任证书
CERTIFICATE OF COMPETENCY FOR SEAFARERS OF
THE PEOPLE'S REPUBLIC OF CHINA

持证人姓名:
Full name of the holder:
国籍/Nationality:
出生日期/Date of Birth:
性别/Gender:
证书编号/Certificate No.:
有效期至/Date of Expiry:
签发日期/Issued on:

照片
黏贴处

持证人签名/Signature of the holder:

中华人民共和国政府证明,按照经修正的《1978年海员培训、发证和值班标准国际公约》的规则 III/1 和国际电信联盟的《无线电规则》不适用 的规定,持证人有资格履行下列规定级别的职能,但受载明限制的制约。

The Government of the People's Republic of China certifies that the lawful holder has been found duly qualified in accordance with the provisions of regulation III/1 of the International Convention on Standards of Training,Certification and Watchkeeping for Seafarers,1978,as amended and the provisions of N/A of the Radio Regulations Annexed to the Convention of International Telecommunication Union and competent to perform the following functions,at the levels specified,subject to any limitations indicated.

职能 FUNCTION	级别 LEVEL	适用的限制(如有) LIMITATIONS APPLYING (IF ANY)
轮机工程 Marine engineering	操作级 Operation	与本证书的等级与职务的适用的限制相同。All items are the same as those described in LIMITATIONS APPLYING (IF ANY) to the columns of CAPACITY.
电气、电子和控制工程 Electrical,electronic and control engineering	操作级 Operation	与本证书的等级与职务的适用的限制相同。All items are the same as those described in LIMITATIONS APPLYING (IF ANY) to the columns of CAPACITY.
维护和修理 Maintenance and repair	操作级 Operation	与本证书的等级与职务的适用的限制相同。All items are the same as those described in LIMITATIONS APPLYING (IF ANY) to the columns of CAPACITY.
船舶作业和人员管理 Controlling the operation of the ship and care for persons on board	操作级 Operation	与本证书的等级与职务的适用的限制相同。All items are the same as those described in LIMITATIONS APPLYING (IF ANY) to the columns of CAPACITY.
空白 Blank		

H

图 2-34　中华人民共和国海船船员适任证书

申请海船船员适任证书,可以向任何有相应海船船员适任证书签发权限的海事管理机构提出书面申请,并附送证明材料。对符合规定条件并通过国家海事管理机构组织的船员任职考试的,海事管理机构应当发给相应的海船船员适任证书及船员服务簿。

申请海船船员适任证书需要具备以下几个条件:年满 18 周岁(在船实习、见习人员年满 16 周岁)且初次申请不超过 60 周岁;符合船员任职岗位健康要求;经过船员基本安全培训;通过相应的适任考试。

参加航行和轮机值班的船员还应当经过相应的船员适任培训、特殊培训,具备相应的船员任职资历,并且任职表现和安全记录良好。

国际航行船舶的船员若要申请适任证书,还应当通过船员专业外语考试。

海船船员适任证书根据航区和职务不同会分为不同的等级。

(1)根据航区不同可分为无限航区和沿海航区,但无线电操作人员适任的航区比较特殊,分为 A1、A2、A3 和 A4 海区。

(2)根据航区和职务不同大体分为六大类:

①船长、大副、轮机长、大管轮无限航区适任证书分为两个等级:

一等适任证书:适用于 3 000 总吨及以上或者主推进动力装置在 3 000 千瓦及以上的船舶;二等适任证书:适用于 500 总吨至 3 000 总吨或者主推进动力装置在 750 千瓦至 3 000 千瓦的船舶。

②二副、三副、二管轮、三管轮无限航区适任证书适用于 500 总吨及以上或者主推进动力装置在 750 千瓦及以上的船舶。

③船长、大副、轮机长、大管轮沿海航区适任证书分为三个等级:

一等适任证书:适用于 3 000 总吨及以上或者主推进动力装置在 3 000 千瓦及以上的船舶;二等适任证书:适用于 500 总吨至 3 000 总吨或者主推进动力装置在 750 千瓦至 3 000 千瓦的船舶;三等适任证书:适用于未满 500 总吨或者主推进动力装置未满 750 千瓦的船舶。

④二副、三副、二管轮、三管轮沿海航区适任证书分为两个等级:

一等适任证书:适用于 500 总吨及以上或者主推进动力装置在 750 千瓦及以上的船舶;二等适任证书:适用于未满 500 总吨或者主推进动力装置未满 750 千瓦的船舶。

⑤高级值班水手、高级值班机工、值班水手、值班机工适任证书等级分类。

a.高级值班水手、高级值班机工适任证书适用于 500 总吨及以上或者主推进动力装置在 750 千瓦及以上的船舶。

b.无限航区适任证书适用于 500 总吨及以上或者主推进动力装置在 750 千瓦及以上的船舶。

c.沿海航区适任证书分为两个等级:

一等适任证书:适用于 500 总吨及以上或者主推进动力装置在 750 千瓦及以上的船舶;二等适任证书:适用于未满 500 总吨或者主推进动力装置未满 750 千瓦的船舶。

⑥电子电气员和电子技工适任证书适用于主推进动力装置在 750 千瓦及以上的船舶。

在拖船上任职的船长和甲板部船员所持适任证书等级与该拖船的主推进动力装置功率的等级相对应。

不参加航行和轮机值班的海船船员适任证书不分等级。

8.GMDSS 证书

GMDSS 是指全球海上遇险与安全系统(Global Maritime Distress and Safety System),而 GMDSS 证书是为了确保在海上航行的船只能够有效地进行通信和信息处理,以应对各种紧急情况。

GMDSS 证书是海员必备的证书之一,俗称 G 证,它证明持有者具有在紧急情况下使用海上无线电设备进行通信和联络的能力。随着船舶自动化程度越来越高,一般不再配备单独的无线电操作人员。

GMDSS 证书的有效期为 5 年,但持有者需要注意,在证书到期前需要进行再认证。再认证的条件是持有者必须符合健康条件和完成培训课程。在完成培训后,还需要进行考试,考试合格才能获得再认证资格。

除了再认证的要求,GMDSS 证书持有者还需要注意证书的到期时间。在证书到期前,持有者需要向主管机关报告,并在证书到期前进行再认证或者更新证书。如果证书过期,持有者将失去使用海上无线电设备的资格,直到重新获得证书。

二、船舶组织结构

依据《中华人民共和国船员条例》:船员是指依照本条例的规定取得海船船员适任证书的人员,包括船长、高级船员、普通船员。船长是指依照本条例的规定取得船长任职资格,负责管理和指挥船舶的人员。高级船员是指依照本条例的规定取得相应任职资格的大副、二副、三副、轮机长、大管轮、二管轮、三管轮、通信人员以及其他在船舶上任职的高级技术或者管理人员。普通船员是指除船长、高级船员外的其他船员。

根据 STCW 78/95 公约和《中华人民共和国海船船员适任考试和发证规则》,船员职能根据技术要求分为:管理级、操作级和支持级。管理级船员由船长、大副、轮机长和大管轮组成,俗称四大头(TOP 4)。操作级船员由二副、三副、二管轮、三管轮、电子电气员组成。管理级船员及操作级船员之外的船员属于支持级。货船组织结构和客船组织结构不一致。货船组织结构图见图 2-35,客船组织结构图见图 2-36。

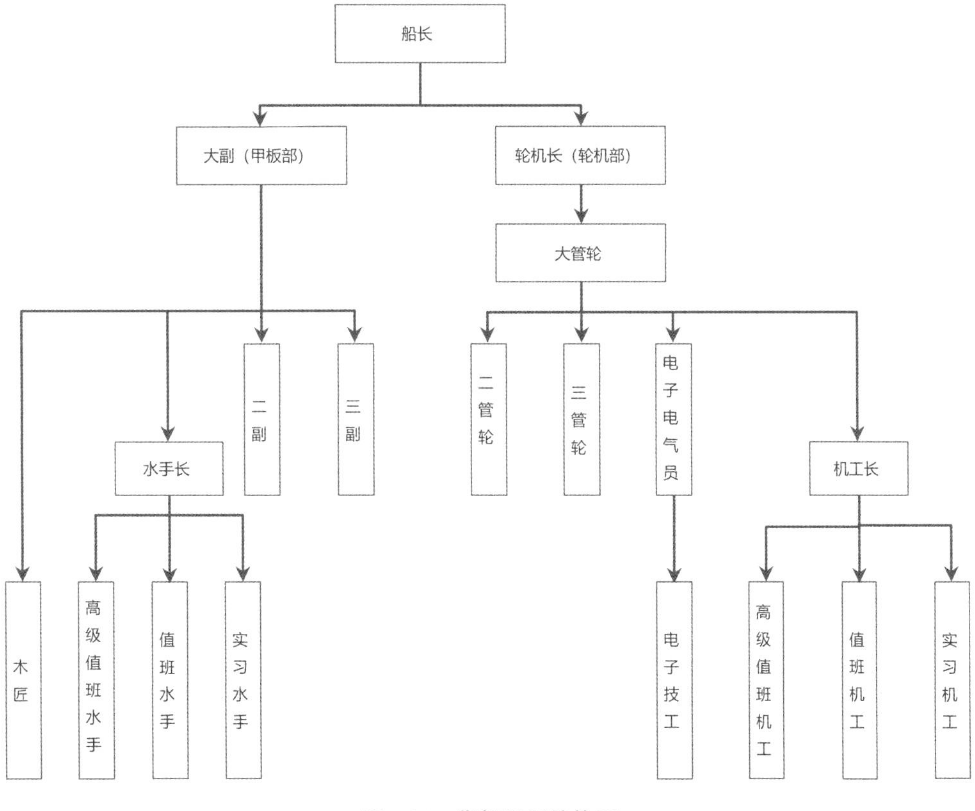

图 2-35　货船组织结构图

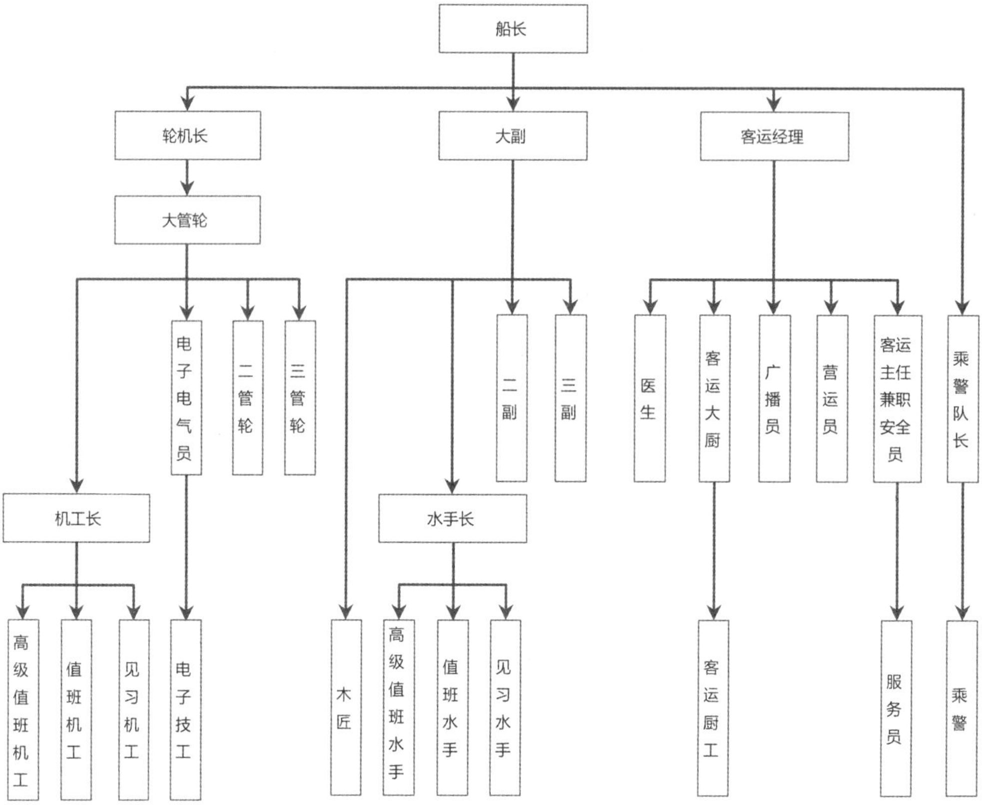

图 2-36　客船组织结构图

(一)船长

船长(Captain,Capt.)是船舶领导人,负责船舶安全运输生产和行政管理工作,对公司经理负责。其主要职责包括船舶导航和航行管理、船舶运营管理、应对突发情况、船舶文件和报告等;负责领导全体船员贯彻国家的方针政策,执行法令法规和公司下达的各项指示和规定;等等。

(1)船长应代表公司,依据强制的法律、法规和公司的各项规章制度,对船员进行管理和指导,管理所有船上职责;定期复查安全管理体系并向岸基管理部门报告。

(2)船长对海上人命、船舶和货物以及船上其他财产负责。

(3)船长负责控制法定文件、有关主管机关签署的重要文件和公司的机密或加密文件。

(4)密切关注船上卫生,船长必须保证,根据船舶服务航区和船员的健康情况,通过采取恰当的措施始终保持高标准的卫生状况。

(5)船长应负责监督船上的财务管理,负责船舶现金的收支和保管并对船上的伙食管理进行监控。

(6)船长应定期会同部门长对船员的人品、技能、敬业精神和其他方面进行综合评估,并将评估结果上报公司;船长应协助公司对船员的提升、奖罚、解雇等做好综合评估。

(7)船长应负责船员的劳工管理,依照船员的劳务合同和相应的法规规定对船员的工作时间做相应的调整并可以安排船员跨部门工作。

(8)船长应最大限度地发挥船员的积极性和主观能动性并完成公司安排的各项工作任务。

(二)甲板部组织结构

甲板部通常由大副、二副、三副、水手长、木匠、大厨、高级值班水手、值班水手、实习水手等人员组成,其中大副、二副、三副统称为驾驶员,大副为部门长。

甲板部主要负责船舶航行、船体保养、船舶营运中的货物积载和装卸设备、航行中的货物照管;主管驾驶设备,包括导航仪器、信号设备、航海图书资料和通信设备;负责救生、消防、堵漏器材的管理;主管货舱、锚机、系缆和装卸设备的一般保养;负责货舱系统和舱外淡水、压载水管理系统和洗舱污水系统的使用和处理;负责船舶垃圾管理;等等。

1.大副

大副(Chief Officer,C/O)在船长的领导下,主持甲板日常工作,协助船长做好安全生产和船舶航行;主管货物装卸、运输和甲板部的保养工作;负责制订并组织实施甲板部各项工作计划;负责编制货物积载计划、维护保养计划;主持安全月活动和相关安全工作;承担船舶保安员职责;等等。

(1)大副作为甲板部部门长,是船长替代人,应协助船长,使自己熟悉相关的强制性的法律、法规,在货物操作和管理方面建立自己的常规命令(张贴在货控室),通过命令和监督属下来控制甲板部职责的实施。

(2)大副应向其属下提供指导和指示,基于其属下的行为、工作技能、勤奋性向船长递交其意见,参与甲板部的人事管理。

(3)大副是船舶安全员,负责全船的安全工作,主持安全会议,努力执行会议决定的事情。

(4)大副被指定为船舶保安员,负责日常保安工作,协助船长处理保安事件。

(5)大副应负责保证船舶具有适当的稳性、适当的船体强度和吃水差,时刻牢记船体状况。

(6)安排每一天对污水舱、淡水舱和压载舱的测量,当大副认为需要时,应增加测量次数,并在发现不正常情况时,立即向船长报告。

(7)编制、实施装货、卸货、货物积载计划,签署货运文件并对其负责;指挥并监控货物的装卸,海上航行时注意货物的保管、照料。

(8)对甲板部管辖下的设备、固定装置和消费品的保养、操作及保管负责。

(9)进出港、锚地/泊位移船期间,位于船首负责执行命令并监控操作。

(10)对甲板部管辖下的设备、结构进行维护和检查,负责检查当前的状况及准备修理清单。

(11)负责编制甲板部物料、油漆、洗舱物料、个人保护设备和药品/医疗器械等物资申请单,确保物资规格准确、申请数量合理,并尽可能避免零星申请;负责甲板部物资仓库的管理,并确保其处于良好状况。

(12)有责任对二副、三副进行货物操作方面的培训,以提高他们的货物操作能力。

2.二副

二副(Second Officer,2/O)履行航行和停泊所规定的值班职责;主管驾驶设备,包括航海仪器和通信设备的正确使用和日常维护;负责航海图书资料、通告的日常管理和更新工作。

(1)协助船长和大副并在船长和大副的指导下进行甲板部的工作;

(2)制订航次计划,报船长审批;

(3)海上航行值班、货物操作值班和在港口时的港口值班;

(4)在货物操作期间,按照大副编制的货物操作计划进行货物操作;

(5)进出港或锚地/移泊期间,负责指挥船尾的各项工作;

(6)负责确定中午船位、各个航行参数的计算并将其记入航海日志同时向船长报告相关的内容;

(7)负责海图和航海出版物的改正,检查与航行有关的内容并准备好报告;

(8)对无线电设备、助航设备的操作和维护保养负责;

(9)对无线电设备、助航设备、内部通信系统、测深仪、号型、航行灯、号灯、汽笛等设备的操作和维护保养负责;

(10)负责 GMDSS 设备的操作、记录与日常维护。

3.三副

三副(Third Officer,3/O)履行航行和停泊所规定的值班职责;主管救生、消防设备的日常管理和维护工作。消防设备主要包括甲板水灭火系统、大型二氧化碳灭火系统、移动式灭火器(干粉灭火器、二氧化碳灭火器、泡沫灭火器等)、船舶火警探测报警系统以及消防员装备等;救生设备主要包括船员房间、机舱、甲板上、艏尖舱的救生衣和浸水服、救生信号(火箭降落伞、手持火焰信号、漂浮烟雾信号、抛绳器等)、甲板救生圈、EEBD、救生筏、救生艇等。

(1)协助船长和大副的工作,在船长和大副的指导下完成甲板部的工作。

(2)装卸货期间,按照大副制订的装卸货计划完成相关的货物装卸工作;完成航行值班和在港的一些相关工作。

(3)进离港和移泊期间,在驾驶台协助船长,负责将船长的命令传输给其他相关方同时将其他相关方的信息及时地报告给船长并记载在航海日志中。

(4)负责管理救生消防的工作。

(5)协助船上的伙食管理、财务记录、清点盘库等。

4.水手长

水手长(Bosun)俗称水头,在大副的领导下,具体负责木匠和水手工作;做好锚、缆、装卸设备的养护维修工作;带领水手做好油漆、帆缆、高空、舷外、起重、操舵及其他船艺工作。

(1)完成大副布置的甲板部工作,指挥和监督水手和实习水手的工作。

(2)制作周度或月度工作计划表,将其提交给大副并按照大副的指示开展每日的工作,每天记录工作日志并交大副检查。

(3)在大副的指示下完成货物操作;负责货阀和甲板机电设备(包括锚机、绞缆机、克令吊等)液压系统的维护保养。确保所有设备处于良好并随时可用的状态,同时将设备的状况报告大副。

(4)协助做好物资仓库的库存管理,保持整洁有序;定期盘点库存,做好物资进出库登记管理并将结果报告给大副。

(5)进出港或移泊期间,参加船头工作并负责指挥和监督水手和实习水手的工作。

(6)按照指示,每天至少测量一次淡水舱,若船舶未配备专职泵匠,每天还需测量压载舱和污水舱。

5.木匠

木匠(Carpenter)执行木工及有关航次维修和保养工作;负责锚机的操作和保养工作;负责淡水舱、压载舱及植物油舱的测量及维护工作。

(1)协助水手长完成货物管系的各项工作。在装卸货和洗舱的全过程中,准备货泵、阀门、压载泵、洗舱机和其他与货物操作相关的设备。

(2)负责泵房和甲板的所有泵浦和其他与货物操作相关的设备的操作和维护保养。

(3)按照大副的命令负责压载水的压入、排放和压载舱内部转移。在靠泊期间,按照大副的指示参加值班;若是专职木匠,每天至少测量一次压载舱和污水舱。

(4)负责泵房的维护保养,确保泵房内没有货物、可燃气体和有毒气体等,在进入泵房之前必须要有足够的通风。航行期间的晚上,确保泵房的门处于关闭状态。

(5)在靠离泊和移泊期间,参与靠离泊工作。

6.水手

水手(Able seaman,AB)执行操舵命令、履行航行值班职责和完成日常甲板部维护保养工作。

(1)完成大副、主管驾驶员或水手长指示的甲板部工作。

(2)在大副的指示下完成相应区域的巡回检查并将结果报告给大副或水手长。

(3)靠离泊和移泊期间,在大副的指示下参与锚机和绞缆机操作及其他相关的船头工作、船尾工作。进出港和移泊期间,负责驾驶台值班、收放舷梯。

(4)完成各种相关的货物操作工作。

(5)航行期间,参加驾驶台航行班,负责操舵、正规瞭望、观测气象和海况、收发信号、升降旗和其他值班驾驶员布置的工作。

(6)在港期间,参加港口值班,负责升降旗、开关锚灯、收发信号,注意其他靠泊船的动态,观察锚链/缆绳/舷梯的状况,注意访船者的动态及相关主管所布置的其他工作。

(7)负责驾驶台、舷梯及附近区域的整理和卫生工作。

7.大厨

大厨(Chief cook)在大副的直接领导下完成膳食管理委员会的工作。

(1)努力提高自身的技能,提高工作效率,保证伙食质量;

(2)负责对所管辖区域的安全巡回检查并保持这些区域的整洁和卫生,特别是厨房、库房和餐厅等的卫生;

(3)对伙食的配置要充分考虑营养、质量和价格等方面的合理性;

(4)按照大副的指示,制作合理的伙食供应清单,负责伙食的接收、储存和整理保管。

(三)轮机部组织结构

轮机部通常由轮机长、大管轮、二管轮、三管轮、电子电气员、高级值班机工、值班机工、实习机工等人员组成,其中大管轮、二管轮、三管轮统称为轮机员,轮机长为部门长。

轮机部主要负责主机、锅炉、副机及各类机电设备的管理、使用和维护保养;负责全船电力系统的管理和维护工作。

1.轮机长

轮机长(Chief Engineer,C/E)是全船机械、电力、电气设备的技术总负责人。全面负责轮机部的生产和行政管理工作;检查轮机部各项规章制度的执行,以使各种设备保持良好的技术状态。

(1)作为轮机部部门长,轮机长应协助船长,使自己熟悉相关的强制性的法律、法规,命令和监督属下完成轮机部的工作。

(2)轮机长对轮机部具有管辖权,应熟悉并且负责设备和机械的照料、保养和操作,努力提高设备的效率。

(3)轮机长应为其属下提供指导和培训,向船长报告其属下的行为、工作技能和勤奋性;在提升、解雇、委任和其他必要事情上通过提出自己的意见参与轮机部人事管理,回答船长提出的问题。

(4)轮机长应对其负责的机舱和其他管辖区域进行巡回检查,并且对各种情形采取应有的谨慎。

(5)当需要加装燃油时,轮机长应就质量和加装港口同船长商量,密切注意加装上船的燃油量。

(6)轮机长应负责准备其所负责的日常报告,以及设备、仪器的重要报告。

(7)轮机长应负责保留与轮机部相关的重要文件,由船长直接负责的文件除外。

(8)轮机长负责编制轮机部备件、物料等物资申请单,确保物资规格准确、申请数量合理,并尽可能避免零星申请;负责轮机部物资仓库的管理,并确保其处于良好状态。

2.大管轮

大管轮(Second Engineer,2/E)在轮机长的领导下,参加机舱值班,维护机舱正常的工作秩序;主管推进装置及附加设备,锅炉以及润滑冷却、燃油、启动空气、超重动力和应急装置的使用和维护。

(1)作为轮机长的替代人,大管轮协助轮机长的工作,熟悉相关的法定文件和规则;作为机舱部门的领导,大管轮负责监控轮机部其他下属船员的职责执行情况。

(2)以身作则,严于律己,发挥表率作用,参与轮机部的人事管理,为其下属船员提供指导和培训并向轮机长提交合适可行的合理化建议。

(3)协调轮机部的工作进程并保持与其他部门的有效沟通和良好的合作。

(4)协助轮机长提高机舱各方面的安全水平。

(5)负责安排机舱人员日常值班,在港期间监督留守人员认真值班。

(6)负责主机,推进装置、轴系、轴管以及它们的相关设备,滑油系统及其相关设备,滑油舱柜及各种管系,舵装置,燃油速闭切断装置及其远操机构,机炉舱各风道、通风口,紧急封闭挡板及制动拉锁装置,油柜速闭切断装置及其远操机构,冰机和空调系统及其相关设备的操作和维护保养。

(7)负责监控轮机部职责范围内的固定式设备和便携式设备的操作和维护保养;记录大管轮负责的固定式设备和便携式设备的维护保养情况并记录备件供应和库存清单。

(8)按指示保存机舱部相关的重要文件、证书、记录簿和相关的记录,轮机长直接保存的除外。

(9)协助编制备件、物料等物资申请;协助做好轮机部物资仓库的管理和物资的验收。

3.二管轮

二管轮(Third Engineer,3/E)履行值班职责,主管副机及其附属系统、应急发电系统与燃油柜、驳运泵、分油机、空压机、油水分离设备和污油柜的使用和维护工作。

(1)协助轮机长和大管轮,在轮机长和大管轮的指导下完成轮机部的工作;

(2)负责对锅炉及其相关设备、燃油系统及其相关设备、废油及其相关设备、冷凝系统、发电机及其相关设备、空气系统及其相关设备进行操作和维护保养;

(3)在轮机长的指导下完成加装燃油、滑油和其他各种油类;

(4)在大管轮的指导下,完成轮机部的固定式设备和便携式设备的各类操作、保养、备件供应和消耗的统计工作并记录库存清单。

4.三管轮

三管轮(Fourth Engineer,4/E)履行值班职责,主管副锅炉及其附属系统、各种水泵、甲板机械、应急设备和各种管系。

(1)协助轮机长和大管轮的工作,在他们的指导下完成轮机部的工作。

(2)负责对卫生系统和海水系统及其相关设备、淡水系统及其相关设备、污油水系统、压载系统和消防系统、油水分离器、焚烧炉、造水机及其相关设备、甲板机械系泊设备进行操作和维护保养。

(3)完成三管轮负责的固定式设备和可移动设备的维护保养及其备件的供应和消耗的统计工作并完成库存清单。

5.电子电气员

电子电气员(Electro-technical Officer,ETO),主管船上所有电气设备,主要职责是电路板维修与电气设备保养。

(1)负责检查和维护保养所有的电气设备,包括:发电机、马达、配电板、电表、电线、灯具、电加热器、电气控制系统、有线电话、自动报警装置等。定期检查这些设备的绝缘和工作状况,确保所有的电气设备一直处于正常的工作状态。

(2)制订电气设备的维护保养计划,将电气设备的检查结果记录报轮机长批准、签字并在月底的月度报表中上报公司。

(3)定期检查所有的安全灯具、警报和应急发电机的工作状态,对蓄电池进行维修、充电和放电等正常的维护保养。

(4)负责电气设备的物料备件、备用工具和备用表等的申请并负责贮存。

(5)抵港和离港前,必须详细检查所有的电气设备,特别是舵机、锚机、绞盘或绞缆机和货物装卸设备,确保其处于正常的工作状态。

(6)进出港、通过狭水道或航道或轮机长认为必要时,电子电气员要在机舱值班。

(7)保持电气工作间、库房和主配电板周围区域的整洁和清洁。

6.机工长

机工长(Chief Motorman)俗称机头,是船舶轮机部的普通船员,在大管轮的直接领导下,负责组织、安排机工值班,以及机、炉、泵舱等处的清洁和日常维护保养工作。

(1)带领机工完成大管轮分配的工作。

(2)创造和谐的工作氛围,保持与水手长的良好协作关系,确保工作顺利完成。

(3)在大管轮的指示下对机舱部管辖的区域进行检查,做好设备的保养并清洁相应区域。

(4)按照大管轮的指示开展每日的工作。每天记录工作日志并交大管轮检查批复。

(5)协助做好物资仓库的库存管理,保持整洁有序;定期盘点库存并做好物资进出库登记管理。

7.机工

机工(Motorman/Oiler)在轮机员的领导下,执行机炉舱和机械设备的检修、保养工作。

(1)完成大管轮、主管轮机员或机工长分配的工作;

(2)协助主管轮机员维护保养机器设备并使其始终处于正常的工作状态;

(3)参加轮机部安排的值班,保持对主机、锅炉、发电机设备等及其辅助设备的保养、测量等,使其处于正常的工作状态。

8.实习水手/机工

实习水手/机工(Cadet)在大副/轮机长和水手长/机工长的指导下参与甲板部/轮机部的工作,参与各个阶段的培训学习和操作。在每个实习阶段,实习水手/机工均要参与其实习负责人的各项工作并达到实习效果，其实习负责人应对其实习表现进行评估。实习结束后，实习水手/机工还要完成海事局规定的船上培训记录簿，船长应对其实习期间所有实习项目的完成情况和实习表现进行总评。

项目三
航行

任务一
船舶航海仪器认知

当前，大部分船舶的航行职能依然是以在船人员操作和控制相关仪器和设备为主，随着行业的发展和技术的进步，未来船舶的航行职能将主要由自主航行系统所替代。

航海仪器是用于确定船位和保证船舶安全航行的仪器的统称，其主要功能为定位导航、航行避碰、船船通信/船岸通信、水文监测等。船上常见的航海仪器包括全球定位系统（Global Position System，GPS）、磁罗经（Compass）、陀螺罗经（Gyrocompass）、救生艇罗经、自动舵（Auto-pilot）、雷达和自动雷达标绘仪（Radar and ARPA）、电子海图显示与信息系统（ECDIS）、船舶自动识别系统（Automatic Identification System，AIS）、计程仪（Log）等。

一、全球定位系统（GPS）

GPS 是美国研制发射的一种以人造地球卫星为基础的高精度无线电导航的定位系统。GPS 在船上的功能主要是定位和导航。除了 GPS 之外，全球卫星定位系统还包括北斗卫星导航系统（中国）、伽利略卫星导航系统（欧盟）、格洛纳斯卫星导航系统（俄罗斯）。2020 年 6 月 23 日，北斗三号全球卫星导航系统最后一颗组网卫星成功发射，标志着属于我国自己的“北斗卫星导航系统”全面建成并开通服务。

作为联合国认可的四大全球卫星导航系统之一，北斗卫星导航系统已服务全球

200多个国家和地区的用户，在民航、海事、搜救等领域积极履行国际义务，为推动构建人类命运共同体贡献中国力量。某船船用 GPS 外观如图 3-1 所示。

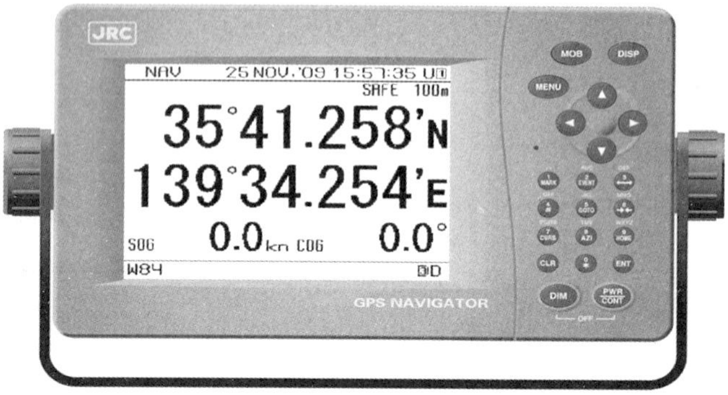

图 3-1　某船船用 GPS 外观图

GPS-150 是船上常用的 GPS 导航设备之一，其主要参数及功能如下：

(1)综合导航数据显示；

(2)可存储999个航路点和30条航线；

(3)警报：航路点抵达、锚位监视、航迹偏差、船速、水温、深度和航程；

(4)"人员落水"功能可记录人员落水时的经度和纬度坐标，并持续更新至该落水点的距离和方位；

(5)内置 DGPS 信标套件，可接收来自外部 DGPS 信标接收器的 DGPS 校正数据；

(6)122 mm×92 mm 亮屏 LCD 显示器，带有温度补偿色调和亮度调整功能；

(7)可连接自动驾驶仪(选用件)，以便向其输出驾驶数据；

(8)可连接回声测深仪(带有 NMEA 输入)，提供水温和水深数字显示；

(9)"航路"显示可提供透视图。

二、磁罗经

罗经的主要作用是指示船舶的航向和测定物标的方位。

罗经有磁罗经和陀螺罗经两种，一般海船都同时装备有磁罗经和陀螺罗经。

磁罗经，是指利用地球磁场引力作用而制造的一种能够指示地理方位和船舶航向的罗经。磁罗经是一种传统的航海仪器，其工作原理是地磁场与磁针等敏感元件相互吸引和作用，而使罗盘的磁针始终指向地球的磁北极。磁罗经整体结构简单，工作性能可靠，除地磁场外不依赖其他任何外界条件独立工作，它由罗经盆和罗经柜等组成。置于罗经盆内的刻度盘是一个刻有0°~359°的圆盘，并在8个等向点上分别刻有N、NE、E、SE、S、SW、W、NW的明显标记，在刻度盘下装有磁针，在地磁场的作用下，磁针可以带动整个浮子和刻度盘指示地理方位。罗经柜是由非磁性材料制成的立柜，其顶上有一个用于放置罗经盆的万向平衡环，其下部的纵横架子和竖直圆筒用于放置校正磁棒和软铁(如图3-2所示)。

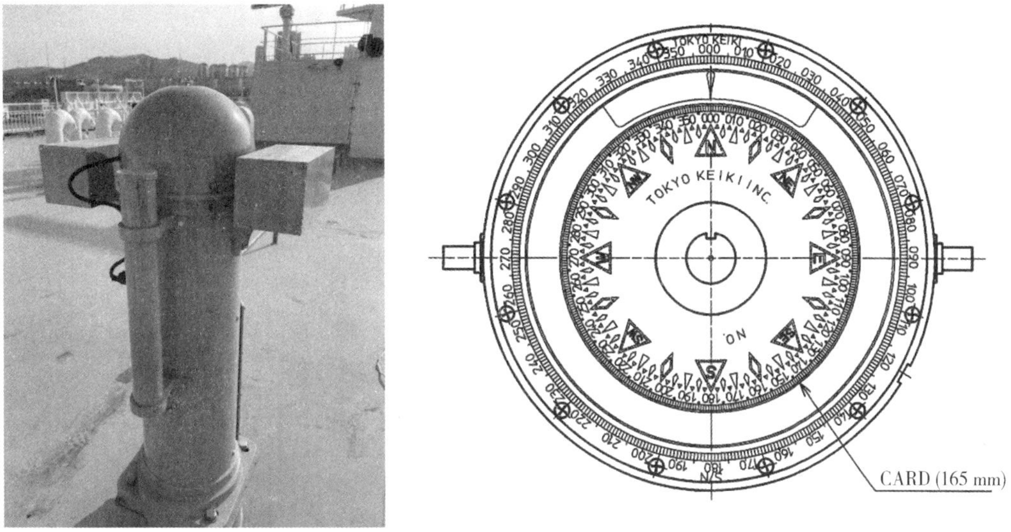

图 3-2　标准磁罗经及其罗经盆内的刻度盘刻度

此外，磁罗经还会因受到船舶上钢铁物质磁性的影响而出现自差，因此在航海中使用磁罗经时，必须进行误差修正。按安装位置和用途的不同，磁罗经可分为标准罗经、操舵罗经和太平罗经。标准罗经通常安装在驾驶室顶部的标准罗经甲板的艏艉线上，由于其水平视角最大，可用于指示航向、观测方位和校正操舵罗经；操舵罗经用于操舵时观察航向；太平罗经用于在舵机失灵而使用太平舵机操舵时观察航向。磁罗经具有结构简单、价格低廉和使用可靠等优点，故为船舶必备航海仪器之一。

三、陀螺罗经

陀螺罗经是利用陀螺仪的特性，在地球自转运动的影响下，借助力矩器使陀螺仪主轴自动地找北，并精确地跟踪地理子午面的指向仪器。它可用来指示船舶的航向和测定物标的方位，还可作为自动舵、雷达、ECDIS、AIS 和 VDR 等船用设备的航向传感器。某船陀螺罗经及其复示器如图 3-3 所示。

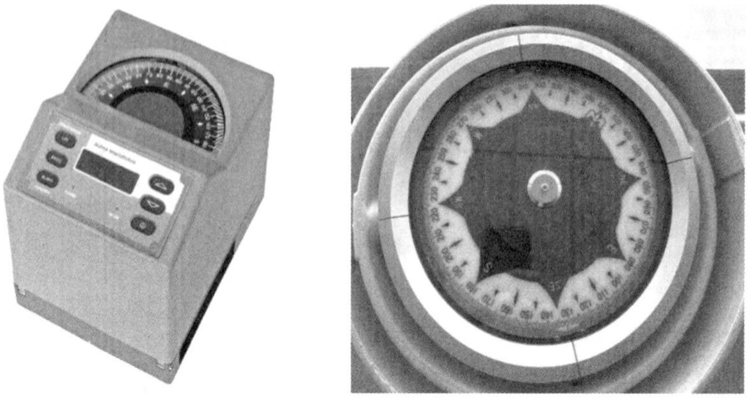

图 3-3　某船陀螺罗经及其复示器

四、救生艇罗经

每艘救生艇都备有一个便携式小型液体罗经，即救生艇罗经，用于船舶遇险时操纵救生艇，如图 3-4 所示。

图 3-4　救生艇罗经

五、自动舵

自动舵，全称自动操舵装置控制系统，又称自动操舵装置，是能自动及时地纠正船舶的偏航，使船舶较长时间和较准确地保持在指定航向的一种操舵装置。

自动舵一般具有三种操作模式：自动舵（AUTO）、手动操纵（HAND）、应急操纵（NFU）。三种模式之间的转换通过操作面板上的转换旋钮来完成。某船自动舵控制面板如图 3-5 所示。这三种操作模式对应的使用场景是不同的，通常远洋航线、能见度好、通航密度小等情况下使用自动舵较多；在沿岸航行、过狭水道、靠离码头、能见度不良等情况下，常使用手动操舵；在自动舵和手动舵故障时，通常会采取应急操舵的模式。

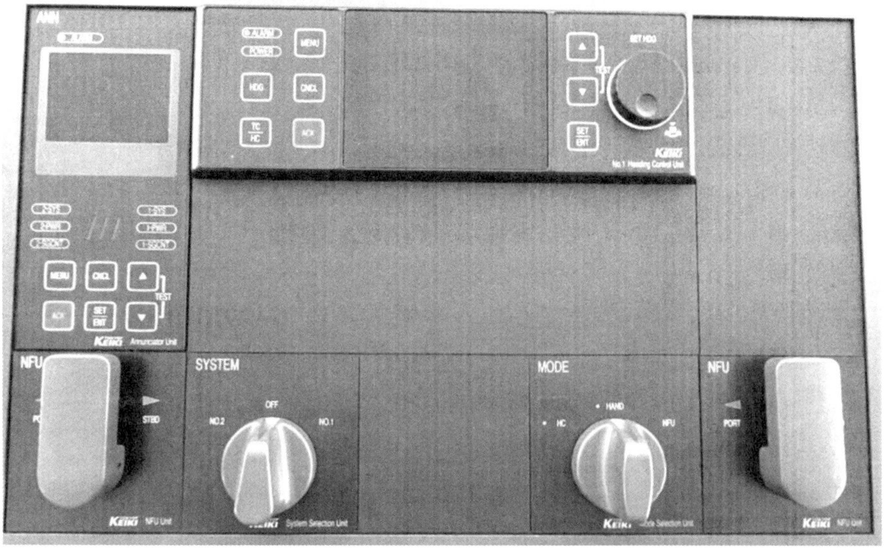

图 3-5　某船自动舵控制面板

六、雷达和自动雷达标绘仪

雷达是英文 Radar 的音译，源于“Radio detection and ranging”的缩写，意为“无线电探测和测距”，即用无线电的方法发现目标并测定它们的空间位置。因此，雷达也被称为无线电定位。雷达是利用电磁波探测目标的电子设备。雷达发射电磁波对目标进行照射并接收其回波，由此获得目标至电磁波发射点的距离、距离变化率（径向速度）、方位等信息。

船用雷达通常安装在船舶驾驶台，主要用于航行避让、船舶定位、狭水道引航、水上搜救等，亦称航海雷达（Marine radar）。某船船用雷达显示屏界面如图 3-6 所示。在夜间、大雾、雨雪、大风浪等能见度不良天气条件下，雷达为船舶驾驶员提供了必要的观察手段，为船舶水上航行保驾护航，大大提高了航行效率。雷达的出现是航海技术发展的重大里程碑。

雷达通常由天线、发射机、接收机、显示器和电源等五部分组成。接收机设有海浪干扰抑制电路和雨雪干扰抑制电路；显示器采用距离方位极坐标的平面位置显示，扫描线和天线同步旋转，有若干挡距离量程可供选用。雷达的工作波段以 X 波段和 S 波段为主，这两种波段的雷达通常被称为 3 cm 雷达和 10 cm 雷达。

（1）X 波段具有高识别率、良好的敏感度和跟踪性能，一般情况下探测较近的物标时使用较多。X 波段雷达系统应能在相关频带探测 SART 和雷达信标，用于水上搜救和物标识别等。

（2）S 波段能确保在各种变化的和不利条件下（例如雾、雨和海面杂波干扰等）保持目标探测和跟踪能力，一般用于探测较远距离的物标。

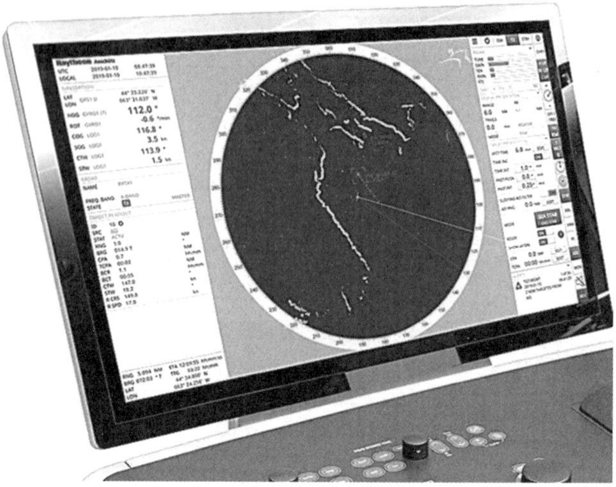

图 3-6 某船船用雷达显示屏界面

自动雷达标绘仪(Automatic Radar Plotting Aid,ARPA)在雷达的基础上,应用电子计算机技术和信号处理技术获得了新功能。它能够人工或自动捕获目标,捕获(或称录取)后自动跟踪,并以矢量线形式在显示器屏幕上显示目标船的航向和航速;另外,由操作者设定最近会遇距离(DCPA)和最近会遇时间(TCPA)的允许界限(或称报警界限),当目标的最近会遇距离和最近会遇时间小于所设定的允许界限时,它就会自动以各种方式(视觉或音响)报警,提醒驾驶员采取避让措施,如有需要,还可进行试操船[试改向和(或)试改速],以决定所需采取的避让措施;还可显示选定目标的方位、距离、航向、航速、DCPA 和 TCPA 等数据。

七、电子海图

电子海图显示与信息系统(Electronic Chart Display and Information System,ECDIS),广义上来说指的是电子海图系统(含设备、软件和海图),狭义上来说就是电子海图数据。电子海图(Electronic Navigational Chart,ENC)是由各个国家官方海道测量部门发行的矢量海图数据。

官方发布的电子海图通常要符合国际海道测量组织(IHO)制定的各类标准,例如数据传输标准(S57)、符号显示标准(S52)、数据保护方案(S63)等,电子海图的内容和纸质海图一样,主要描述的是与航海相关的地理信息,例如港口、码头、水深、锚地、航道、灯标等。某船电子海图如图 3-7 所示。

图 3-7　某船电子海图

电子海图相对传统的纸质海图有以下优势：

(1)自动航线设计：用户只要输入起始位置和目的地，电子海图就可以自动为用户规划航线，用户只需根据实际情况对其进行简单调整，即可快速、便捷地设计出一条航线。

(2)连续的航线监控：ECDIS 强大的航线监控功能可将监控航线附近的安全水深、碍航物、军演区域、限制区域等海图上所有与航行安全相关的信息都高亮凸显出来，临近这些区域时通过声光报警提醒值班人员注意。

(3)航行信息集成化高：ECDIS 将 GPS、罗经、计程仪、雷达/APRA、测深仪、AIS、NAVTEX 等设备信息集中处理，能连续地标绘船位，给使用者提供一个连续、直观、集成的信息环境，简化了导航流程。

(4)海图更新效率高：电子海图数据的购买申请、数据更新相对纸质海图更具有便捷性和高效性，电子海图的数据只需几分钟即可更新完毕。

(5)电子海图系统是一个综合信息记录、存储和查询系统，用户可以复原船舶历史轨迹，导入、导出历史航线，查看本船位置、周边船舶动态、航行相关警报(如偏航、误入危险区等)。

尽管电子海图相比纸质版海图具有很大的优势，但是其缺点也不能忽视：

(1)仅仅靠电子海图系统不能完成整个航次的评估，必须综合其他各种航海图书进行细致评估；

(2)屏幕上集聚太多的信息会分散注意力；

(3)次级菜单可能很复杂；

(4)和纸质海图相比较，显示在监控屏幕上的海图尺寸比例会大大缩小；

(5)如果不熟悉图标标示则很容易误解；

(6)自动捕获定位功能会使人疏忽大意；

(7)设备过于敏感或不能互动交流,且易受多种故障影响。

目前,电子海图已被应用于航海、船舶交通管理、港口管理、船舶调度、污染管理、搜救指挥、航标管理、渔业、引航、海洋测绘、海洋工程等领域。

八、船舶自动识别系统

船舶自动识别系统(AIS)是一种应用于船岸、船船之间的海事安全与通信的新型助航系统,能自动交换船位、航速、航向、船名、呼号等重要信息,是不用雷达探测也能获得交通信息的有效手段,特别是在能见度不良、夜间航行的水域,可以有效减少船舶碰撞事故。

船舶自动识别系统的主要功能就是识别船只、追踪目标、简化交流信息、避免碰撞发生,同时它可以和雷达、自动雷达标绘仪、ECDIS 联合使用,让航行更安全、更便利。某船船用 AIS 如图 3-8 所示。

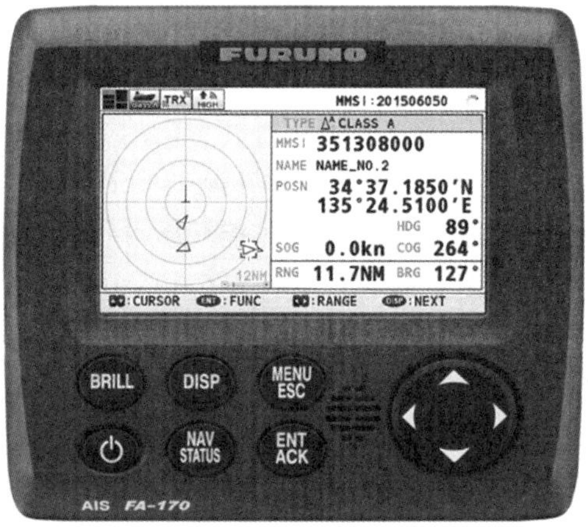

图 3-8 某船船用 AIS

AIS 是在甚高频(VHF)海上移动频段采用时分多址接入技术,自动广播和接收船舶静态信息、动态信息、航次信息和安全信息,实现船舶识别、监控和通信的系统。

1.静态信息

静态信息是 AIS 正常使用时,通常不需要变更的信息,一般在 AIS 设备安装的时候设定好,但在船舶买卖移交时需要重新设定。静态信息包括海上移动通信业务标识码(MMSI)、船名、船舶呼号、IMO 编号(有的船没有)、船长、型宽、船舶类型和定位天线的位置。

2.动态信息

动态信息是通过接入的传感器自动更新的船舶运动参数,主要包括:船位、UTC 时间、对地航向(COG)、对地速度(SOG)、船首向、航行状态和旋回转速(ROT)。

3.航次信息

航次信息是驾驶员输入的,随航次而更新的船舶货运信息,主要包括:船舶吃水、危险品货物、目的港、ETA、航线计划和船员人数。

4.安全信息

安全信息亦称安全短消息,可以是固定格式的,如岸台发布的重要的航行警告、气象报告等,也可以是驾驶员输入的自由格式的与航行安全相关的文本信息。安全信息可以由船舶发给相关的特定船舶或船队,也可以以广播形式发给所有船舶。

SOLAS 公约第Ⅴ章第 19 条第 2.4 款规定:所有 300 总吨及以上的国际航行船舶、500 总吨及以上的非国际航行船舶,以及不论尺度大小的客船,应按要求配备 1 台 AIS,装有 AIS 的船舶应使 AIS 始终保持运行状态,但国际协定、规则或标准规定要保护航行信息的情况除外。

九、计程仪

计程仪(Log)是测量航速、累计航程的仪器。它和罗经同为航迹推算的基本仪器,在海图上作业就是根据计程仪读数在航线上量取航行距离。某船船用计程仪如图 3-9 所示。

图 3-9　某船船用计程仪

计程仪根据其设计原理和使用场景,主要分为以下两类:

(1)相对计程仪(Relative log),记录船舶相对于水的航速与航程,“计风不计流”,主要包括回转式计程仪、水压式计程仪、电磁式计程仪等。

(2)绝对计程仪(Absolute log),记录船舶相对于海底的航速与航程,主要包括多普勒计程仪、声相关计程仪。

十、船载航行数据记录仪

船载航行数据记录仪分为航行数据记录仪(Voyage Data Recorder,VDR)和简易航行数据记录仪(Simplified VDR,S-VDR),是一种以安全且可恢复的方式实时记录保存有关船舶发生事故前后一段时间内的船舶位置、动态、物理状况、命令和操纵手段等有关信息,记录船舶航行数据的设备。主管机关和船东可以获得存储在记录仪中的数据,作为处理事故的客观证据。

船载航行数据记录仪的系统组成包括数据处理器、麦克风组、传感器接口及信号处理电路、数据保护舱、警报指示器、电源和数据回放设备等。

十一、船用回声测深仪

船用回声测深仪是利用超声波在水中的传播物理特性制成的一种测量水深的水声导航仪器。其实现测深的原理是:通过测量超声波从发射至经水底反射后被接收的时间间隔,从而确定水深。某船船用回声测深仪如图 3-10 所示。

船用回声测深仪对航海人员的主要用途有:

(1)在情况不明的海域或浅水航区航行时,测量水深以确保船舶航行安全;

(2)在其他导航仪器失效的特殊情况下,通过测量水深来辨认船位。

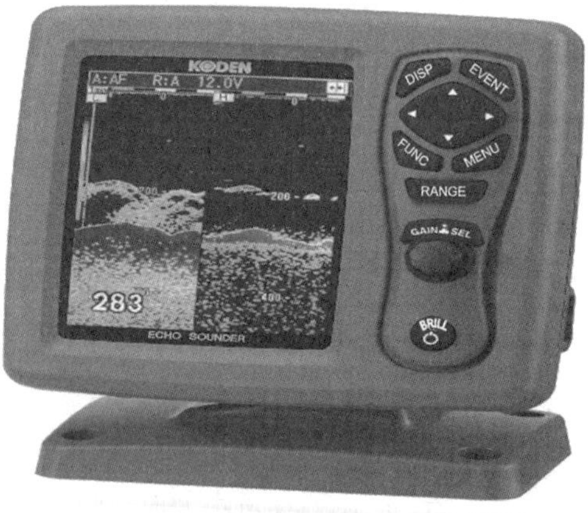

图 3-10 某船船用回声测深仪

任务二

船舶航行值班认知

一、值班的一般原则

航运公司应当根据《中华人民共和国海船船员值班规则》以及有关国际公约的要求编制《驾驶台规则》《机舱值班规则》等船舶值班规则，张贴在船舶各部门的易见之处，要求全体船员遵守执行，以保证船舶航行安全。

航运公司应当确保指派到船上任职的值班船员熟悉船上相关设备、船舶特性、本人职责和值班要求，能有效履行安全、防污染和保安等职责。

船长及全体船员在值班时，应当遵守法律、行政法规、相关国际公约以及当地有关防治船舶造成海洋污染的要求，采取一切可以采取的预防措施，防止因操作不当或者发生事故等原因造成船舶对海洋环境的污染。

1.值班的一般要求

航运公司和船长应当为船舶配备足够的适任船员，以保持安全值班。

船长应当安排合格的船员值班，明确值班船员职责。值班的安排应当符合保证船舶、货物安全及保护海洋环境的要求，并保证值班船员能得到充分休息，防止疲劳值班。

在船长的统一指挥下，值班驾驶员对船舶安全负责。船长应当根据保安等级的要求，安排并保持适当和有效的保安值班。

轮机长应当经船长同意，合理安排轮机值班，保证机舱运行安全。

2.值班安排

船长应当合理安排航行值班船员，以保持连续正规的瞭望。

瞭望人员和舵工的职责应当分开，舵工在操舵时不应当同时担当瞭望人员。在操舵位置四周的视野未被遮挡且没有夜视障碍，不妨碍保持正规瞭望的情况下，舵工可同时担当瞭望人员。

夜间航行时，应当至少有一名值班水手协助驾驶员瞭望。

3.值班保障

航运公司及船长应当采取有效措施防止船员疲劳操作。

除紧急或者超常工作情况外，负责值班的船员以及被指定承担安全、防污染和保安职责的船员的休息时间应当满足以下要求：

(1)任何 24 h 内不少于 10 h;

(2)任何 7 天内不少于 77 h;

(3)任何 24 h 内的休息时间可以分为不超过 2 个时间段,其中 1 个时间段至少要有 6 h,连续休息时间段之间的间隔不应当超过 14 h。

船长按照第(2)、(3)项中的规定安排休息时间时可以有例外,但是任何 7 天内的休息时间不得少于 70 h。

对第(2)项规定的每周休息时间的例外,不应当超过连续 2 周。在船上连续 2 次例外时间的间隔不应当少于该例外持续时间的 2 倍;对第(3)项规定的例外,可以分成不超过 3 个时间段,其中 1 个时间段至少要有 6 h,另外 2 个时间段不应当少于 1 h。连续休息时间间隔不得超过 14 h。例外在任何 7 天时间内不得超过 2 个 24 h 时间段。

紧急集合演习、消防和救生演习,以及国内法律法规、国际公约规定的其他演习,应当以对休息时间的干扰最小且不导致船员疲劳的形式进行。船员处于待命的情况下,因被派去工作而中断了正常休息时间的,应当给予补休。

因船舶、船上人员或者货物出现紧急安全需要,或者为了帮助海上遇险的其他船舶或者人员,船长可以暂停执行休息时间制度,直至情况恢复正常。情况恢复正常后,船长应当根据实际情况尽快安排船员获得充足的补休时间。

船舶应当将船上工作安排表张贴在易见之处。船舶应当对船员的每天休息时间进行记录,并制作由船长或者船长授权的人员和船员本人签注的休息时间记录表并发放给船员本人。

船上工作安排表和休息时间记录表应当参照《国际劳工组织(ILO)和国际海事组织(IMO)编制船员船上工作安排表和船员工作时间或休息时间记录格式指南》,并使用船上工作语言和英语制定。

船员不得酗酒。值班人员在值班前 4 h 内禁止饮酒,且值班期间血液酒精浓度(BAC)不高于 0.05%或呼吸中酒精浓度不高于 0.25 mg/L。

船员不得服用可能导致不能安全值班的药物。航运公司应当制定相应的措施防止船员酗酒和滥用药物。船员履行值班职责或者有关安全、防污染和保安值班职责的能力受到药物或酒精的影响时,不得安排其值班。

二、航行值班

(1)船长应按照公约的要求,结合本船的具体情况和航区的能见度、通航密度等实际情况,确定瞭望等级并安排足够的值班人员。

(2)值班驾驶员、值班水手应严格执行《驾驶台值班规则》《船长常规命令》并保持不间断正规瞭望。

(3)船长根据能见度、通航密度等情况确定采用自动或手动操舵方式,值班驾驶员把转换时间记录在航海日志上。

(4)任何情况下,船长未明确宣布由自己指挥引航前,值班驾驶员仍应负责操纵指挥,不能理解为船长在驾驶台而放弃自己的职责;船长接过指挥权后,值班驾驶员仍应认真瞭望,勤测船位并执行船长指示或布置的工作。

(5)航行中,操舵室的门窗任何时候都不可全部关闭,在能见度不良时,瞭望人员应经常在两翼甲板值守。

(6)夜间航行时,禁止影响正常航行和瞭望的灯光外露。

(7)值班驾驶员应切实执行经船长审核的计划航线、风流压差、主机转速及各种航行指示,不得擅自改动,如有疑问应立即报告船长,除非为了航行安全或避免意外危险。

(8)因航行安全、救助落水者或避免意外危险和防污染需要,值班驾驶员有权采取一切有效手段,包括鸣笛、变向、变速甚至紧急停车,并立即报告船长。

(9)值班驾驶员应严格遵守《国际海上避碰规则》和有关地区的航行规则。

(10)在避让操作时,当本船是让路船时,必须按《国际海上避碰规则》主动避让;当本船是直航船时,不能完全依赖对方,必须充分注意对方行动,必要时应采取有效的措施,避免造成紧迫局面。应主动避让沿海作业渔船。应充分考虑到渔船驾驶员缺少或完全没有经过系统的航海法规方面的培训学习,对《国际海上避碰规则》有不了解或不甚了解的可能。

(11)值班驾驶员应经常观测来船的罗经方位变化,如有碰撞危险,应按《国际海上避碰规则》及早采取大幅度的避让行动,宽让来船,随后还应查核避碰行动的效果,必要时果断减速、停车,甚至倒车。

(12)船长、值班驾驶员应使用《国际海事组织标准航海通信用语》下达车、舵命令;值班驾驶员和舵工应大声和清楚地复述车、舵命令。

(13)值班驾驶员应根据有关的航海图书资料,利用一切可用手段认真核对岸形和各种物标,尤其当物标首次出现时。值班驾驶员因海图作业而必须到海图室且短暂逗留时,在出发前须确认其他值班人员仍在保持有效的瞭望。任何情况下,如无船长或其他驾驶员代替,值班驾驶员不得离开驾驶台。

(14)值班驾驶员应及时阅签航行警告和船长命令,并严格执行船长指示。

(15)值班驾驶员应利用各种助航仪器、天体、陆标等手段正确测定船位,掌握风压、流压对本船的影响,尽可能使船舶保持在计划航线上航行。

(16)值班驾驶员应经常核对陀螺罗经、磁罗经航向,在条件许可时每班至少进行一次罗经差的测算,每次转向后应测算罗经差。

(17)值班驾驶员应经常检查手操舵或自动舵的工作状况。

(18)值班驾驶员应经常检查航行灯、号灯、号型的工作状况。

(19)使用自动舵期间,值班驾驶员每班至少进行一次手操舵转换试验,确保其工作正常。

(20)值班驾驶员应熟练使用船上的助航仪器,并充分了解这些设备在不同环境、天气和海况下的局限性。

(21)在引航员引航时,值班驾驶员应认真监督并执行其有关指令。

(22)每班值班水手都应进行船舶安全防火巡视检查,一般安排在本班交完班后进行,并要求在巡查本上签到。

(23)值班人员若发现烟囱有火星冒出,值班驾驶员应立即通知机舱查明原因并采取相应措施。

(24)值班水手按值班驾驶员的指令履行操舵或瞭望职责。

(25)二副每天正午核对天文钟误差一次,并记录。

(26)二副每天至少早、晚两次抄收气象。受恶劣天气影响时,二副应按船长的要求及时抄收,并主动及时送交船长。

(27)持有全球海上遇险与安全系统操作员证书的驾驶员(适用于已实施驾、通合一的船舶),应保持全球海上遇险与安全系统设备在《无线电规则》及《国际海上人命安全公约》(SOLAS 公约)指定的频率上连续值守。定时检查全球海上遇险与安全系统(GMDSS)的工作情况,处理警报,并按要求填写无线电日志。

(28)航行中每天值 04:00—08:00 班的水手负责驾驶台内外的清洁,到港前应彻底清洁。

(29)船舶在大洋航行时,值班驾驶员应按《大洋航行检查确认表》进行检查确认。

(30)船舶进入沿岸水域航行,值班驾驶员应按《沿海航行检查确认表》进行检查确认。

三、锚泊值班

(1)船长在开敞锚地或底质不佳、周围环境复杂、回旋受限、强风急流、浮冰、能见度不良等情况下,应明确按航行班轮值。

(2)冰区锚泊驾机应备车值航行班,防止海底阀被冰块堵住而造成停电。

(3)值班人员应注意周围锚泊船的情况,尤其是位于上风(或上流)方向锚泊船的动态,密切注意并经常核对其距离和方位有无变化及其变化情况,以防他船走锚危及本船安全。

(4)港作船、交通艇等来靠时,值班人员应在现场守候,备妥靠把,防止碰损或发生意外。

(5)值班人员应注意来泊船的锚位及其回旋圈是否与本船有足够的安全距离,若过近,应鸣笛或用 VHF 警告对方或报告船长处理。

(6)若过往船只或附近锚泊船起锚离泊距本船过近,值班人员应密切注视其动态。若判断对本船有威胁,应以各种信号警告对方。

(7)值班人员应经常巡查船舶周围水域有无污染迹象;发生火警、人落水、船舶进水或溢油等紧急情况时,应立即采取有效安全措施并报告船长。

(8)一旦发生事故,值班人员应立即记下事故发生的时间,对方船的船名、国籍和船籍港,并报告船长。不论是本船或他船走锚,还是在过往船舶距离过近而出现危险局面时,值班人员都应根据不同情况采取各种本船所能采取的措施以避免或减少损失。

(9)值班人员应熟知船舶一旦发生走锚或他船走锚对我船构成威胁情况时的应急措施:

①用汽笛、VHF 或灯光发出警告；

②报告船长；

③去船首松链或加抛另一锚；

④使用碰垫；

⑤通知机舱备车等；

⑥有条件时现场拍照或录像。

(10)值班人员应制止与本船作业无关的船舶傍靠。因业务需要傍靠船舶时，应注意系缆、碰垫和绳梯及其他各种安全措施。

(11)值班人员获悉主机盘车、冲车、试车时应提前检查推进器周围有无小艇或其他障碍物。

(12)在冰区锚泊值班人员特别要警惕走锚、断链、丢锚等事故发生。

(13)锚泊装卸作业时除执行本须知中码头值班的装卸货要求外，还应考虑根据所增加的负荷，适当放长锚链。

(14)值班驾驶员应：

①利用各种物标经常核对船位是否正常，每班使用 2 种以上有效手段对锚位进行校核。

②注意船头调转方向，如锚泊时间较长，又总是朝一个方向调转，应报告船长并在船长或大副的指挥下，每隔 3~4 天将锚链绞放一次或者起锚重抛，以免发生链绞结或链缠锚等情况。

③若锚泊时间较长或船舶因风流而颠簸，应每隔若干天(如 4~5 天)在请示大副后将锚链松(绞)若干链环，使之改变摩擦部位，以防损伤锚链。

④锚泊在河道中更应注意涨落潮时间、流速、水深、底质等因素，如果锚地狭窄，必要时应请示船长、动用主机配合低潮转头，以防搁浅。

⑤在急流区锚泊或遇大风浪天气，应勘测锚位；遇能见度不良，必须认真执行《国际海上避碰规则》的有关规定，鸣放雾笛，必要时安排值班水手打开各层甲板的照明灯并在船首尾敲钟、敲锣。

(15)值班驾驶员应就下列事项进行交代：

①锚位及锚链情况。

②涨落潮和转头时间。

③周围锚泊船的距离、方位及动态。

④信号、号灯的显示情况。

⑤天气情况以及恶劣天气(如能见度不良、大风浪等)提醒注意的问题。

⑥有关装卸业务参照锚泊值班装卸货的要求。

⑦对于傍靠船驳有关安全方面的注意事项。

⑧船长布置的有关工作。

(16)锚泊中值班水手应：

①定时巡视甲板，检查锚链和制链器是否正常。若锚泊在急流区或遇大风浪天气，

每小时至少去一次船首检查锚链和锚机、锚装置的情况。

②在日出、日没前正确升降国旗、挂收锚球、关开锚灯和其他灯;按照船长或驾驶员的指示收降悬挂的号旗、号灯和号型并经常检查其是否正常。

③视交通艇、船舶傍靠情况正确调整舷梯或其他登船梯,以确保上下船人员的安全。

④按“防火巡视路线图”进行防火检查,若发生火情,应立即采取有效的灭火措施并迅速将情况报告值班驾驶员。

⑤戴安全帽、佩戴值班标志,任何时候保持梯口有人值守,做好登船人员的验证和登记工作。

⑥出现各种危险局面时,按值班驾驶员的指令,迅速、正确地采取各种防范措施。

⑦能见度不良时,按照规定打开甲板和上层建筑外部的所有灯,并按值班驾驶员的指示去船首敲钟和船尾敲锣(艉机型小船可在罗经甲板敲锣),注意周围的声、影。

⑧执行值班驾驶员和水手长指派的有关工作。

(17)值班水手应将下列事项向接班水手进行交代:

①锚链及甲板情况;涨落潮和转头时间。

②周围船(包括傍靠船舶)的情况。

③锚球及各种旗号、号灯的显示情况。

④有关装卸方面的情况(参照码头值班装卸货的内容)。

⑤值班驾驶员和水手长交代的有关工作。

四、港口值班

(1)大副根据码头和装卸货情况对值班人员的当值时间做出适当安排,每班时间不得超过6 h,以免值班人员过度疲劳。

(2)如船长认为必要,停泊中也可保持连续的航行值班。

(3)值班人员应经常巡查船舶周围水域有无污染迹象;发生火警、人落水、船舶进水或溢油等紧急情况时,应立即采取有效措施。

(4)值班人员若发现暴风雨、急流等有可能危及船舶系泊安全的情况,应报告船长或大副采取加缆等措施。

(5)值班人员应根据潮汐和装卸情况,及时调整舷梯、系缆使之受力均匀。

(6)值班人员应经常检查和调整挡水板、安全网及碰垫,确保上下人员的安全;检查防鼠挡板的悬挂情况,使之符合规定。

(7)滚装船值班人员要根据船舶与码头的高度差,适时地调整艉跳角度,当超过极限时,应立即停止装卸作业并将艉跳收起;经常注意滚装装备是否正常。

(8)值班人员在有他船系靠本船前后,应在艏艉守望,必要时应采取安全措施。有船并靠,应征得船长的同意,并在双方都无横倾、吊杆和舷外突出物都收进、备妥大型靠把、派人带缆和确保安全的情况下再并靠。港作船、交通艇等来靠时,应在现场守候,防止碰损或发生意外并由值班人员做好记录。

(9)一旦发生事故,值班人员应立即报告船长并记下事故发生的时间,对方船的船名、国籍和船籍港,由值班驾驶员记入航海日志。

(10)值班人员获悉主机盘车、冲车、试车时应提前检查推进器周围有无障碍物,并检查舷梯和缆绳的受力情况。

(11)值班水手携带对讲器按"防火巡视路线图"进行防火检查并签到;若发生火情,应立即采取有效的灭火措施并迅速将情况报告值班驾驶员,由值班驾驶员记入航海日志。

(12)值班水手在日出、日没前正确升降旗,开关灯,收降悬挂的号旗、号灯和号型;值班人员要戴安全帽、佩戴值班标志,任何时候保持梯口有人值守,做好登船人员的验证和登记工作。

(13)值班驾驶员应掌握泊位水深、潮汐和船舶吃水的变化,防止座浅;制止与本船作业无关的船驳傍靠。

(14)值班人员应熟知船舶一旦发生断缆等情况可采取的应急措施:

①加缆或适当松缆,使船身与流平行;

②在条件允许时抛锚;

③备车、舵、推进器;

④用汽笛或 VHF 发出警告,呼叫带缆工人(或派船员自行带缆)、拖船;

⑤请求引航员上船、通知代理等。

(15)装卸货

①值班驾驶员按照积载计划和大副的要求,随时掌握装卸进度,认真记录作业时间及舱口数和工班数,发现有未按计划及要求进行作业时,及时向装卸负责人提出并向大副汇报。

②值班驾驶员与装卸领班保持密切联系,解决装卸中出现的问题。尽量保持船体平稳,督促工人做好货物的铺垫、码垛、绑扎和隔票等工作,对贵重货物应特别注意,必要时亲自监督。

③值班人员应禁止工人在舱内吸烟和违章作业。如果发生由于违章作业损坏船体、设备、属具,值班驾驶员应现场要求港方签认并报告大副。

④值班人员应密切注意天气变化,及时开关舱,防止货物被雨淋湿。每次开舱后都应挂妥舱盖保险钩。

⑤值班人员要严格按吊货设备操作规程对吊货设备进行调整,经常检查吊货设备及属具、索具是否正常,发现问题及时处理。

⑥值班驾驶员每天早晨在工人换班以及装卸货完毕、加完油水、抵离港、过运河前均应查看水尺并记入航海日志。

⑦值班人员应经常巡视并下货舱督促检查装卸情况。

⑧值班人员装卸货完毕关舱前,应查看货物堆垛及进行防火检查。

⑨值班水手按时收放货舱照明灯,经常整理甲板索具,保持通道安全。

任务三

船舶操纵认知

船舶操纵是船舶驾驶员根据船舶操纵性能和风、浪、流等客观条件，按照有关法规的要求，正确运用操纵设备，使船舶按照驾驶员的意图保持或改变船舶水平运动状态的操作。船舶操纵使用的设备主要包含操舵设备、车钟、锚设备与系缆设备等。

一、操舵设备

(一)舵设备的组成

舵设备是船舶在航行中保持和改变航向及做旋回运动的主要工具。它是由舵装置、转舵装置、舵机、操舵装置的控制装置及其他附属装置组成的。舵手转动舵轮或扳动操舵手柄(或应急装置)，启动机械(液压或电力操舵装置)即可控制舵机正转、反转及停止。转舵装置又称传动装置，其作用是把舵机的动力传到舵轴，驱动舵叶转动。舵机和转舵装置又统称为操舵装置，均装于船尾舵机舱内。

舵设备的各组成部分应能在规定的时间内将舵转动，限制舵的转动角度，将舵可靠地停止在限制舵角内的任何位置上，也应能从驾驶室监视舵位，同时还应能迅速地由主操舵装置转换为备用或应急操舵装置。某船操舵装置如图 3-11 所示。

(二)操舵装置的分类

操舵装置是使舵能够转动的装置，一般多设于艉尖舱平台甲板上。操舵装置按照规范的规定，又分为主操舵装置和辅助操舵装置。主操舵装置是指在正常航行情况下为驾驶船舶而使舵产生动作所必需的机械、转舵机构、舵机装置动力设备(如设有)及其附属设备，以及向舵杆施加转矩的部件(如舵柄及舵扇)。辅助操舵装置是指在主操舵装置失效时，驾驶船舶所必需的设备(这些装置不应属于主操舵装置的任何部分，但可共用其中的舵柄、舵扇或作同样用途的部件)。船舶要求设有两套操舵装置，一套是主操舵装置，另一套是辅助操舵装置。现在较大船舶的主操舵装置一般都有两套相同的动力设备，并且使用其中一套动力就能满足操舵要求，所以可不设辅助操舵装置。

操舵装置的种类和形式较多，规范要求也比较严格。目前，海船常用的操舵装置有电动操舵装置和液压操舵装置两种。

图 3-11　某船操舵装置

(三)操舵装置的基本要求

1.对船舶的要求

如果设置一套主操舵装置和一套辅助操舵装置,对两套操舵装置的布置,应满足当它们中的一套失效时不致使另一套失灵。

2.对主操舵装置和舵杆的要求

(1)具有足够的强度并能在最大营运前进航速时进行操舵,使舵自任一舷的 35°转至另一舷的 35°,并且于相同条件下自一舷的 35°转至另一舷的 30°所需的时间不超过 28 s。

(2)为了满足上款(1)的要求,当舵柄处的舵杆直径(不包括航行冰区的加强)大于 120 mm 时,该操舵装置应为动力操作装置。

(3)设计成船舶最大后退速度(即船舶在最大航海吃水情况下用设计的最大后退功率估计能达到的速度)时不致损坏。但这一设计要求不需要在试航中的最大后退速度和最大舵角时进行验证。

3.对辅助操舵装置的要求

(1)具有足够的强度,足以在可驾驶的航速下操纵船舶,并能在紧急时迅速投入工作。

(2)能在最大营运前进航速的一半但不小于 7 kn 时进行操舵,使舵自一舷的 15°转至另一舷的 15°,但所需时间不超过 60 s。

(3)为了满足上款(2)的要求,在任何情况下,当舵柄的舵杆直径(不包括航行冰区的加强)大于 230 mm 时,该操舵装置应为动力操作装置。

(4)人力操舵装置只有当其操作力在正常情况下不超过 160 N 时方允许装船使用。

舵机是船舶最重要的操纵设备之一,配备符合要求的操舵装置可以使船舶拥有良好的操纵性能。船员熟悉操舵装置及其控制系统的工作原理、配电要求、监测和报警等,可以更规范地操纵舵机,对舵机故障的应急处置也会更加得心应手,从而有助于降低海上事故发生的可能性及损失程度。

二、车钟

船舶车钟(Engine telegraph)是发出控制命令的机器,并不能直接控制船舶的航行速度,是驾驶台与机舱联系用车的一种最重要的手段,如图 3-12 所示。

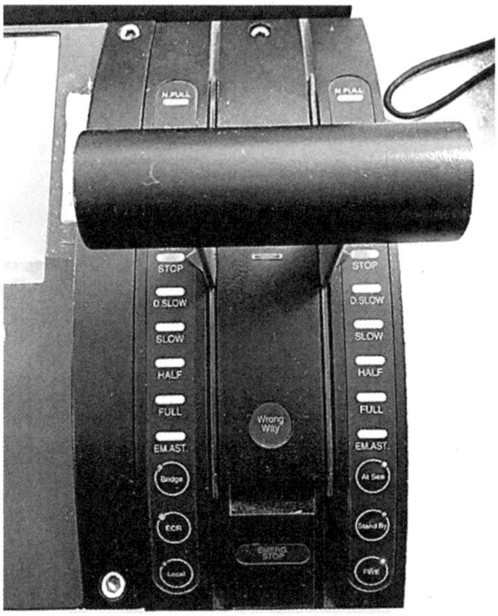

图 3-12　船舶车钟

(一)车钟令数量(单车)

一般来说,船舶车钟有微速进(DEAD SLOW AHEAD)、前进一(SLOW AHEAD)、前进二(HALF AHEAD)、前进三(FULL AHEAD)、停车(STOP)、微速退(DEAD SLOW ASTERN)、后退一(SLOW ASTERN)、后退二(HALF ASTERN)、后退三(FULL ASTERN)等九种车钟令。

航行途中,一般将其置于“前进三”挡位,也就是通常所说的全速前进。通常只有当船靠离港、在狭水道航行、上下引航员和抛锚时,才会改变车钟。

(二)车钟令操作

当指令员(船长或引航员)下达车钟令的时候,驾驶员首先要做的是准确无误地复诵指令员的命令,然后去操作车钟,待主机转速达到指令员要求的车钟令时,再将车钟令报告给指令员。车钟令操作表如表 3-1 所示。这样的操作程序可以准确、高效地传达指令,避免驾驶员因错听车钟令而盲目操作。

表 3-1　车钟令操作表

口令(指令员)	复诵(驾驶员)	报告(驾驶员)
DEAD SLOW AHEAD	Dead slow ahead	Engine dead slow ahead
SLOW AHEAD	Slow ahead	Engine slow ahead
HALF AHEAD	Half ahead	Engine half ahead
FULL AHEAD	Full ahead	Engine full ahead
STOP ENGINE	Stop engine	Engine stop
DEAD SLOW ASTERN	Dead slow astern	Engine dead slow astern
SLOW ASTERN	Slow astern	Engine slow astern
HALF ASTERN	Half astern	Engine half astern
FULL ASTERN	Full astern	Engine full astern

当驾驶员将车钟令推到指定的命令时:如果是驾驶台控制主机(俗称"驾控"),那么车钟令会直接将这个指令传达给主机,以改变主机转动螺旋桨的转数,从而达到调整船舶速度的目的;如果是集控室控制主机(俗称"机控"),驾驶台的指令会先传达到集控室的设备,然后由机舱的操作人员将车钟令给到主机,从而改变船舶的速度。

根据 SOLAS 公约的相关要求,机器处所或通常控制发动机的控制室与驾驶室之间,至少应设置 2 套独立的通信设施,其中 1 套应为机器处所和驾驶室均能直接显示指令和回令的车钟,其他能控制发动机的任何处所也应配备适当的通信设施。

三、锚设备与系缆设备

(一)锚设备

1.锚设备的作用

船舶在装卸货物、避风、等泊位、检疫及候潮等情况下都需要在锚地抛锚停泊,锚设备的配置就是为了使船舶在锚泊时能产生足够的锚泊力,以保持船位不变。此外,锚也是船舶操纵的辅助设备,如在靠离码头、系离浮筒、在狭水道掉头时和在紧急情况下减刹船速等往往都要用到锚。

2.锚设备的组成与布置

锚设备由锚、锚链、锚链筒、制链器、锚机、锚链管、锚链舱和弃链器等几部分组成,如图 3-13 所示。

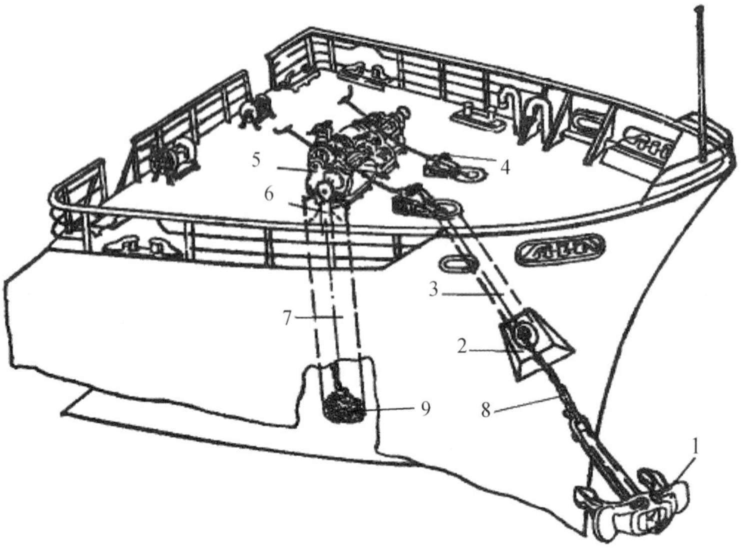

图 3-13 锚设备

1—锚;2—锚穴;3—锚链筒;4—制链器;5—锚机;6—锚链管;7—锚链舱;8—锚链;9—弃链器

(1)锚的种类

锚的种类很多,按结构和用途可分为无杆锚、有杆锚、大抓力锚、特种锚等。

有杆锚也叫海军锚。其锚干和锚爪为一浇铸整体,锚爪不会转动。其特点是结构简单,抓重比大。

无杆锚又称山字锚,常见的有霍尔锚、斯贝克锚和尾翼式锚。其中,尾翼式锚是我国研制的新型无杆锚,具有助抓突角宽厚,锚头重心低,入土阻力小,稳定性好,抗浪击,自洁性好等优点。无杆锚的性能优于有杆锚,无杆锚已广泛使用。其特点是:使用方便,锚干可收进锚链筒内,所以宜于作首锚,抓重比较小,一般抓力为锚重的 2~4 倍。普通无杆锚的锚头质量,包括梢子与转轴在内,应不小于该锚总质量的 60%。船舶使用的船锚如图 3-14 所示。

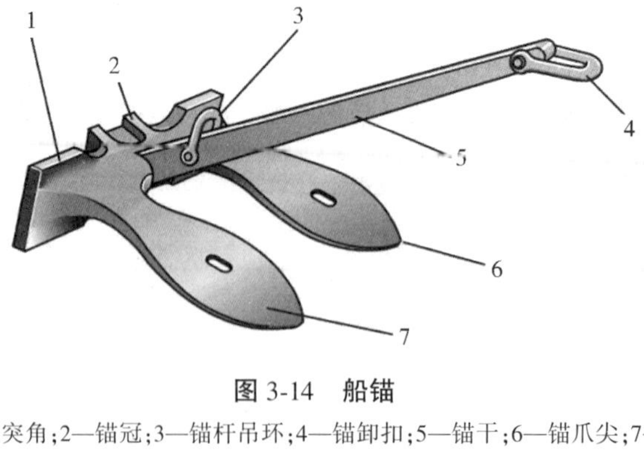

图 3-14 船锚

1—助抓突角;2—锚冠;3—锚杆吊环;4—锚卸扣;5—锚干;6—锚爪尖;7—锚爪

（2）锚链

锚链是连接锚和船体之间的链条，用来传递和缓冲船舶所受的外力。锚链由普通链环、连接链环、连接卸扣、转环等组成。

锚链按结构分为有档和无档两种，有档链的抗拉强度大，船上一般均采用有档链的锚环。锚链的大小是以普通链环的直径 d 来表示的。普通链环的直径是衡量锚链强度的标准。链的长度以节为单位，整条锚链由若干节链连接而成，国际上通用的每节标准锚链长度为 27.5 m。

抛起锚时，为了能迅速识别锚链在水中的节数，在每节锚链上必须做上明显的标记。其方法如下：在第 1 节与第 2 节之间的连接链环（或卸扣）前后第 1 个有档链的横档上各绕以金属丝，并涂以白漆，连接链环涂红漆，以表示第 1 节；在第 2 节与第 3 节之间的连接链环（或卸扣）前后第 2 个有档链的横档上各绕以金属丝，并涂以白漆，连接链环仍涂以红漆，以表示第 2 节；以此类推至第 5 节与第 6 节之间。从第 6 节开始又按第 1 节同样的方法重复标记，最后 1~2 节可涂红漆或黄漆等醒目的标记，作为锚链将全部抛出的危险警告；在锚端链节上也涂以白漆，作为起锚时了解锚即将出水以及锚干即将进入锚链筒的标记，以便放慢起锚速度，避免撞坏船壳或锚链筒。

（3）锚链筒

锚链筒是锚链进出以及收藏锚干的孔道，其直径约为链径的 10 倍。锚链筒由甲板链孔、舷边链孔和筒体三部分组成。锚链筒的上、下口一般均设有锚唇，其作用是减少锚链与上、下口的磨损。筒体内设有冲水装置，用于在起锚时冲洗锚和锚链。在甲板链孔处设有防浪盖，以防止海水从锚链筒涌上甲板，还可以保证工作人员的安全。有的船在甲板链孔处设有导链滚轮，以减轻锚链与甲板链孔的摩擦。

有些低干舷船与快速船为了减小由锚引起的水与空气的阻力，及减少锚体击水引起水花飞溅，在舷边链孔处做成能收藏锚冠及锚爪的锚穴，其形状有方形、圆形、伞形等。

锚链筒的位置和尺寸应能满足：收锚时使锚爪紧贴船壳，锚干连同转环一起留在锚链筒内，抛锚时使锚干易于脱出锚链筒。此外，锚链筒的下口应离满载水线有一定距离，以减少航行时首波对锚体的冲击。锚链筒的位置距船舶中线面有适当距离，以免起锚时锚爪卡在艏柱上。

（4）制链器

制链器设置在锚机和锚连筒之间，用于固定锚链，防止锚链滑出。锚泊时，制链器将锚和锚链产生的拉力传递至船体，减轻锚机的负荷以保护锚机；航行时，制链器承受锚的重力和惯性力。

（5）锚机

锚机为抛锚、起锚的机械，其上的滚筒可作绞缆用。

锚机是抛锚、起锚，以及绞收缆绳的机械装置。锚机的链轮轴成水平布置的叫卧式锚机，是一般商船采用的锚机。按动力，锚机分为电动锚机、液压锚机和蒸汽锚机三种。

①电动锚机（Electric windlass）的动力源是电动机。减速箱的变速引起小齿轮传动，小齿轮又带动大齿轮，从而使载荷轴转动。载荷轴上有链轮，大齿轮与小齿轮的啮合和

脱开由离合器控制,从而控制链轮的转动。当离合器脱开时,主轴和卷筒转动而链轮不转,可作抛锚或绞缆之用;当离合器合上时,可断开卷筒离合器,仅使链轮转动,可作起锚或送锚之用。

②液压锚机(Hydraulic windlass)即电动液压锚机,其工作原理与电动锚机相似,由电动机带动液压泵,驱动油马达,然后经过减速器(或不)使锚机运转。其操作平稳,变速性能好。

③蒸汽锚机由蒸汽机带动,经过曲轴由齿轮带动滚筒轴运转,再借由离合器带动链轮运转。目前,蒸汽锚机已较少使用,但大型油船基于防爆要求,仍在使用。

(6)锚链管

锚链管是锚链进出锚链舱的孔道,位于锚机链轮下方,正对锚链舱中央,其直径为锚链直径的7~8倍。它的上口设有防水盖,该防水盖开航后应关闭,以防海水由此进入锚链舱。

(7)锚链舱

锚链舱是存放锚链的舱室,一般设在防撞舱壁之前、锚机下面、艏尖舱的后上部。其形状为圆形或方形。圆形锚链舱直径约为链径的30倍,故可不必排链。左、右锚链舱是分开的,内部设木衬板和舱底花铁板,并设有污水井和排水管系,用泵排出积水,以防止锚链过度锈蚀。舱壁上开有人孔及壁梯,供人员进出锚链舱。

(8)弃链器

末端链节的末端链环套在弃链器上,弃链器是在紧急情况下使锚链末端迅速与船体脱开的装置。其控制装置一般装设在锚链舱外部人员易于到达的地方,应保证在紧急情况下能迅速可靠地脱开锚链。常见的弃链器有横闩式弃链器和螺旋式弃链器等。

(二)系缆设备

1.系缆设备的作用

系缆设备又称系泊设备,其主要作用是带缆、绞缆,以保证船舶能够停靠码头、系带浮筒、傍靠他船、进出船坞、进行顶推作业等。

2.系缆设备的组成与布置

系缆设备主要由系船缆、挽缆装置(系缆桩)、导缆装置、绞缆机、缆车及附属用具等组成。图3-15所示为大型船舶船首系泊设备布置图。

(1)系船缆

系船缆又称船舶缆绳,简称系缆,是指用于将船舶系固于码头、浮筒、他船或拖带时的绳索,是船舶系泊设备的主要组成部分。目前,船舶常用的系船缆有纤维缆绳和钢丝缆绳两种。

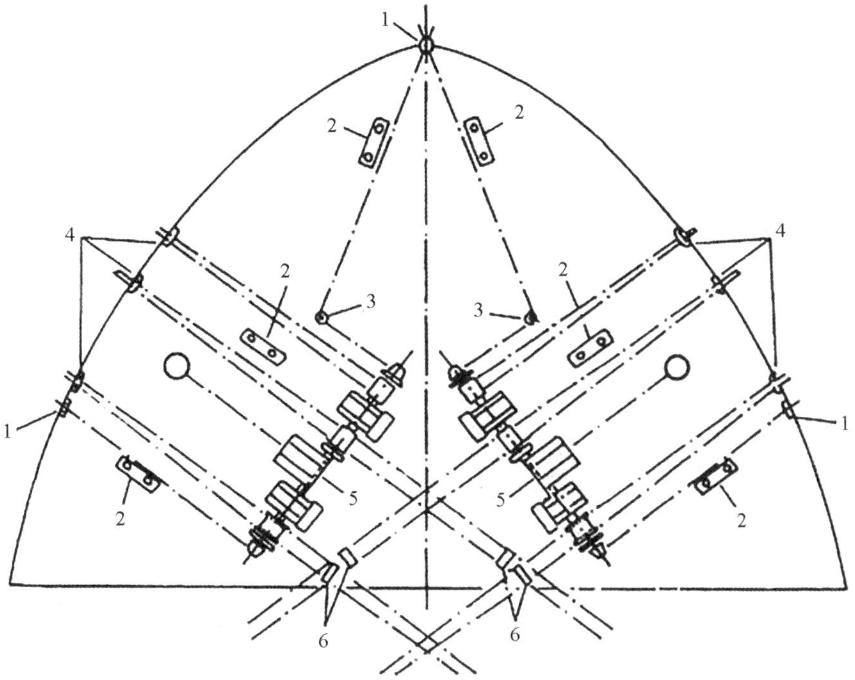

图 3-15　大型船舶船首系泊设备布置图

1—导缆孔;2—系缆桩;3—基座导缆器;4—万向导缆孔;5—锚机;6—导向滚轮

(2)挽缆装置(系缆桩)

为在靠泊和拖带作业时固定缆绳的一端,在艏楼甲板、艉楼甲板和船中部甲板等部位左、右两舷各设有挽缆用的系缆桩。系缆桩的受力很大,因此要求基座必须十分牢固,系缆桩附近的甲板均需加强。

(3)导缆装置

为了使缆绳按一定方向,从舷内通向舷外引至码头或其他系缆地点,限制其位置,并尽量减少缆绳与舷边的磨损,避免因急剧弯折而增大所受应力,在艏部、艉部及两舷都设有导缆装置。常见的导缆装置有导缆孔、滚柱导缆器、滚轮导缆器、导缆钳、导向滚轮、转动导缆器。

(4)绞缆机

绞缆机也称系缆绞车,主要用于船舶靠离码头、与他船并靠及移泊时收绞缆绳。一般船舶的船首不单独设置绞缆机,由锚机兼用,但现在一些大型船舶在船首亦专设系缆绞车;船中的缆绳一般由起货机副卷筒收绞,一些大型船舶在船中也设置系缆绞车;在船尾甲板单独设置系缆绞车或系缆绞盘。

(5)缆车及附属用具

用来卷存缆绳的装置称为系缆卷车,简称缆车。凡是用钢丝绳作系船缆的船舶都配有专用的缆车,用来卷存钢丝绳。纤维缆绳不用时一般收藏在舱内或专用箱子内,或盘好放在木格板上并绑扎好,有的船舶也使用缆车来存放纤维缆绳,带缆前将纤维缆绳松出并有序地平铺在甲板上以便能立即投入使用。

附属用具主要有制缆索、撇缆绳、撇缆器、碰垫、防鼠板等。

四、船舶大风浪操纵

船舶在大风浪中航行时,不论波向角如何,都会给船舶带来危险局面。因此,必须采取有效措施,减轻船舶的摇摆,缓解波浪的冲击,以等待海况好转,或采取积极手段,尽早驶离大风浪海区。

(一)大风浪来临前的一般准备工作

航行中的船舶应经常保持良好的适航状态,根据预报,在可能有大风浪来临之前全面检查并进一步保证做好下列准备工作。

1.确保船舶水密,不留进水的任何后患

(1)检查甲板各开口处封闭设施的水密性;

(2)关闭通风口,并加盖防水布;

(3)关闭舷窗和天窗,盖上铁盖,并将各螺栓旋紧;

(4)盖好锚链管孔,防止海水灌入锚链舱。

2.确保排水畅通

(1)检查排水管系、抽水机、分路阀等,使之处于良好状态;

(2)甲板舷墙处各排水孔道应保持畅通。

3.确保船舶稳性,做好固定和压载工作

(1)起吊设备、锚、救生艇筏、舷梯以及一切未予固定或绑牢的甲板物件均应绑牢固定;

(2)各水舱及燃油舱应尽可能注满或抽空,以减少自由液面;

(3)空载船应打入压载水,做好调整吃水和吃水差的工作。

4.做好应急准备

(1)检查驾驶室与机舱、船首、舵机室的通信联系的有效性,并保证其畅通无阻;

(2)检查天线、舵设备、应急电机等,确保其处于良好状态;

(3)保证消防和堵漏设备随时可用;

(4)保证人身安全,如拉扶手绳、甲板铺砂等;

(5)加强全船巡视检查,及时测定并记录各液舱的情况。

(二)大风浪中的船舶操纵

在大风浪中航行时,应根据本船的船型、稳性、吃水、货载和海域等具体情况,采取不同的操纵措施,减轻船舶的横摇,缓和波浪的冲击,以等待海面恢复平静,或采取积极手段尽早驶离大风浪海区。

1.漂滞

船舶主机停止随风浪漂流的状态,称为漂滞。从动力学上讲,漂滞时波浪对船体的作用力大为减小,甲板上浪不多。但是,严格来讲,漂滞不是一种操纵方法,它是船舶的一种被动漂浮状态。在大风浪中,只要主机和舵机不出现故障,极少采用主动停车进行漂滞的操纵方法。如前所述,主动停车将使船舶在波浪中处于失控状态,船舶极易处于横浪状态,很难预料将会发生的危险情况,历史上也有船舶在大风浪中失去动力而倾覆沉没的事故发生。

因此,船舶一般不主动采取漂滞。但船体老旧的船舶,为减少波浪对船体的冲击,应主动采取漂滞的操船法。不得不采用此操船法时,应保证船舶具有良好的水密性和较大的复原力矩。

2.顺浪航行

如果在航线上遭遇顺浪或偏顺浪(波向角为120°~240°),则可采用顺浪方法,即以船尾部受浪前进的方法。顺浪航行时,波浪与船的相对速度较小,可以大大减轻波浪对船体的冲击。滞航中经不起波浪侵袭的船舶,可改用顺浪航行。顺浪航行的船舶可以保持相当的速度,有利于摆脱大风浪海域或台风中心。

当遇到顺浪航行的危险情况时,应果断地减速或小量地调整航向,并选择船尾方向1~2个罗经点(波向角为160°~170°或190°~200°)的受浪角航行。尾突出、舵面积较小的船,在顺浪中不易保持航向,可通过在船尾拖曳其他物件(如大缆等)来提高保向性。

3.滞航

如果船舶在顶浪航行时经不起波浪冲击,则可采用滞航方法,即以能保持航向的最低船速将风浪放在船首2~3个罗经点(波向角为20°~30°)的方位上迎浪(或顶浪)前进的方法。这时的船舶实际上是处于缓进或不进,甚至是微退的状态,而随着风向的改变需将航向不断地进行调整。

这种方法可以缓解波浪对船舶的冲击和甲板上浪,使船滞留在原地附近,以等待海况的好转。下风侧海域不大充裕、船长较长、船舶干舷较高的船采用此法较为有利;大风浪中为放救生艇可采用此操船法。滞航中要根据风浪的情况选择最佳的风浪舷角,以减轻船舶的摇摆幅度,并根据风浪的变化及时调整航速,保证有足够的舵效,以免船舶"打横"。

4."Z"字航法

如果在航线上遭遇顶浪或偏顶浪,则可采用"Z"字航法。顶浪或偏顶浪航行时,波浪与船的相对速度较大,波浪会对船体造成较大的冲击,严重时,还会造成大幅度横摇、甲板大量上浪以及拍底、螺旋桨空转等。顶浪航行一般要降低船速和调整航向,以减轻摇摆幅度。

"Z"字航法在实践中证明是行之有效的,即通过适当调整船速,以船首一舷10°~30°

的受浪角航行一段距离后再改为以船首另一舷10°~30°的受浪角的航行方法。其中航向和船速的调整以减小船舶摇摆幅度为准。“Z”字航法既可以保证一定的航速,又可以减轻船舶的摇摆幅度。它适用于耐波性较好的中大型船舶,特别是大型集装箱船舶。对于小型船舶或经不起波浪冲击的船舶,宜改用漂滞方法。

在遭遇大风浪前,船长应及时抄收天气预报、气象报告、气象传真等气象资料,根据获取的气象信息,科学分析航行区域当时的天气情况和大势,必要时申请公司岸基支持和协助,采取有效、安全的操纵方法,确保人员、船舶和货物的安全。

项目四

货物装卸和配积载

任务一

船舶货物配积载与装卸认知

船舶货物配载,是指船公司或其代理人根据发货人提交的货物托运申请,为所属或所代理船舶安排具体航次货载的一项业务。即从汇总的货物托运申请中,为某船的具体航次选定合适的货种和数量,确定船舶挂靠港顺序,并将这些内容编制成装货清单下达给船舶,作为积载的主要依据。

在船舶货物运输中,积载不当是导致货运事故的主要原因。积载不当主要包括货物的货位或舱位选择不当、堆码不当、搭配不当、衬垫和隔票不当等。因此,为保证船舶的货运安全,货物配积载工作显得尤为重要。

货物计划配载图和实际积载图是不同的。为了更好地完成船舶货运工作,船舶在每个航次开始前都要根据装货清单和船舶性能编制一个详细的货物装载计划,这个计划叫货物计划配载图。然后港口装卸公司按照船舶实际装载货物的情况编制出实配图,即实际积载图。安全、优质、快速、经济是对船舶货物配载的基本要求。

一、货物配载

(一)配载原则

(1)尽力体现船公司安全、优质、及时的服务宗旨,做到急需物资、重点物资优先运输;

(2)保证船舶的货运条件适应选配货物对运输的要求;

(3)轻重货物合理搭配,充分利用船舶净载重量和载货容积;

(4)能满足装卸港口当地的有关法规、规章、作业条件和习惯等要求,尽力缩短船舶在港停泊时间,减少一些港口使费的支出(可通过减少港内移泊或选择配有重吊的船舶承运重大件货物等来实现)。

(二)配载计划编制的步骤

(1)核定航次货运任务与船舶载货能力是否适应;

(2)确定航次货重在各货舱、各层舱的分配控制数;

(3)确定货物的舱位和货位;

(4)对初配方案进行全面核查;

(5)核查和调整船舶的稳性、纵向受力和吃水差;

(6)绘制正式配载图。

二、杂货船货物配载

杂货船是干散货船的一种,是装载包装、袋装、箱装和桶装的普通货物船,其货物包括车辆、工程机械、钢材、施工设备等。不同货物的配积载方式也各不相同。一般情况下,杂货船通过以下六个步骤来编制配积载计划。

(1)航次货运任务与船舶载货能力的适应性分析:其目的主要是从船舶载货能力(包括载货重量能力、容量能力及特殊载货能力等)方面校核船舶是否能满足货运任务要求。

(2)确定各货舱、各层舱的航次配重:为满足船舶稳性、船舶强度条件和吃水差的要求,需确定本航次货重在船上各个舱室的分配控制数,即各舱装货重量上下限允许范围。

(3)确定航次货物配舱:需利用配载图草图,将各票货物正确安排到合适的舱位和货位,以保证货物的运输安全和质量。

(4)全面核查初配方案:在完成初配方案后须对其进行全面核查,以确保该方案正确无误。

(5)船舶吃水差、纵向受力和稳性的核查与调整:根据初配方案的结果,对船舶离始发港、到/离中途港及到达终点港等状态下的船舶吃水、吃水差、纵强度及稳性等进行核算,以验证其是否满足要求。

（6）绘制正式配载图：对上述初配方案进行校核、调整，在满足各项要求后，可根据配载图草图的初配方案绘制正式积载图。

杂货船配积载计划的编制是一项极为细致、复杂，而又直接影响船舶安全、货物运输质量及船舶营运效率的重要工作。为确保船舶适航、适货，杂货船的船长、大副应具备扎实的理论基础和丰富的船舶配积载经验，为降低船舶货运事故风险提供有效保障。

三、液货船配载及装卸货操作

液货船主要包括油船、化学品船、液化天然气船、液化石油气船等船型。由于特殊的船舶结构、货物种类、操作程序，液货船货物配积载和装卸货与普通散杂货船差异巨大。

液货船上应装备有经船级社认可的配载仪。配载仪能够在作业前预评估各种装载情况下的船舶状态，也能及时方便地帮助船舶监控在作业过程中的各种状态，包括船舶的强度、前后吃水、稳性等数据，这样能够快速地检测出船舶的状态是否安全。在装卸作业前，大副应根据航次命令和船上油水等情况，在配载仪上做一个预计算，评估其安全性。在作业过程中，特别是货物、压载水等有显著变化时，大副和值班驾驶员应该认真负责地监控船舶状况。为了安全和减少船上人员的工作量，对于大于10 000载重吨的船舶应在不大于2 h的时间间隔内至少计算一次，对于小于10 000载重吨的船舶应在不大于4 h的时间间隔内至少计算一次。在作业完成后，大副也应根据各舱室的实际配货情况、压载水情况、油水情况在配载仪上做一个开航前的计算。上述所有的计算结果应保存在配载仪内或打印出来存档。

为了保证配载仪在实际使用中能够正常、准确地工作，大副应该根据配载仪手册及公司相关文件的规定，对配载仪进行周期性的完整测试，时间间隔不超过3个月。配载仪手册中会有经船级社认可的需要测试的各种装载状态和测试方法。大副只需依据手册的说明输入各种装载状态的参数，就能得出测试结果，并要仔细将该测试结果与手册上的结果进行比对。一般来说，两者应该几乎没有差异，如果两者存在较大差异，又不是人为输入错误，要及时报告公司解决。测试的结果要打印出来，存档备查，这有利于在实际使用中进行核对。

（一）装货流程

1.装货开始

（1）通知岸方开始泵货，并要求以较低速率进行。应检查以下项目：液货舱选择，包括非预定装货的液货舱也要检查，防止阀门开错；液货软管或吊臂的工况；船员生活区、机舱和泵舱内的液货气体浓度；海面有无化学品痕迹；检查透气系统是否处于正常状态。

（2）上述检查完毕后，大副可通知岸方提高装货速率，直至正常为止。当达到预定的装货压力时，还应按上述步骤进行逐项检查，以防止因压力提高而可能出现的任何问题。

（3）在进行装货作业时，大副是船上的总指挥。其具体操作由其他驾驶员和值班水手来完成。

2.装货期间

(1)在正常的装载期间,作业应由值班驾驶员和水手按照大副制订的装货计划进行。

(2)进行必要的排压载水工作。做这项工作时应避免出现不必要的纵倾和横倾,并力争将水排尽,尤其是在满载的情况下,这一点尤为重要。

(3)注意各舱空当上升情况,值班驾驶员必须对当时的装货速率、各舱装货种类、预定装卸的数量和相应的空当、已装数量和空当高度以及船体正浮情况、吃水情况等做到心中有数。对装货有任何怀疑时,应随时向大副汇报。

(4)值班驾驶员应与岸方负责人员保持有效的通信联系。当发生任何应急情况时,应立即通知岸上停止装货,并采取其他有效的安全措施。

(5)有时岸方可能发生装错货物品种的事故。因此,有时会在装货开始不久,要求测定货物的比重和温度,并与岸上提供的数据相对照,如有怀疑,应停止装货,直到弄清楚为止。

3.平舱作业

(1)作为装载的最后阶段,平舱是最为繁忙而又必须谨慎进行的作业,一旦粗心,就可能会酿成大的污染事故。

(2)值班驾驶员应清楚各舱留出的空当。通常在大副制订的装货计划中会明确地写出各舱留出的空当。在即将进行平舱作业之前,值班驾驶员首先要做的是通知岸方降低装货速率,并关闭其他货舱阀门留待平舱,然后逐一对货舱进行平舱作业。在一般装载即将到达规定的空当高度时,应谨慎地进行阀门操作,即先打开下个预定要进行平舱作业的液货舱阀门,然后关闭到了空当高度的满舱液货舱的阀门。如果是手动阀门,还应提前一段时间关闭。

(3)在装载两种以上货物的情况下,应避免出现几种货物同时满舱而来不及处理的局面。所采取的措施可以是保留一种货物装载平舱,而其他货物暂时停止装载,待第一种货物装载达到空当后,再进行第二种、第三种货物的装载平舱尾工作。

(二)卸货流程

1.卸货开始

(1)完成安全检查、货物计量工作以后,大副制订卸载作业计划,值班驾驶员按此计划进行卸货作业。

(2)首先按照要求做好准备工作,然后开/关妥当有关阀门,最后通知机舱气动货泵开始卸货。

(3)泵启动正常后,大副或值班驾驶员应确认有关阀门处在开启/关闭的正常状态。首先开启一个液货舱的吸入阀进行卸货,待船上建立正压后再缓慢打开排出阀,这时船岸双方检查管系阀门是否发生渗漏,待一切正常后,方可增加泵转速,并同时打开旁通回流阀,防止因泵转速增加而导致压力过大。待泵达到所需的转速时,根据港方管线的受货能力,注视压力表,调节回流阀至所需压力。

(4)需多台泵同时工作时,必须分别启动,待一台泵正常运转后再启动下一台泵。

(5)如果由于管路破损或错误操作阀门等致使发生向舷外溢液的事故,则应迅速使用应急手柄,马上使泵停止运转。还要注意,若此时正在压水,则在停泵的同时,还需将海底阀迅速关闭。

(6)卸货时应注意船舶的纵倾、横倾,并注意输液软管或吊臂及系缆的受力情况,一般当液货舱内液位高度只剩30~50 cm时,应通知机舱开启扫舱泵进行扫舱,并通知港口值班人员。扫舱结束后如需顶水,则应开启有关阀门,以便剩余化学品流通。最后拆管并关闭所有阀门。

2.液舱测量和货物取样

用安装在各舱的封闭式液位器测量液位。通过货舱口或测深管测量液位或取样时应注意:戴上防毒面具、防护眼镜、手套,穿上防护服和高筒靴;不要使用合成纤维的测量杆、卷尺或取样工具;人的站立方向和风向保持90°;测液位或取样前,应释放货舱内的压力;为避免在可燃气体中引起火花,在货物可能带有静电时,应使用金属量尺、测深杆或取样工具进行测量或取样;应在规定舱口进行测量或取样,当操作完成后,要立刻关好舱盖;如货舱中装有丙烯腈、苯胺、发烟硫酸、氯醇物和苯酚等,则不能使用测深管测量或取样,而应进行封闭式测量或取样;当装卸其他货种(不包括上述货种)需要精确测量,封闭式取样仪或液位器又失灵时,可使用测深管来测液位或取样。

四、集装箱装卸

集装箱多采用岸上集装箱装卸桥进行装卸,如图4-1所示,对于配备起重设备的船舶,也可以用船上的起重设备进行装卸。

图4-1　集装箱装卸桥装卸集装箱

五、散装货物装卸

散装货物的装卸多采用抓斗,有些散装货物的装卸有时也可采用传送带装置,如图 4-2 所示。

图 4-2　利用专用装船机卸煤炭

六、车辆运输

车辆多用滚装船进行运输,车辆的装卸是指利用车辆自身的行驶能力直接开上或开下滚装船的方法。滚装船装载车辆如图 4-3 所示。

图 4-3　滚装船装载车辆

任务二

船舶压载水操作程序认知

一、压载水

压载水系指为控制船舶纵倾、横倾、吃水、稳性或应力而加装到船上的水及悬浮物质。在船舶航行过程中,压载水可以使船舶在空载时保持一定深度的吃水;在船舶载货的状态下,也可以用压载水在各压载舱之间压载来调节确定一定的吃水差,保证船舶在特定的水域中顺利、安全航行。

1.压载水的作用

压载水的作用是调整船舶吃水、保持船舶稳性、保证船体强度安全,防止船舶压载舱部位过度受力变形并引起其他相关部位损坏。

2.压载水管理

压载水管理(BWM)系指用机械的、物理的、化学的、生物的处理方法,单独或合并使用以清除、钝化、避免加装或排放压载水和沉积物中的有害水生物和病原体。根据《压载水管理公约》的相关要求,船舶压载水的管理方式主要有两种,即压载水置换和压载水处理。

3.压载水管理系统

压载水管理系统(BWMS)系指用于处理压载水使其满足或者超过《压载水管理公约》D-2 条规定的压载水性能标准的任何系统,如图 4-4 所示。BWMS 包括压载水处理设备、所有相关控制设备、生产厂家指定的管系布置、控制和监控设备以及取样设施。

4.压载水管理计划

压载水管理计划(BWMP)系指《2004 年国际船舶压载水和沉积物控制和管理公约》B-1 条所述的说明每艘船上实施的压载水管理过程和程序的文件。

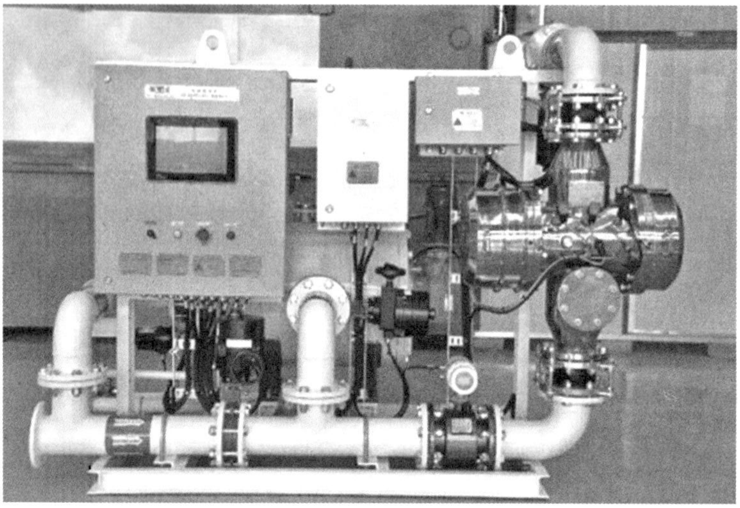

图 4-4　压载水管理系统

二、压载管理水公约概述

在过去的几十年中,随着全球海运贸易量的扩大,由船舶压载水带来的非本土物种的引入在全球所造成的影响是巨大的。船舶压载水和沉积物的无节制排放导致有害水生物和病原体的转移,对生态环境、人体健康、财产和资源造成危害。国际海事组织(IMO)在 2004 年 2 月通过了《压载水管理公约》,旨在通过建立船舶压载水和沉积物的管理和控制标准和程序来防止、减少并最终消除有害水生物和病原体的转移对生态环境、人体健康、财产和资源造成的危害。

《压载水管理公约》是全球第一部应对压载水携带外来物种入侵的国际公约,于 2004 年被国际海事组织获批通过,于 2017 年 9 月 8 日正式生效,并于 2019 年 1 月 22 日对我国正式生效。根据《压载水管理公约》和国内相关法规的要求,我国海事管理机构于 2019 年发布了《船舶压载水和沉积物管理监督管理办法(试行)》,该办法依据《压载水管理公约》及我国相关法规,对《压载水管理公约》国内化要求做了具体规定,适用于在我国管辖水域内航行、停泊和作业的国际航行船舶。

三、压载水操作程序

(1)大副根据装卸货情况,书面通知相关主管人员压排压载水,并说明压排顺序与数量,按船舶操作规程执行。

(2)装卸货期间的压排压载水作业须协调货物装卸程序,应避免船舶发生周期性的中拱、中垂,尽量保持船舶的原始形变。

(3)船舶压载需在开航前或据情在航行中完成,如货舱或无纵向止荡舱壁的艏艉尖舱需要压载,应一次性压满,以免自由液面对船体结构造成巨大冲击破坏。

(4)在压载过程中,大副及相关人员应经常检查压载舱的液位变化、相邻货舱的结构和测量管/透气管的渗漏情况,控制纵/横倾状态,避免在相邻货舱有货时压载;严防压载冒水至甲板,以免造成压载舱超压、湿污甲板货物、甲板污水溢流海面。

(5)排水时,应经常观察出水口情况,如发现异常,应立即通知停泵,待查明原因后再继续排水,以防发生污染事故。

任务三

船舶开关舱操作认知

一、舱盖的基本知识

船舶的舱盖和舱口围板的主要作用是防止水进入货舱,保护货物不受浸湿和损坏。舱盖同时还作为保护船舶内部结构的屏障,使船舶在极端气象条件下能免受海水侵蚀。

为了适应各种类型货船的要求和节约成本的需要,舱盖被设计成不同的种类,主要分为以下四种类型。

1.滚动(滚翻)式舱盖

滚动(滚翻)式舱盖由舱口端部的两个盖板组成,如图 4-5 所示。盖板上装有轮子,盖板开关时,轮子可以沿舱口围上的轨道移动。这种舱盖通常安装在大型船舶上。由于这些舱盖非常重,尺寸也非常大,因此需要液压推杆将其提升到滚动位置。

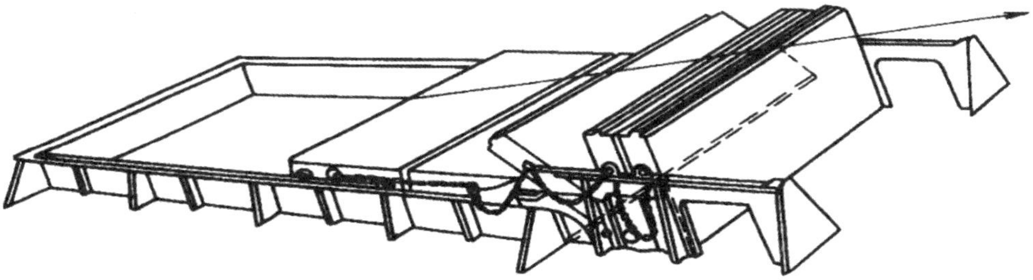

图 4-5　滚动(滚翻)式舱盖

2.折叠式舱盖

折叠式舱盖由两块平顶板组成,通过液压臂进行操作。这种舱盖既可安装在风雨甲板上,也可安装在夹层甲板上。折叠式舱盖设计的一大优点是尺寸大,这意味着面板数量少。折叠式舱盖如图 4-6 所示。

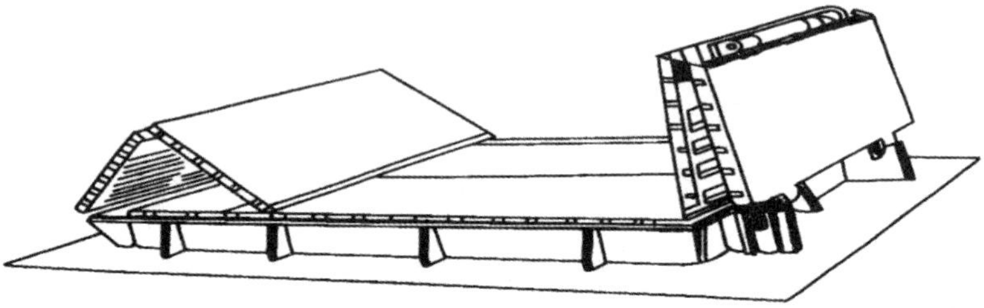

图 4-6 折叠式舱盖

3.侧移式舱盖

大型散货船,如巴拿马型船舶和海岬型船舶,常使用侧移式舱盖。侧移式舱盖由两块板组成,可在一对横向轨道上侧向滚动,这减少了岸吊或其他装卸设备操作员在装卸时必须考虑的障碍物数量。侧移式舱盖如图 4-7 所示。

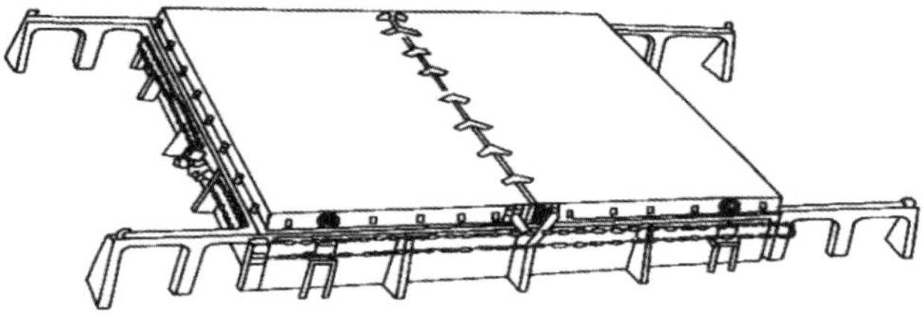

图 4-7 侧移式舱盖

4.吊移式舱盖

集装箱船和多用途船经常使用吊移式舱盖,以提供快速和适应性强的货物装卸作业。工作人员都可以通过岸边的集装箱起重机或船上的起重机用吊具来操纵吊移式舱盖。吊移式舱盖可堆放在码头或船舶甲板上。

二、舱盖的分类

1.按密性划分

舱盖按密性可分为风雨密舱盖、非水密舱盖、水密和油密的小型专用舱盖三种基本类型。

风雨密舱盖装置在干舷甲板上的货舱口上。非水密舱盖用于下层甲板上的舱口上,无舱口围板,舱盖板与四周的甲板齐平。水密和油密的小型专用舱盖用于油船的货油舱口上,如图 4-8 所示。

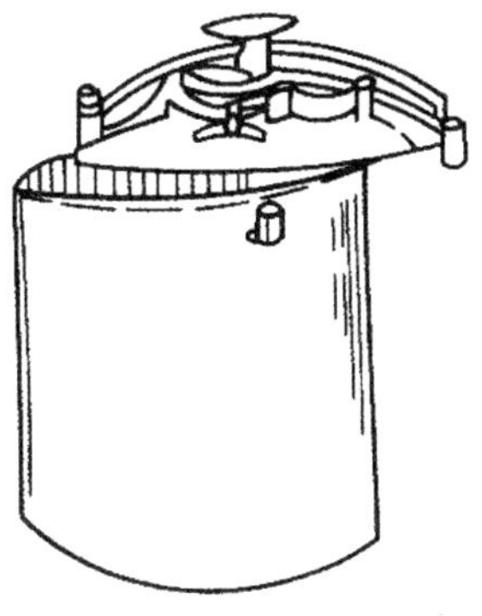

图 4-8　水密和油密的小型专用舱盖(油舱舱盖)

2.按造船材料划分

舱盖按造船材料可分为木质、钢质、铝质、玻璃钢质四种。

老式船上使用的风雨密舱盖,是由若干块木板和活动梁组成的,上面盖着防水布,用封舱压条和楔形块紧固在舱口围板上。这种舱盖开闭操作费时、劳动强度大,现在只在内河小型船上使用。

现代船舶使用的风雨密舱盖大都是钢质的盖板,在盖板的周边带有槽口,在槽口内装有橡皮垫料。当封舱时,舱盖板的橡皮垫料直接压在舱口围板的上边缘上,并用装在舱口四周围板上的夹扣螺栓将舱盖板压紧保持风雨密。钢质舱盖是目前应用最为广泛的舱盖。

铝质和玻璃钢质舱盖具有重量小、耐腐蚀的优点。但铝质舱盖制造复杂,造价高昂。玻璃钢质舱盖的刚度差,容易老化剥蚀,目前只用作某些小船的轻型货舱盖。

3.按结构形式和开关方式划分

舱盖按结构形式和开关方式可分为滚动式、折叠式、吊移式三种。

4.按开关动力划分

舱盖按开关动力可分为机械牵引式和液压式两种。

三、开关舱盖主要风险

杂货船、散货船及集装箱船等船舶在港和(或)海上备舱时经常要进行开关舱作业并在必要时在舱盖上进行相关作业。同时,为了检查货物状况及扫洗舱,船员也会经常打开下舱道门盖。在开关舱作业时常发生安全事故,为避免人员伤亡或者设备损坏事故的发生,操作人员在作业前应充分认识开关舱盖所面临的风险。其主要风险有:

(1)人员受伤,如滑倒、夹碰、踏空/跌落致伤;

(2)管系及千斤顶破损导致液压油泄漏流入海中造成海洋环境污染;

(3)舱盖滑出轨道甚至是落海,特别是海上开关舱时;

(4)舱口围和(或)舱盖受损,如:在舱锁没有全部打开的状况下开舱会导致舱口围或

者舱盖变形;

(5)码头卸货设备受损,如:伸入货舱的装卸货设备还未完全从货舱中撤出就匆忙开始关舱等;

(6)在对舱盖设备进行保养时导致人员受伤。

四、开关舱盖注意事项

(1)根据公司的程序要求并运用良好的水手工艺,根据天气海况及船舶的相关状况进行风险评估。在恶劣天气海况时,禁止开关舱,以防止因船舶摇摆幅度过大而导致舱盖滚轮脱轨等。

(2)船长或者大副需要对所有参与舱盖作业的人员进行培训,培训内容应包括:如何提高安全意识、如何根据舱盖制造商的说明及运用良好的水手工艺正确开关舱盖(包括应急开关舱盖)及如何遵守作业过程中的安全注意事项等。船长或者大副还应在舱盖开关控制箱处张贴相关关键注意事项。

(3)开关舱盖的各个阶段,均应由驾驶员或者大副指定的适任人员负责指挥并监督;现场负责的驾驶员或者水手长应安排熟悉舱盖作业的人员进行开关舱盖。夜间开关舱盖时,必须有足够的照明。

(4)在开关舱盖前,应检查并确保:轨道、舱口围和链条无障碍物;无人待在舱盖上等易于致人受伤的关键位置。开关舱时至少两人一组,一人操作手柄,一人在另一侧观察,如有异常,立即叫停。

(5)在舱盖开关的过程中,所有在舱口围/舱盖周围的人员应尽可能远离;如果舱盖是侧开式的,则任何人员都不应在舱盖的左右方向上。

(6)在舱盖开关的过程中严禁人员趴在舱口查看舱内情况,严禁人员手扶着舱口轨道;必要时,参与人员应充分沟通并停止开关舱盖后再进行观察。

(7)为了防止人员跌落受伤,在舱盖上进行除锈、油漆等保养作业时或者拆装防护栏杆时,作业人员应使用安全带。在舱盖上使用皮龙等进行冲洗作业或者吹扫洒落货物时,也应特别留意,防止人员跌落或者因皮龙压力而被推倒跌落。风浪天气里,除非紧急情况,否则应严禁在舱盖上进行相关作业。

任务四

船舶起货设备认知

船舶起货设备,又称船舶起重设备,是安装在船上用以装卸货物的装置的总称。船舶类型、货种和货舱数目不同,其所配备的起货设备的种类和数量也不同。货船上起货设备一般配备吊杆式起货设备和起重机,吊杆式起货设备现在已不多见,配备较多的是起重机。

一、吊杆装置

吊杆装置由吊臂、绳索及索具等组成。吊杆装置现在已经逐渐被克令吊取代。

二、甲板起重机

甲板起重机(Deck crane)由起货机及其操纵机构组成。甲板起重机是起重设备的动力源。

船舶起货机按所用动力分类,主要有电动起货机和液压起货机;按起货设备分类,有吊杆式起货机、回转式起货机和门式起货机。

1.吊杆式起货机

吊杆式起货机是船上应用最早的起货机。它结构简单,初置费较低,易于维护,迄今仍为一般船舶广泛采用。吊杆式起货机通常按吊杆承载能力在 10 t 以下和以上分为轻型起货机和重型起货机;按所用吊杆数又分为双吊杆起货机和单吊杆起货机。

2.回转式起货机

回转式起货机常按音译称为克令吊(Crane),如图 4-9 所示。它将操作室 9 和主起升机构绞车 5、变幅机构绞车 4、回转机构 6 及吊臂 8、索具等组装成一体,置于甲板立柱上方的回转座台上。主起升机构绞车 5 和变幅机构绞车 4 分别通过吊车顶滑轮组、吊臂滑轮组卷动钢索,去牵动主吊钩 12 或副吊钩 13 和吊臂 8;立式布置的回转马达则控制小齿轮,与固定在回转座台内的大齿圈啮合转动,从而带动整个吊车在回转座台上回转。

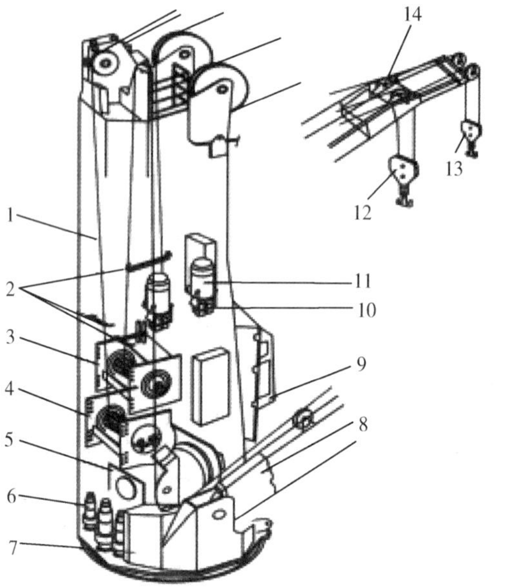

图 4-9 回转式起货机

1—钢丝绳；2—松绳保护装置；3—辅起升机构绞车；4—变幅机构绞车；5—主起升机构绞车；6—回转机构；7—油箱；8—吊臂；9—操作室；10—泵站；11—主电动机；12—主吊钩；13—副吊钩；14—吊臂顶

与吊杆式起货机相比，克令吊占用甲板面积小，操作灵活，可 360°回转，能为前、后舱工作，能准确地把货物吊放到指定地点，装卸效率高，并能迅速投入工作。但其结构复杂，管理要求高，价格比吊杆式起货机高得多。一般认为，船经常到港而起货重量超过 5 t 时，采用克令吊是合适的。

3.门式起货机

门式起货机多用于集装箱船，由走行式门架、横梁、吊车等组成。门架以其行走轮可沿甲板上铺设的轨道纵向行走。吊车以其移动滚轮可沿横梁上的轨道横向行走。横梁可以是伸缩式结构或折叠式结构，在装卸作业时向舷外延伸出一段悬臂梁，可以使吊车移到舷外向码头起落货物；装卸完毕后，伸出的悬臂梁部分可以折叠回靠并固定在门梁上或缩回门梁内。图 4-10 所示为双梁水平折叠式门式起货机的简图。

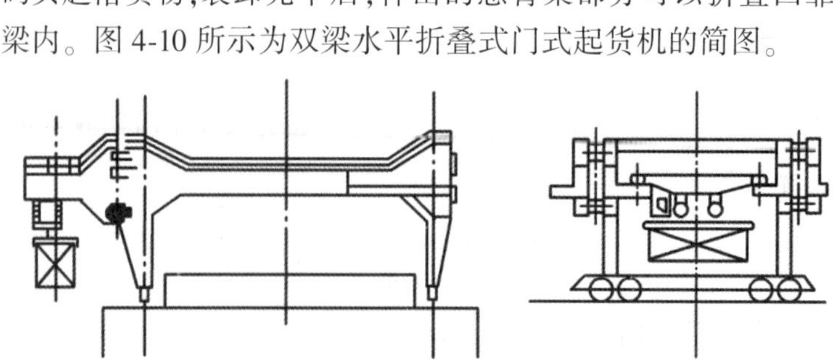

图 4-10 双梁水平折叠式门式起货机的简图

门式起货机依靠装在吊车上的起货绞车升降货物；依靠门架的纵向行走和吊车的横

向行走的配合，使吊车对准甲板上轨道长度范围内和码头上悬臂梁伸出范围内的任何位置，垂直吊起和落下货物。门式起货机除了需要起货绞车外，还需要门架行走驱动机构，此外，还必须装设横梁伸缩或折叠的驱动机构。

三、甲板起重机的维护保养

为了保证甲板起重机的状况良好，甲板和机舱工作人员在日常工作中应根据设备说明的要求定期对该设备进行维护保养，主要包括以下几个方面：

(1) 吊机的使用检查及定期保养检查须遵守《船舶及海上设施起重设备法定检验技术规则》。

(2) 活动零部件（吊钩、滑轮、回转齿轮等）应定期（不超过 3 个月）进行外部检查和加注润滑油脂，每年至少进行 1 次年检。

(3) 钢丝绳应定期（不超过 3 个月）进行外部检查和涂抹润滑脂。发现钢丝绳有严重磨损、腐蚀或在 10 倍长度内有 5%钢丝断裂时必须更新。

(4) 起重机每年做 1 次年检，每 4 年在年检后进行吊重试验。

(5) 回转支承座应在运行 200 h 后加注润滑脂。

(6) 应定期检查回转支承的连接螺栓的拧紧情况，在运行 200 h 后进行检查，M16 螺栓（8.8 级）预紧扭矩为 190 N · m。

(7) 回转机构减速器首次运行 200 h 后应更换润滑油，之后运行 600 h 后应更换润滑油。

四、起重机安全使用须知

为了保障起重机在使用过程中的人员安全、设备安全，起重机操作者及其共同作业人员应熟知起重机的安全使用注意事项。

(1) 为安全地从事起吊作业，船长和船员应了解吊杆布置图上的以下内容：

①眼环在甲板上的位置；

②吊杆向船舷内外伸展的位置；

③最大起升高度（如：吊钩在舱口围板上方可达到的高度）；

④起吊钢丝绳间的最大弯角；

⑤滑车的位置、尺度和安全工作负荷；

⑥吊货钢丝绳、起吊钢丝绳、稳索等的长度和安全工作负荷，制动装置的安全工作负荷；

⑦各种卸扣的安全工作负荷；

⑧吊杆能承受最大负荷的位置；

⑨稳索和制动装置在承受最大负荷时的最适宜位置；

⑩标有每吨载荷强度或安全工作负荷的综合载荷图；

⑪吊杆起升后的维护说明。

(2)在吊杆升起或降落前,应通知附近的所有人员不要站在松弛的钢丝绳或其他绳索的绳环内,远离松弛的钢丝绳或其他绳索的绳环甩溜可及的危险圈。

(3)吊杆起妥和落妥后,所有必要的钢丝绳应盘卷妥当。

(4)所有在吊杆作业现场附近的人员都应戴安全帽。

(5)在起吊作业时,应确保吊杆的下方无任何人员站立或在进行其他工作。

(6)只有经授权许可的人员才能操作起吊设备。进行起吊作业时,必须要有良好的组织,船上的驾驶员熟悉起吊操作的指挥,甲板水手熟悉起吊作业的操作。

(7)在操作起吊设备前,指挥者和绞车操作者必须检查所有的设备和索具,并做试运转,确认正常后方可使用。

(8)起吊作业的指挥者和绞车操作者之间的手势联系方法如下:

①指挥者保持正立,伸直手臂并握紧拳;

②拇指朝上,表示钢丝绳向上;

③拇指朝下,表示钢丝绳向下;

④拇指朝左/右,表示稳索拉向其所指的方向;

⑤拇指朝上,手臂向上摆动,表示升臂;

⑥拇指朝下,手臂向下摆动,表示降臂。

(9)吊运舷梯/踏步梯的过程中,由于被起吊的物品在空中晃荡,船舶操作起吊设备时,必须在吊钩或被起吊的设备上加装稳索,起吊过程中由专人控制稳索,避免由于被吊设备/器材在空中晃荡而触碰船上/码头的输油臂、消防炮、舷梯、货舱透气管等设施。

项目五

轮机工程

任务一

船舶机舱总体布置认知

一、轮机设备

轮船中的“轮”字不是凭空冒出的，直到发展到用“轮子”代替船桨驱动，才使轮船与早期普通船只区别开来。

世界上最早的轮船不是用机器作动力来推动的，而是用人力踩动船上的转轮使船前进的。这种轮船称为车轮船。桨轮外周装上叶片，它的下半部分浸在水中，上半部分露出水面。当人力踩动车轮时，叶片拨水，推进船舶。因为这种桨轮露出水面，所以又叫明轮，车轮船也可叫明轮船。明轮船的特点是把桨楫间歇推进改为桨轮连续运转，从而大大提高了航行的速度。这是船舶推进技术上的一次重大进步。

“轮机”是船舶机械的简称。随着科学技术的进步及船舶在功能上向着多样化、专业化和完善化的方向发展，今天的一艘现代化船舶实际上已经成了一个现代工业技术成就的集合体，涉及机械、电气、电子等一系列技术的综合运用，因此很难给“轮机”一词下一个十分确切的定义。轮机主要是指船舶动力装置、推进装置、船舶辅机、船舶系统、船舶电力系统和应急设备等。

（一）动力装置

通常，船舶动力装置可分为主动力装置和辅助动力装置两类。

主动力装置主要指主机和为主机服务的各种泵、管系和换热器。它是推进船舶的动力，是船舶上最主要的机械能源。推进船舶的发动机功率较大，习惯上称之为主机。

辅助动力装置是指为了保证在正常情况下和应急时的供电需要而设置的装置。船上设有发电机组和配电盘等机电设备以构成船舶电站，作为船舶的供电能源。带动发电机组的原动机功率较小，习惯上称之为副机。

在电力推进的船舶上，由电动机带动推进器工作，只要扩大船舶电站的容量就能保证船舶的正常航行，主辅动力装置的概念又突破了已有的界限。有的船舶可以利用主机带动发电机工作，这是船舶发展的新情况。

（二）推进装置

推进装置主要包括轴系和螺旋桨，其主要任务是把主动力装置的动力转变为推进力，推动船舶前进。

（三）船舶辅机

习惯上我们把除动力装置和推进装置之外的其他机械设备统称为船舶辅机，意为辅助机械。船舶辅机主要包括船用泵、甲板机械、船舶辅锅炉、防污染设备、海水淡化装置、船舶空调和冰机等。

1.船用泵

泵是把能量传递给液体的一种机械。船上有很多种泵，如水泵、油泵等。泵的用途很广泛，船上有很多设备离开泵就不能正常工作。

2.甲板机械

甲板机械包括船舶舵机、起货机、锚机、自动系缆机以及滚装船上的开门与跳板控制设备等。所有甲板机械对于船舶的营运性能和航行安全都有十分重要的意义。甲板机械也在朝着自动化的方向发展。

3.船舶辅锅炉

船舶锅炉是船舶上的汽源。在蒸汽动力的船舶上，蒸汽用来产生船舶的推力。这种锅炉称为主锅炉。主锅炉是蒸汽动力船舶的动力设备，不能划在船舶辅机之列。在非蒸汽动力的船舶上，锅炉产生的蒸汽主要用于油和水的加热、炊事、消防等方面。这种锅炉称为辅锅炉，是船舶辅机之一。

4.防污染设备

焚烧炉用于焚烧船舶上产生的垃圾和废油，是船舶防污染设备之一。其他的防污染设备包括油水分离器、生活污水处理设备。油水分离器用于分离船舶污水中的油分，以便向弦外排放污水。生活污水处理设备用于净化船舶上产生的生活污水。

5.海水淡化装置

船舶在航行中需要消耗大量的淡水。淡水主要用于设备的冷却、锅炉和船员的日常生活所需。远洋船舶航线长,携带大量淡水不仅会影响营运吨位,也存在淡水变质的问题。通常的做法是,携带部分淡水用于饮用和淋浴。其他用途的淡水产自海水淡化装置。远洋运输船舶一般装设一台或几台海水淡化装置。

6.船舶空调和冰机

空调和冰机离不开制冷设备。制冷设备向船舶提供"冷源",以用于冷藏食品和进行空气调节。目前,除了一般船舶上所用的冷藏食品的小型冷库外,还有专门用来运输冷藏货物的冷藏船和液化气船。

(四)船舶系统

船舶系统是指包括压载水、舱底水、消防和卫生等为船舶的正常营运创造条件而与动力装置无关的各种专门化管路。

(五)船舶电力系统

现代化的船舶离不开电力系统的支撑。船舶电力系统包括船舶电站和船舶电力网两大部分,担负着将不同形式的能量转换成电能,并输送电能将其分配给各用电设备的任务。船舶电力系统包括:(1)原动机和发电机组成的发电机组;(2)有各种控制、监视和保护电器的配电设备(总配电板);(3)导线和电缆等组成的电网。船舶电力系统一些主要参数决定着船上主要电气设备的品种和规格。这些参数包括电制(交流或直流)、电压、频率。

(六)应急设备

应急设备主要包括应急电源、应急空压机、应急操舵装置、应急救火泵、燃油速闭阀、水密门、应急舱底水吸口及吸入阀和脱险通道(逃生孔)等。

二、船舶机舱总体布置

机舱(又称机器处所)内布置了大多数船用设备。

普通商船机舱一般有三层。客滚船、客船为了提高上层空间利用率,多设置中速柴油机,将机舱分为两层。普通货船机舱分为三层。船舶机舱内部的主要设备分别有主机与轴系、发电机组、锅炉、其他辅助设备、集控室。下面以普通货船为例,介绍其机舱的布置。

(一)船舶机舱底层设备布置

船舶机舱底层平台主要布置主机基座、污水井、污油污水舱柜,以及各种船用泵、船舶管系等。机舱舱底还布置了多个污水井,便于收集舱底污水。主机基座下方为滑油循环柜。机舱底层区域的设备分布以主推进装置为主,并按照同等设备集中分布的原则,在其周围布置线管的泵系。这种布置方式的优点是在节省管道的同时,使机舱底层的布置能够整齐紧凑。船舶机舱底层详细布局如图 5-1 所示。

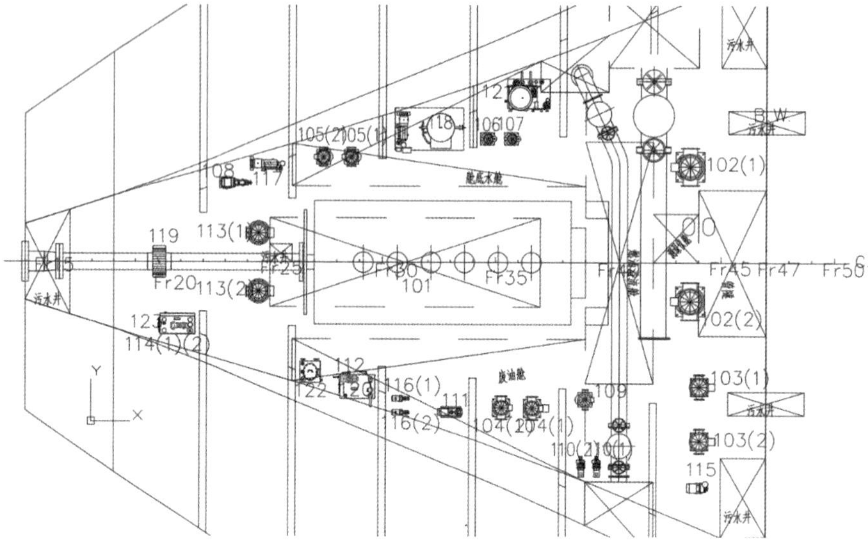

图 5-1　船舶机舱底层详细布局

101—主机;102(1)、102(2)—压载泵;103(1)、103(2)—通用泵;104—主冷却海水泵;105(1)、105(2)—辅冷却海水泵;106—重油驳运泵;107—轻油驳运泵;108—油渣泵;109—污水泵;110(1)、110(2)—冰机冷却海水泵;111—滑油驳运泵;112—空冷器清洗泵;113(1)、113(2)—主滑油泵;114(1)、114(2)—艉轴管滑油泵;115—造水机喷射泵;116(1)、116(2)—滑油分油机供给泵;117—油水分离器给水泵;122—空冷器清洗柜;123—艉轴油柜

(二)船舶机舱中层设备布置

船舶机舱中层详细布局如图 5-2 所示。

船舶三台主发电机采用横向的布置方式,使发电机的电缆和管系能够集中进行铺设,也方便轮机员集中维护管理;主机周围的辅助动力系统主要为压缩空气系统、主机淡水冷却系统、主机滑油冷却系统、粪便柜及造水机等,呈环形围绕在主机周围,以保证主机各类功能能够正常运行。

主发电机组一般为三台中速柴油机组。其功能是为船舶提供电力供应。

压缩空气系统是船舶柴油机的启动能源,主要包括主空压机(两台)及附属冷却器、空气管系、主空气瓶(两台)、控制空气瓶及日用空气瓶等。

主机淡水冷却系统主要由缸套冷却水泵、淡水冷却器及管系等组成,其功能是为主机提供高温冷却水。空冷器等的冷却需要低温冷却水,由海水或者低温淡水提供。

主机滑油冷却系统主要由滑油冷却器及管系组成,其功能是冷却主机主滑油。

造水机为真空制淡装置,用于对海水进行淡化,产生淡水,满足船舶生产、生活需要。

粪便柜用来处理船舶生活污水。

燃油供油单元、燃油分油机、滑油分油机及加热器等布置在船舶机舱中层前部。

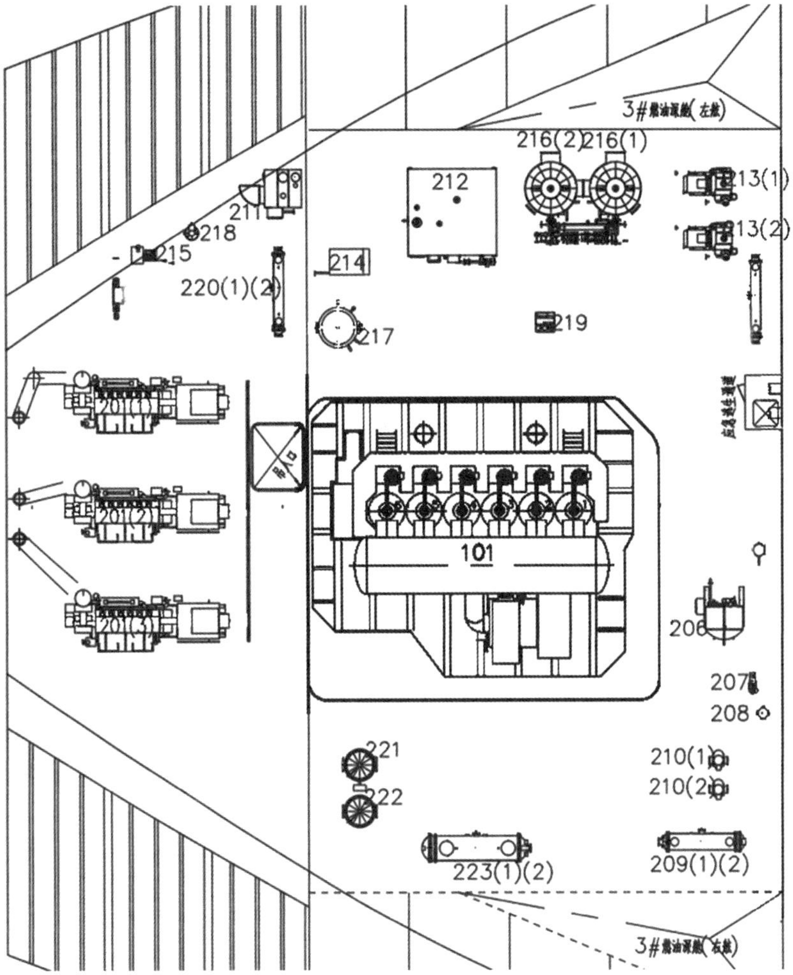

图 5-2　船舶机舱中层详细布局

201(1)、201(2)、201(3)—发电机组;206—造水机;207—主机缸套水预热泵;208—主机缸套水预热器;209(1)、209(2)—主机缸套水冷却器;210(1)、210(2)—主机缸套水冷却泵;211—粪便柜;212—污水收集柜;213(1)、213(2)—主空压机;214—甲板空压机;215—应急空压机;216(1)、216(2)—主空气瓶;217—甲板空气瓶;218—应急空气瓶;219—空气干燥器;220(1)、220(2)—副机淡水冷却器;221、222—滑油滤器;223(1)、223(2)—主滑油冷却器

(三)船舶机舱上层设备布置

船舶机舱上平台以主机为中心,进行四周型布局。除集控室外,还布置有诸多舱室,依次为:其艉部主要布置有电气储藏间、电气工作间、厕所、热水井、焚烧炉、储藏间;艏部舱室从右舷到左舷依次为主机滑油储存舱、主机滑油沉淀舱、主机气缸油储存舱;左舷的艉部到艏部依次为钳工工作室、焊接间、燃油沉淀舱、燃油日用舱、燃油沉淀柜;右舷的艉部到艏部依次为电气储藏间、变压器、柴油日用舱和柴油储存舱。

上平台除舱室外,还布置少部分设备,主要为淡水压力柜、热水柜、饮用水柜、空调压缩机等辅助类设备。

船舶机舱上层详细布局如图 5-3 所示(不重要的设备没有列出)。

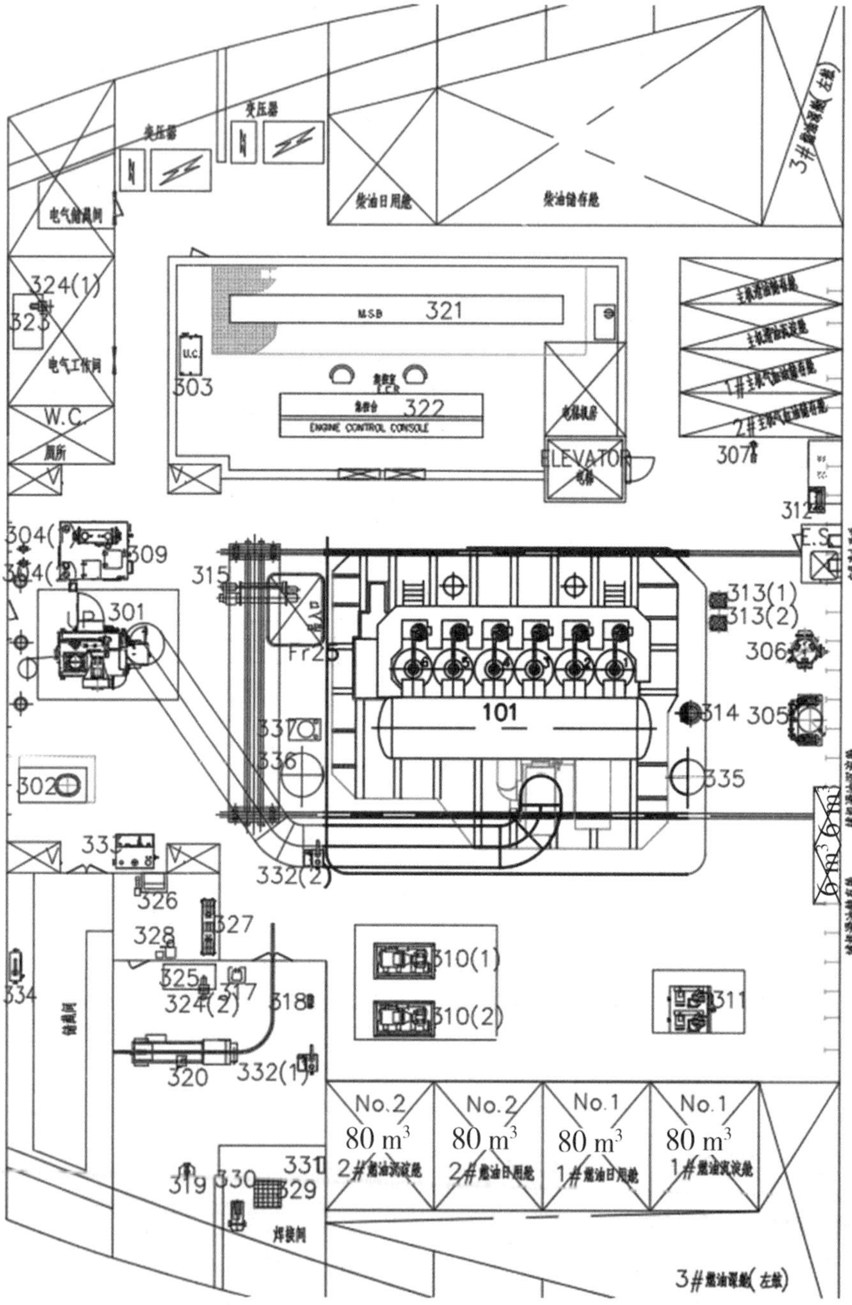

图 5-3　船舶机舱上层详细布局

301—焚烧炉;302—焚烧炉油渣柜;303—集控室空调;304—锅炉给水泵;305—淡水压力柜;306—热水柜;307—气缸油驳运泵;309—锅炉热水井;310(1)、310(2)—空调压缩机;311—冰机压缩机;312—气缸油日用柜;315—机舱天车;321—主配电板;322—集控台

(四)船舶主机布置

在进行船舶主机的布置时,应综合主机的作业空间、维护保养空间、进厂检修的作业空间以及平时检查的作业空间,布置合适的作业空间。船舶主机直接或间接地连接推进器从而为船舶提供动力的特点,决定了其在船舶机舱内的位置分布主要集中于机舱的底层,贯穿上、中、下平台。为了方便拆卸检修,主机上部仅有连接其他设备的管道,以及机舱天车设备。

船舶主机布置如图 5-4 及图 5-5 所示。

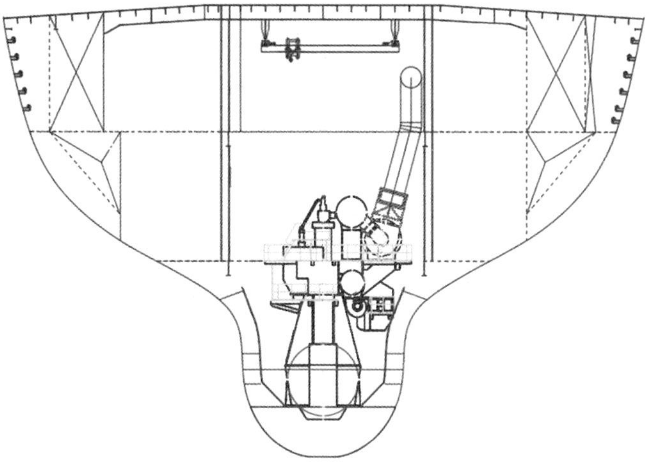

图 5-4　船舶主机布置(一)

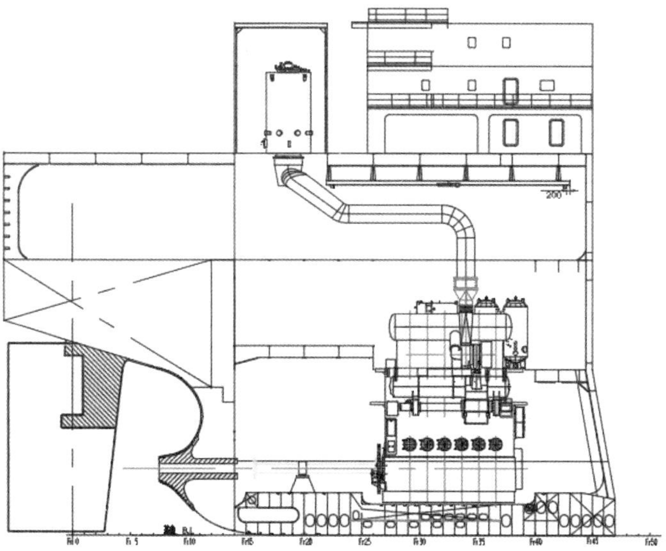

图 5-5　船舶主机布置(二)

任务二

主推进动力装置认知

船舶推进装置的任务是把船舶推进动力装置的动力转变为推进力,并把推进力传递给船体,从而推动船舶前进。

绝大多数船舶采用螺旋桨进行转动动力到推进力的转换,在这样的推进装置中,除螺旋桨外,还包括轴系和传动装置。传动装置的作用是传递转动动力,而轴系除了传递转动动力外,还起到把螺旋桨推力传递给船体的作用。

一、传动轴系的组成、作用和工作条件

从发动机(机组)曲轴的动力输出法兰到螺旋桨的轴及其轴承统称为传动轴系,简称轴系。

(一)轴系的组成

1.传动轴

传动轴包括推力轴(有的柴油机把推力轴和曲轴造为一体)、中间轴和艉轴。

2.轴承

轴承包括推力轴承(有的柴油机把推力轴承设在柴油机机座内)、中间轴承和艉轴承。

3.传递设备

传递设备主要有联轴器、减速器、离合器等。

4.轴系附件

轴系附件主要是润滑设备、冷却设备、密封设备等。

图 5-6 所示为一大型低速柴油机直接传动轴系的组成简图。

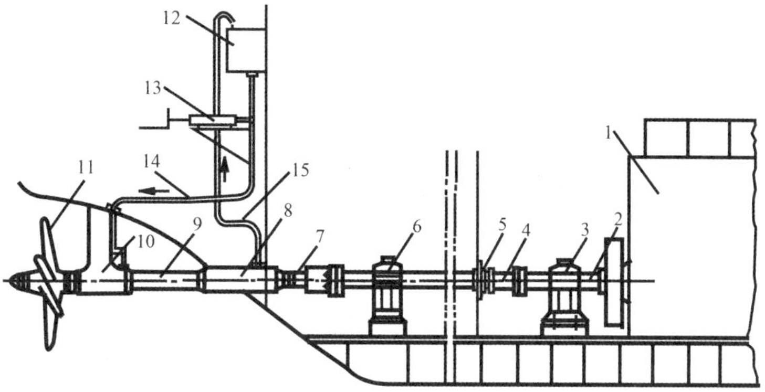

图 5-6 大型低速柴油机直接传动轴系的组成简图

1—主机;2—推力轴;3—推力轴系;4—中间轴;5—隔舱填料箱;6—中间轴承;7、9—艉轴(螺旋桨轴);8—艉轴管;10—人字架;11—螺旋桨;12—艉轴油柜;13—艉轴润滑油泵;14—进油管;15—回油管

(二)轴系的作用

轴系的作用是把柴油机曲轴的动力矩传给螺旋桨,以克服螺旋桨在水中转动的阻力矩,同时又把螺旋桨产生的推力传给推力轴承,以克服船舶在航行中受到的阻力。

二、螺旋桨

(一)螺旋桨的结构和几何参数

螺旋桨是一种反作用式推进器。当螺旋桨转动时,桨推水向后(或向前),并受到水的反作用力而产生向前(或向后)的推力,使船舶前进(或后退)。螺旋桨是由数片桨叶连接在共同桨毂上构成的。若桨叶和桨毂相对位置固定不变,铸成一个整体,则称为固定螺旋桨(简称定距桨),其结构如图 5-7 所示。桨叶的数目通常为 3~5 片,最多为 6 片,各片之间按等距布置。桨叶靠近桨毂的部分叫作叶根,最外端叫作叶梢。从船尾向船首看,看到的叶面叫作压力面(即推水面),桨叶的另一面叫作吸力面(即吸水面)。按正车方向旋转时,桨叶先入水的一边叫作导边,后入水的一边叫作随边。螺旋桨旋转时叶梢顶尖画出的圆叫作叶梢圆,叶梢圆的直径叫作螺旋桨的直径,用 D 表示。从船尾向船首看,螺旋桨在正车工作时沿顺时针方向旋转的称为右旋桨,沿逆时针方向旋转的称为左旋桨。

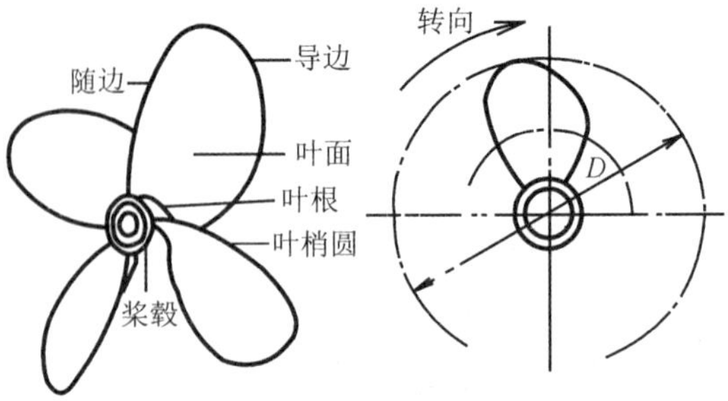

图 5-7　定距桨的结构

(二)可调螺距螺旋桨

桨叶和桨毂相对位置会发生改变的螺旋桨称为可调螺距螺旋桨(简称调距桨)。

调距桨装置包括以下五个基本组成部分。

1.调距桨

调距桨包括可转动的桨叶、桨毂和桨毂内部装设的转动桨叶的转叶机构等。

2.传动轴

传动轴一般由螺旋桨轴和配油轴组成,两者用套筒联轴器相连。这种传动轴和定距桨的传动轴不同,它是中空的,里面装有调距杆;或者,当伺服油缸位于桨毂内时,中空的传动轴作为进排油通道。

3.调距机构

调距机构包括产生转动桨叶动力的伺服油缸、伺服活塞,分配压力控制油给伺服油缸的配油器,桨叶定位和桨叶位置的反馈装置及其附属设备等。它的主要任务是调距、稳距,以及对螺距进行反馈和指示。

4.液压系统

液压系统主要由油泵、控制阀(换向阀)、油箱和管件等组成。它的作用是为伺服油缸提供符合要求的液压油。

5.操纵系统

操纵系统主要由操纵台、控制和指示系统组成。它的作用是按预先确定的控制程序同时调节发动机的转速和调距桨的螺距,以获得所要求的工况。

在调距桨装置中一般还设有应急锁紧桨叶装置,利用它可在应急情况下(例如液压系统失灵),把桨叶固定在一定的正螺距值,使调距桨变为定距桨。

三、侧推器

侧推器是一种能产生船舶横向推力(侧推力)的特殊推进装置。它装在船首或船尾水线以下的横向导筒中,产生的推力大小和方向均可根据需要改变。

一般船舶在靠离码头、过运河、进出水闸、穿过狭窄航道和船舶拥挤的水域时，一是要开慢速，二是要经常用舵改变航向。但是船速越慢舵效越差，会给船舶操纵带来困难。特别是受风面积大的集装箱船、滚装船、木材船等，在低速航行时，只靠舵效改变航向往往不能满足要求，不得不用拖船帮助。

船上设侧推器将会起到以下作用：

(1)提高船舶的操纵性能，特别是船速为零或船速很慢时的操纵性能。

(2)缩短船舶靠离码头的时间。

(3)节省拖船费用。

(4)提高船舶机动航行时的安全性。

(5)可减少主机启动、换向次数，延长主机的使用寿命。

侧推器应满足以下要求：

(1)装置结构简单，工作可靠，维护管理方便。

(2)尽可能设在船的端部，以便在同样推力下获得较大的转船力矩。

(3)有足够的浸水深度，以提高侧推器的工作效率。侧推器的螺旋桨轴线离水线距离不得小于它的桨叶直径，以免空气进入螺旋桨处，影响侧推器工作。

(4)对船体所造成的附加阻力要小，侧推装置本身的工作效率要高。

(5)能根据需要迅速改变推力的大小和方向。

(6)在侧推器旁及驾驶台均能进行操作。在驾驶台上操作一般在中央与两翼均可进行。

侧推器的类型很多，按布置位置有首推、尾推和舷内式、舷外式；按产生推力的方法有螺旋桨式和喷水式；按原动机有电动式、电液式和柴油机驱动式；等等。

四、热机、内燃机与柴油机

把热能转换成机械能的动力机械称为热机。它的基本工作原理是：燃料在一个特设的装置中燃烧，将化学能转变为热能以加热，然后把工质的热能转变为机械能。热机在工作过程中需要完成两次能量转化。蒸汽机、蒸汽轮机以及柴油机、汽油机等都是较典型的热机。

如果两次能量转化过程是在同一机械设备的内部完成的，则称为内燃机，如汽油机、柴油机以及燃气轮机。如果两次能量转化过程是分别在两个不同的机械设备内部完成的，则称为外燃机，如往复式蒸汽机、蒸汽轮机等。

内燃机与外燃机相比，其主要优点是：

(1)在内燃机中，两次能量转换均发生在气缸内部，受热部件可以在大大低于最高循环工作温度的条件下工作，采用较高的循环最高温度，具有较高的热效率。

(2)热能不需要中间工质(水蒸气)传递，减少了热能在工质传递过程中的热损失，结构简单。另外，其在尺寸和重量等方面也具有明显优势(例如，燃气轮机在热机中的单位重量功率最大)。

根据所用燃料的不同，内燃机可大致分为汽油机、煤气机、柴油机和燃气轮机。它们都具有内燃机的共同特点，但又具有各自的工作特点。柴油机与汽油机的性能差异如表5-1所示。

表5-1 柴油机与汽油机的性能差异

特点/特点类型	柴油机	汽油机
燃料	柴油或劣质燃油	汽油
点火方式	压缩点火	电火花塞点燃
混合气形成方式	缸内混合	缸外混合
压缩比	12~22	6~10
有效热效率	30%~55%	15%~40%

汽油机使用挥发性好的汽油作燃料，采用外部混合法（汽油与空气在气缸外部进气管中的汽化器内进行混合）形成可燃混合气，其燃烧为点火式（电火花塞点火）。这种工作特点使汽油机不能采用高压缩比，因而限制了汽油机的经济性，也使其不能作为船用发动机使用（汽油的火灾危险性大），但汽油机在工作时柔和平稳、噪声小，比重量小，因而广泛应用于轿车和轻型运输车辆。

柴油机是一种压缩点火的往复式内燃机。柴油机使用挥发性较差的柴油或劣质燃油作燃料；采用内部混合法（燃油与空气的混合发生在气缸内部）形成可燃混合气；缸内燃烧采用压缩式（靠缸内空气被压缩后形成的高温自行点火）。这些特点使柴油机在热机领域内具有最高的热效率（达55%左右），因而应用十分广泛，在船用发动机中，柴油机已经取得了绝对统治地位。

五、柴油机的主要优缺点

通常，柴油机具有以下突出优点：

（1）经济性好，有效热效率可达50%以上，可使用价廉的重油，燃油费用低。

（2）功率范围宽广，单机功率为0.6~68 000 kW，适用领域广。

（3）尺寸小，重量小，有利于船舶机舱的布置。

（4）机动性能好，启动迅速，加速性能好，有较宽的转速和负荷调节范围并可直接反转，能适应船舶航行的各种工况要求。

（5）可靠性高，寿命长，维修方便。

同时，柴油机也具有以下缺点：

（1）存在机身振动、轴系扭转振动和噪声。

（2）某些部件的工作条件恶劣，承受高温、高压作用并具有冲击性负荷。

六、柴油机的基本组成

柴油机的型式、种类很多，但其基本结构可分为固定件、运动件、辅助机构和辅助系统四大部分。

1.固定件

固定件包括气缸盖、气缸体、气缸套、机架、机座、主轴承等。气缸盖、气缸套和活塞顶部形成一个封闭的空间,称为燃烧室。气缸套固定在气缸体内,气缸体固定在机架上,机架连同它上面的一切零部件安装在机座上,机座属于船体结构的一部分。机座与机架所包围形成的空间称为曲轴箱。

2.运动件

运动件包括活塞组件(活塞本体、活塞销、活塞环)、连杆、曲轴。它们组成了曲柄-连杆机构,能将活塞的往复运动转变为曲轴的回转运动。

3.辅助机构

辅助机构包括进气阀、排气阀、配气和燃油凸轮轴及其传动机构等。气阀由曲轴通过中间齿轮、凸轮轴、顶杆、摇臂等进行控制,称为配气机构。这些机构用以控制柴油机的燃油喷射时刻、气阀开闭时刻、启动阀开闭时刻等。

4.辅助系统

辅助系统包括燃油系统、冷却系统、润滑系统、操纵系统等。燃油系统主要包括喷油泵、喷油器,用于将高压燃油定时、定量地喷入燃烧室。冷却系统的作用是对燃烧室周围承受高温的部件进行冷却。润滑系统是向有相对运动的零部件之间供入润滑油,以减少摩擦力并带走因摩擦而产生的热量。操纵系统是为了实现对柴油机进行启动、换向、调速、连锁、安全保护和报警等操作而专门设置的执行机构。

七、柴油机的类型

柴油机有很多类型,通常有以下几种分类方法。

1.四冲程柴油机和二冲程柴油机

柴油机按工作循环,可分为四冲程柴油机和二冲程柴油机两类。柴油机的一个工作循环包括进气、压缩、燃烧、膨胀、排气五个过程,这五个过程密切相关,缺一不可。四冲程柴油机曲轴转两转(活塞运动四个行程)完成一个工作循环,而二冲程柴油机曲轴转一转(活塞运动两个行程)完成一个工作循环。

2.低速、中速和高速柴油机

柴油机的速度可以用曲轴转速 n(r/min)或活塞平均速度 v_m(m/s)表示。

按转速分类一般为:

(1)低速柴油机:$n<300$ r/min,　　$v_m<6$ m/s。

(2)中速柴油机:300 r/min$<n<$1 000 r/min,　　$v_m=6\sim9$ m/s。

(3)高速柴油机:$n>$1 000 r/min,　　$v_m>9$ m/s。

3.筒形活塞式柴油机和十字头式柴油机

柴油机按结构特点,可分为筒形活塞式柴油机和十字头式柴油机。

图 5-8(a)所示为筒形活塞式柴油机的示意图,它的活塞通过活塞销直接与连杆相连。这种结构的优点是结构简单、体积小、重量小。它的缺点是由于运动时有侧推力,活塞与气缸之间的磨损较大。中高速柴油机一般都采用此结构。

图 5-8(b)所示为十字头式柴油机。它的活塞设有活塞杆,通过十字头与连杆相连接,并在气缸下部设中隔板将气缸与曲轴箱隔开。当柴油机工作时,十字头的滑块在导板上滑动,侧推力由导板承受,十字头式柴油机活塞只做往复运动,活塞不起导向作用,活塞与缸套之间没有侧推力作用。中隔板可防止燃烧产物落入曲轴箱而污染润滑油,有利于劣质燃油的使用和采用增压技术,因而十字头式柴油机功率大、工作可靠、使用寿命长。但它的重量和高度增大,结构也较复杂。目前,大型低速二冲程柴油机都采用这种结构,常作为船舶主机使用。

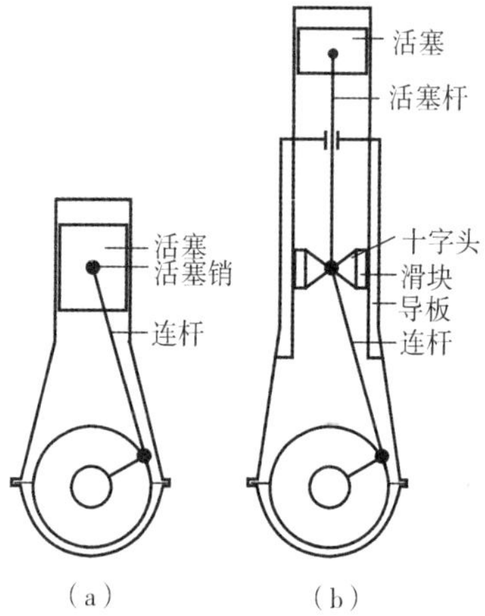

图 5-8　筒形活塞式柴油机和十字头式柴油机

4.直列式柴油机和 V 形柴油机

船用柴油机通常为多缸机。多缸柴油机的气缸排列可以有直列式、V 形、W 形等。船用柴油机均为直列式或 V 形。直列式柴油机的气缸数因曲轴刚度和安装上的限制一般不超过 12 缸。当缸数超过 12 缸时通常采用 V 形柴油机。它具有 2 个或 2 列气缸,其中心线夹角呈 V 形,并共用一根曲轴输出功率。V 形柴油机的气缸数可达 18 甚至 24,气缸夹角通常为 90°、60°或 45°。V 形柴油机具有较高的单机功率和较小的比重量,主要用在中、高速柴油机中。

5.增压柴油机和非增压柴油机

在柴油机中,用增加进气压力来提高功率的方法称为柴油机的增压。增压柴油机和非增压柴油机的主要区别就在于进气压力的不同,增压柴油机的进气压力较高,而非增压柴油机的进气压力是大气压力。

6.可逆转柴油机和不可逆转柴油机

可由操纵机构改变自身转向的柴油机称为可逆转柴油机;曲轴仅能按同一方向旋转的柴油机称为不可逆转柴油机。在船舶上凡直接带动定距桨的柴油机均为可逆转柴油机;凡带有倒顺车离合器、倒顺车齿轮箱或变距桨的柴油机以及船舶发电柴油机均为不可逆转柴油机。

7.左旋柴油机和右旋柴油机

观察者由柴油机功率输出端向自由端看,正车时按顺时针方向旋转的柴油机称为右旋柴油机,按逆时针方向旋转的柴油机称为左旋柴油机。单台布置的船舶主柴油机通常为右旋柴油机。某些采用双机双桨推进装置的船舶推进装置(如客船),由船尾向船首看,布置在机舱右舷的柴油机为右旋柴油机,布置在机舱左舷的柴油机为左旋柴油机。在这种动力装置中,为便于操纵管理,右旋柴油机的操纵侧即凸轮轴侧布置在柴油机左侧(即内侧),而排气侧布置在右侧;左旋柴油机的操纵侧布置在柴油机的右侧(即内侧)。

八、柴油机的工作原理

任何热机的工作都是通过一个接一个的工作循环来实现的。柴油机的基本工作原理是采用压缩发火方式使燃油在缸内燃烧,用高温高压的燃气作工质,在气缸中膨胀推动活塞往复运动,并通过活塞-连杆-曲柄机构将往复运动转变为曲轴的回转运动。燃油在柴油机气缸中燃烧做功必须经过进气、压缩、燃烧和膨胀、排气四个过程。包括进气、压缩、混合气形成、着火、燃烧与放热、膨胀做功和排气等在内的全部热力循环过程,称为柴油机工作过程。包括进气、压缩、燃烧和膨胀、排气等过程的周而复始的循环叫作工作循环。

九、柴油机在船舶动力装置中的应用

柴油机同其他各种动力机械相比具有突出的优点,因而得到了广泛的应用。据世界各国近年来的造船资料的统计结果,柴油机作为主动力装置,装船总数及所占功率份额均已达到98%以上,特别是在运输船舶上,柴油机作为主机和副机更是占有绝对统治地位。

按照转速不同,船用柴油机分为低速柴油机、中速柴油机和高速柴油机。由于环保要求愈来愈严格,柴油机使用的燃料也由传统的燃油燃料向液化天然气、氢气、甲醇和氨燃料等清洁燃料转变。

1.低速二冲程柴油机的应用

一般对船用主机来讲,经济性、可靠性和使用寿命是第一位的,重量和尺寸是第二位的。与中速柴油机和高速柴油机相比,低速柴油机具有更广的功率和转速范围,可满足不同规模船舶的驱动需求,且机身紧凑、体积小、重量小、操作方便、故障率低、易于维护,具有高可靠性和经济性。低速二冲程柴油机因其效率高、功率大、工作可靠、使用寿命长、可燃用劣质油以及转速低(通常为100 r/min左右,最低可达56 r/min)等优点适于作船舶主机使用。

船用低速柴油机优势突出,主要用于各种散货船、油船、集装箱船、化学品船等民用船,目前已占据远洋船舶90%以上的动力市场。

随着世界范围内船舶工业的转移,国外船用柴油机生产企业逐步退出了中低速船机总装制造环节,将产能向造船大国转移。目前,全球船用低速柴油机市场被德国MAN B&W、中国WinGD和日本J-ENG垄断,2022年其低速柴油机在随船交付市场份额分别为76%、22%、2%。

总部位于德国的MAN ES公司是世界最大的船用柴油机生产厂家,除了自己研制和生产MAN B&W船用低、中速柴油机外,还向许多国家出口柴油机生产许可证,日本、韩国的主要柴油机生产厂都引进了MAN ES公司的技术。中国多家柴油机生产厂也引进了该公司的生产许可证,制造部分型号的柴油机。中船动力镇江有限公司、广州中船船用柴油机有限公司、沈阳动力集团有限公司、大连船用柴油机有限公司、沪东重机股份有限公司等厂家也生产MAN ES授权的各型船用柴油机。

中国WinGD的前身是Wärtsilä New Sulzer公司的低速柴油机板块。Wärtsilä New Sulzer公司由芬兰Wärtsilä公司和瑞士New Sulzer公司合并而成,曾经是世界第二大船用柴油机生产厂家,其产品的结构比MAN B&W公司的复杂。2015年,中国船舶集团有限公司(CSSC)收购了瓦锡兰的低速柴油机业务,成立Winterthur Gas & Diesel(WinGD)公司,即温特图尔发动机有限公司(Winterthur Gas & Diesel Ltd.)。

WinGD是中国船舶集团有限公司(CSSC)的一部分,是全球最大的造船集团之一。WinGD作为中国船舶集团重要的海外研发平台,通过与集团密切合作,持续引领海洋动力行业的发展,市场份额逐年增加。

日本J-ENG是由日本三菱重工业股份有限公司船用低速柴油机业务与神户柴油机于2017年重组后建立的。重组后,J-ENG拥有三菱重工低速机研发能力和UE品牌,以及神户柴油机制造能力,从而将研发和制造业务融合,进一步增强了市场竞争力。

2.中高速柴油机的应用

大功率四冲程中速柴油机因尺寸与重量小,较适于作为部分滚装船、集装箱船的主机。因船舶要求发电机功率不大、转速较高以及结构简单,因而均采用中、高速四冲程筒形活塞式柴油机。在中速柴油机市场上,芬兰Wärtsilä公司的市场占有率最高,其他企业主要包括德国MAN公司、中国潍柴动力股份有限公司、日本大发工业株式会社、美国康明斯、日本洋马株式会社等。

随着船舶的航速和尺寸不断增加,柴油机的单机功率也在逐步增加,在柴油机大功率化的同时,油耗低、可以使用劣质燃料的二冲程十字头式大型高增压低速超长冲程柴油机已成为船舶推进动力装置的主流机型。舰艇则采用能实现集中控制和自动化程度较高的四冲程筒形高增压柴油机,通过复合齿轮获得合适的推进动力。

任务三

船舶辅助机械认知

一、船舶辅机的概念和分类

在船上通常把除动力装置和推进装置之外的其他机械设备统称为船舶辅助机械,即船舶辅机。船舶辅机主要包括船用泵、辅助锅炉、空压机、油净化设备、海水淡化装置、防污染设备、船舶空调和制冷装置、甲板机械等。根据用途不同通常可以把船舶辅机分成以下五类:

(1)为船舶推进装置服务的辅机,即燃油输送泵、滑油泵、海水泵、淡水泵、空压机、分油机等。

(2)为船舶航行与安全服务的辅机,即舵机、系泊设备、吊艇机、消防泵、舱底水泵、压载泵等。

(3)为货运服务的辅机,即起货机、通风机、制冷装置、货油泵、洗舱泵等。

(4)为改善船员劳动和生活条件服务的辅机,即制冷及空调装置、海水淡化装置、饮水泵、卫生水泵、热水循环水泵、通风机、减摇装置、船用锅炉等。

(5)为防污染服务的辅机,即油水分离器、生活污水处理装置、焚烧炉、污油泵、污水泵等。

二、船舶辅机的种类

(一)船用泵

船用泵是一种在船上广泛使用的辅助机械,通常用来输送或提高液体压力。船舶主、辅机所需的燃油、润滑油、冷却水,锅炉所需的燃油和补给水,生活上所需的饮用水和卫生水,船舶压载所需的压载水、消防水和舱底水,液压舵机和液压起货机所需的动力油等都是由船用泵输送的。根据工作原理的不同,船用泵可以分为容积式泵、叶轮式泵、喷射泵。

1.容积式泵

容积式泵是依靠泵的工作部件运动使工作容积周期性地变化而吸排液体的泵。根据工作部件运动方式的不同,容积式泵可分为往复泵和回转泵,而回转泵又包括齿轮泵、螺杆泵、叶片泵、水环泵等。

2.叶轮式泵

叶轮式泵是靠叶轮带动液体高速旋转而使流过叶轮的液体的压力能和动能增加而吸排液体的泵，包括离心泵、轴流泵和旋涡泵等。在船上，各种水泵通常都选用离心泵。图 5-9 所示为某船离心式主海水泵实物图。

图 5-9　某船离心式主海水泵

3.喷射泵

喷射泵是靠具有一定压力的流体产生的高速射流来引射所需输送流体的泵。这种类型的泵主要包括水喷射泵、水喷射真空泵和蒸汽喷射泵等。

(二)锅炉

1.锅炉的种类及功能

根据燃料来源方式，船用锅炉可以分为燃油锅炉和废气锅炉。图 5-10 所示为某船燃油锅炉。燃油锅炉是通过燃烧把燃料的化学能转化为热能，并将热能传给水，从而产生一定数量和参数(温度、压力)的水蒸气或热水的设备。锅炉产生的高温、高压过热蒸汽用于驱动主蒸汽轮机以推动船舶前进，其蒸汽系统是船舶动力装置的重要组成部分，这种锅炉称为船舶主锅炉。在以柴油机为动力装置的船舶上，锅炉产生的饱和蒸汽仅用于驱动蒸汽辅机，加热燃油、滑油及满足日常生活的需要，这种锅炉称为船舶辅锅炉。在柴油机干散货船上，一般装设一台饱和蒸汽压力为 0.5～1.0 MPa 的辅锅炉，蒸发量为 0.4～2.5 t/h。在柴油机油船上，因为加热货油、驱动汽轮货油泵等蒸汽辅机以及清洗货油舱等需要大量蒸汽，所以一般都装设 2 台辅锅炉，蒸发量通常在 20 t/h 以上。在大型柴油机客船上，一般也装设 2 台辅锅炉以满足日常生活所需的大量蒸汽，且可以防止当其中一台辅锅炉损坏时，影响船员和旅客的日常生活。

根据锅炉结构的不同，船舶辅锅炉又可分为烟管锅炉和水管锅炉。若燃油燃烧产生的高温烟气在受热面管内流动，管外是水，则称为烟管锅炉。若锅炉受热面管内流动的是水或汽、水混合物，烟气在管外流过，则称为水管锅炉。

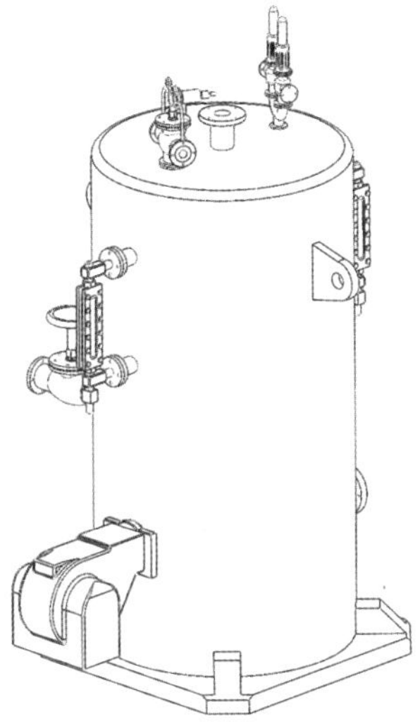

图 5-10　某船燃油锅炉

废气锅炉是利用船舶主机或发电柴油机的排气余热来产生水蒸气的锅炉。柴油机船的大型低速二冲程柴油主机的排气温度一般为 250~380 ℃,四冲程中速柴油主机的排气温度可达 400 ℃左右。水蒸气在压力为 0.5 MPa 时,其饱和蒸汽温度为 165 ℃;压力为 1.3 MPa 时也仅为 194 ℃。所以利用柴油机的排气余热来产生水蒸气的废气锅炉不仅可以节约燃油,还可以起到柴油机排气消音器的作用。一艘万吨级油船,利用废气锅炉产生的蒸汽来加热货油舱,平均每月可节省燃油 50 t 左右。废气锅炉产生的蒸汽量在满足加热和日常生活使用的要求之外一般还有剩余,有的船还将多余蒸汽用于驱动一台汽轮发电机。

2.辅锅炉结构

图 5-11 所示为立式烟管锅炉结构示意图。此锅炉有一个直立的圆形锅壳 1,由锅炉钢板卷制焊接而成。为了能较好地承受压力,其顶部和底部均有椭圆形封头 2。在锅壳的下部设有球形炉胆 3。炉胆顶部靠后有圆形出烟口 4 与上面的烟道 5 相通。烟道与烟箱 12 之间设有后管板 6 和前管板 7,两管板之间设有数百根水平烟管 8,烟管由不锈钢管制成。锅壳内部分为两个互相隔绝的空间,炉胆和烟管里面是烟气,外面是水。

设在炉前的电动油泵 9 通过燃烧器 10 的喷油嘴向炉胆内喷油,同时由鼓风机 11 经风门将空气送入炉内助燃。油被点着后在炉胆内燃烧,高温火焰与烟气中的热量主要通过辐射方式经炉胆传给炉水。未燃烧完的油和烟气经出烟口向上流至烟道中继续燃烧,然后顺烟管流至烟箱,最后从烟囱排往大气。烟气在烟管中的流速越高、扰动越强烈,对管壁的对流放热能力就越强,因此在烟管中常设有加强烟气扰动的长条螺旋片。

锅壳中水位高于蒸发受热面,在水面以上为汽空间 13。炉水由于吸热沸腾而汽化,在水中产生大量蒸汽泡。蒸汽逸出后聚集在汽空间中,经顶部的集汽管 14 和停汽阀 15 输出,由管道送到各用汽处。

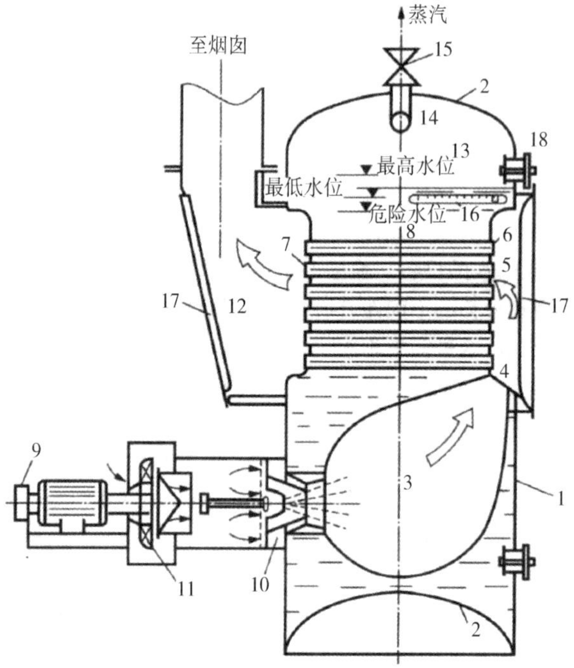

图 5-11 立式烟管锅炉结构示意图

1—锅壳;2—封头;3—炉胆;4—出烟口;5—烟道;6—后管板;7—前管板;8—水平烟管;9—电动油泵;10—燃烧器;11—鼓风机;12—烟箱;13—汽空间;14—集汽管;15—停汽阀;16—内给水管;17—检查门;18—人孔门

炉内的水不断蒸发成汽,致使水位降低到最低工作水位时,水位自动调节器动作启动给水泵,给水经给水阀和内给水管 16 补入。当水位升到最高工作水位时,给水泵在水位自动调节器的作用下停止工作。为了减少锅炉的散热损失和降低周围环境温度并防止烫伤工作人员,锅炉外面包有隔热材料层,最外面是一层薄铁皮外罩。

(三)空压机

空压机是产生压缩空气的机械。在以柴油机为主机的船舶上压缩空气的用途主要有以下几个方面:(1)主机启动与换向;(2)发电柴油机启动;(3)为气动辅机(如舷梯升降机、救生艇起落装置等)或其他需要气源的设备(如压力水柜、汽笛、离心泵自吸装置、自动控制系统等)供气;(4)检修工作中用来吹洗零部件、滤器等;(5)为甲板敲锈用的气锤提供空气。

1.活塞式空压机的基本结构

活塞式空压机排出压力较高时都采用多级压缩并设有中间冷却器。船用水冷空压机多采用两级压缩,少数风冷的船用空压机采用三级压缩。两级压缩按气缸布置可分为并列气缸式与级差活塞式两类,如图 5-12 所示。

并列气缸式的一级缸与二级缸并列布置并由双曲轴带动;级差活塞式由直径较大的

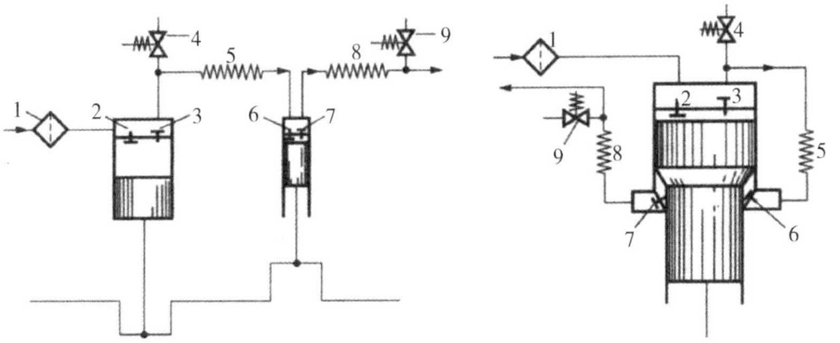

（a）并列气缸式　　（b）级差活塞式

图 5-12　二级空压机气缸布置图

1—吸入滤器;2—一级吸入阀;3—二级排出阀;4—一级安全阀;5—中间冷却器;6—二级吸入阀;7—二级排出阀;8—后冷却器;9—二级安全阀

活塞上部与气缸形成低压级工作空间;直径较小的二级活塞与气缸之间的环形空间为高压级工作空间。外界空气经滤器由低压级吸入,压缩后经中间冷却器进入高压级,排出后通过后冷却器进入空气瓶。

活塞式空压机采用多级压缩与中间冷却的目的是:

(1)降低排气温度改善润滑条件;

(2)提高输气系数;

(3)节省压缩功耗;

(4)减小低压缸工作部件作用力。

2.船舶压缩空气系统

船舶压缩空气系统主要由空压机、空气瓶、管系和阀门等附件组成,图 5-13 所示为某船压缩空气系统实物图。一般每艘船设有 2~3 台排压为 3.0 MPa 的空压机向主空气瓶供气,另外,还安装有一台应急空压机。船上需要的压缩空气压力较低的场所一般由主空气瓶经减压阀供气。

图 5-13　某船压缩空气系统

(四)分油机

为了保证燃油燃烧良好,减少气缸和喷油设备的磨损,一般需要对燃油进行净化,以便分离出油里面的杂质(包括水),这种设备就是分油机。柴油机系统润滑油在使用过程中也应循环净化,以除去润滑油内部的各种杂质。根据用途不同,可以把分油机分为分水机和分杂机。分水机主要用来分离两种密度不同的液体,也能分离出大颗粒的杂质;分杂机主要用来分离液体中的固体杂质。

燃油、水分和机械杂质的密度是不同的。燃油的密度最小,水分的密度居中,机械杂质的密度最大。燃油若在沉淀柜中静置,依靠自身的重力沉淀,则纯油必定浮在最上层,水分在油下面,机械杂质则在沉淀柜的底层。但是燃油是黏性液体,水滴和固体小颗粒在其中运动时受到黏滞阻力,所以很难只依靠自身的重力来分离水分和杂质,分离效果也不好。为了提高分离速度,可以把污油置于高速回转的分离筒中,让污油与分离筒一起高速回转,也就是说把污油置于一个离心力场中。由于油、水和杂质所产生的离心惯性力各不相同,它们就会沿转动轴的径向重新分布。受离心惯性力最大的杂质被甩到最外圈,离心惯性力最小的纯油汇聚在转轴附近,水分则位于中间位置。由于杂质和水分所产生的离心惯性力要比其自身的重力大几千倍,因此用分油机净化燃油能缩短净化时间和提高净化效果。根据混合液体的这一特性,船舶上通常采用叠片式(转盘式)分油机净化燃油。这种分油机的核心部件是分离筒,净化燃油的作用主要由它完成。图 5-14 所示为分油机结构图。

(五)造水机

淡水是指含盐量低于 1 000 mg/L 的水。船舶每天都要消耗相当数量的淡水以满足船上人员和动力装置的需要,远洋船舶为增加载货吨位不宜携带过多淡水。船上一般都设有海水淡化装置(造水机)以减少向港口购买淡水的费用并提高船舶的续航能力。船上淡水主要用于柴油机和其他辅机的冷却、锅炉补给水、生活洗涤、甲板冲洗和饮用。我国船用锅炉给水标准规定,补给蒸馏水的含盐量应小于 10 mg/L。

海水淡化就是通过人工的方式降低海水的含盐量,目前常用的海水淡化方法有蒸馏法、电渗析法、反渗透法,采用蒸馏法的真空沸腾式造水机是目前绝大多数船上采用的海水淡化方法。图 5-15 所示为某船 Alfa Laval 型真空沸腾式造水机。

船用真空沸腾式海水淡化装置中海水蒸发和水蒸气的冷凝都是在高真空度的条件下进行的,真空度高时水的沸点比较低,因此可以利用船舶柴油机的缸套冷却水余热通过加热海水进行蒸发。例如,当真空度为 90% 时,对应的海水蒸发温度为 45 ℃,因此可以利用温度为 80 ℃左右的柴油机缸套冷却水作为海水淡化的加热工质,从而提高船舶动力装置的经济性。另外,采用比较低的加热温度和蒸发温度也可以减少蒸发器换热面上的结垢量。

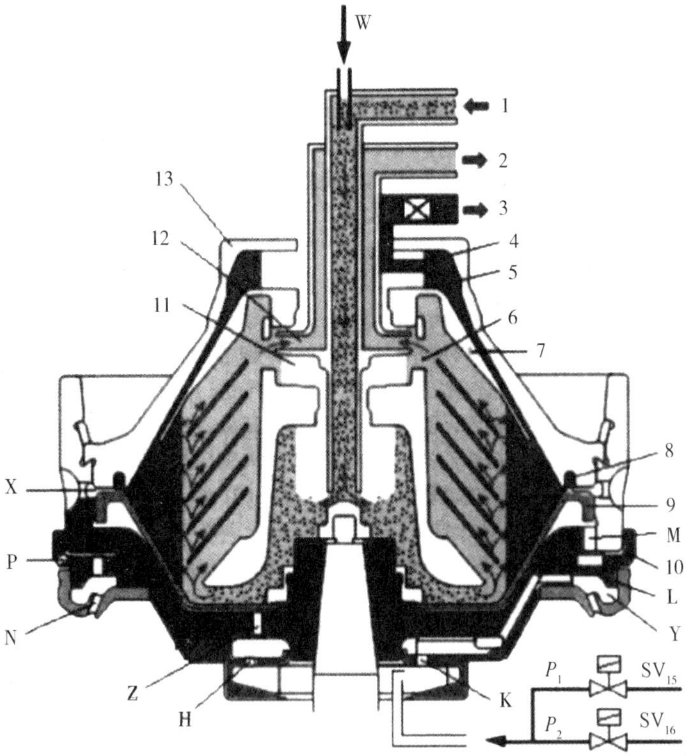

图 5-14　分油机结构图

1—待分油进口;2—净油出口;3—出水口;4—向心管;5—水腔;6—分配器孔;7—顶盘;8—密封环;9—活动排渣底盘;10—操作滑环;11—分离油腔;12—向心泵;13—分离筒盖

图 5-15　某船 Alfa Laval 型真空沸腾式造水机

(六)制冷装置

制冷就是用人工方法从被制冷对象中移走热量,以使其温度降低到环境温度以下。船舶制冷装置主要指伙食冷藏装置,鱼、肉食物应储藏在-20 ℃的冷库内,蔬菜和水果应储藏在5 ℃的冷库内。制冷装置就应该对这些伙食冷库进行制冷,使其温度保持在适当的范围内。

制冷的方法有多种,蒸气压缩式制冷是现今应用最广泛的机械制冷方法。它选择常压时沸点很低的液体作制冷剂,制冷剂经膨胀阀节流进入蒸发器的盘管中,在较低的蒸发压力下吸热汽化并吸收冷库内食物发出的热量,从而实现制冷。为了在蒸发器中维持低压,需用压缩机将其中的制冷剂蒸气不断抽出,压送到冷凝器中去。冷凝器中的冷凝压力及相应的冷凝温度较高,这样就可利用冷却水使制冷剂气体冷却、冷凝而重新液化,然后经膨胀阀节流送入蒸发器汽化吸热,从而连续不断地制冷。压缩式制冷装置的基本部件主要有压缩机、冷凝器、膨胀阀和蒸发器。

任务四

船舶管系认知

船舶管路系统简称船舶管系,是指保证船舶航行性能和安全,以及满足船舶正常航行和人员生活需要的管路系统,用来流通各种油、水、蒸汽和空气等介质,它包括由管子及其附件、机械、器具和仪表所组成的整体。船上的管路纵横交错、四通八达,遍布全船,现代大型船舶上有多达数十种管系。根据用途不同,船舶管系主要可以分为动力管系、船舶通用管系和特种船专用管系。

(1)动力管系

动力管系又称动力系统,是指为船舶动力装置正常工作而服务的管路系统,主要有燃油系统、滑油系统、冷却系统、压缩空气系统、蒸汽系统和排气系统等。

(2)船舶通用管系

船舶通用管系又称船舶辅助管系,是指为保证船舶的正常航行和安全,以及满足船员、旅客生活所需而设置的管路系统。辅助管系主要有舱底水系统、压载水系统、消防系统、日用水系统、通风系统、空调系统等。

(3)特种船专用管系

特种船专用管系是指为满足特种船某些特殊作业需求而设置的管系,如液货船装卸货系统、洗舱系统、液货舱加热系统、惰性气体保护系统等。

一、船舶动力管系

(一)燃油系统

燃油系统的主要任务是向主机、副机及锅炉提供数量足够和质量可靠的燃油。燃油系统主要由燃油舱、沉淀柜、日用柜、驳运泵、调驳阀箱、分油机、粗细滤器、低压输送泵、加热设备及有关的管路和阀件等组成。上述设备按其功能不同主要分为注入、储存、测量、驳运、净化、供应等几个部分。

(二)润滑油系统

润滑油系统的主要任务是为主机、副机的运动部件提供足量、洁净的润滑油,并且具有减小摩擦、带走部分热量、洗涤摩擦面,以及起到密封、防蚀、减噪等作用。

船用润滑油种类较多,除曲轴箱油、透平油和气缸油外,还包括液压油、冷冻机油、齿轮油等。通常,柴油机常用的润滑油主要是曲轴箱油、透平油和气缸油。其中前两种可独立构成柴油机的滑油循环系统。气缸油为消耗型滑油。它们在甲板上都有各自的注入阀,供装油用。各油品分别储存在双层底或上层重力油柜中,根据需要选择驳运泵或靠重力注入各自的循环柜或日用柜中。

(三)冷却水系统

冷却水系统的任务是将柴油机运行时内部产生的热量有效地散发出去,以保证柴油机的正常连续运行。目前,柴油机的冷却方式分为强制液体冷却和自然风冷两种,绝大多数柴油机使用前者。柴油机强制液体冷却系统中的冷却介质通常为淡水、海水、滑油和柴油等四种。

目前,船用柴油机冷却系统的一般规律是用淡水系统强制冷却柴油机,然后用海水系统强制冷却淡水系统和其他载热流体。在系统布置上,前者属闭式循环,后者属开式循环。两者组成的冷却系统称为闭式冷却系统。

(四)压缩空气系统

压缩空气系统主要由空压机、空气瓶、减压阀、安全阀等组成。其主要作用是启动主机和副机,鸣汽笛,为海、淡水压力柜充气,吹除海底阀等的杂物。船上压缩空气的使用场合及其压力范围见表5-2。

表 5-2　船上压缩空气的使用场合及其压力范围

使用场合	压力范围/MPa
柴油机启动和换向	3.0(随机型而异)
气动仪表和杂用	0.6~ 1.0
海水、淡水压力柜	0.3~ 0.4
汽笛、雾笛	0.5~ 1.0
吹洗海底阀	0.2~ 0.3

(五)蒸汽系统

在柴油机船上,为了加热燃油(重油)或润滑油、给主机暖缸、使机舱保温,以及在日常生活中供应热水、取暖、满足厨房用气等,需设置蒸汽系统。对于油船,因其油舱加温以及透平货油泵、透平发电机需要大量蒸汽,因此锅炉容量较大。蒸汽由燃油辅锅炉或废气锅炉产生,通过蒸汽管路和系统中的阀件,送往各需要处;回汽则通过海水冷凝器返回热水井,再由锅炉给水泵泵至锅炉。

(六)排气系统

柴油机排气系统主要由排气总管、补偿装置、废气涡轮增压器、废气锅炉及消音器等组成。排气系统的主要作用是利用柴油机废气中的能量和热量驱动增压器与加热废气锅炉,最终将主机和副机的废气排入大气。另外,系统还有降低排气噪声等作用,对于油船,还应有熄灭火星的作用。

二、船舶通用管系

(一)舱底水系统

舱底水系统由舱底水泵(污水泵)、舱底水总管和支管、吸水口滤器、分配阀箱、泥箱、油水分离器等组成。舱底水系统的主要作用是将机舱与货舱的舱底积水排出,防止舱底水损坏货物或影响机器的正常工作,从而保证船舶安全航行。另外,在应急情况下,可以排出机舱的大量进水,为堵漏争取时间。

(二)压载水系统

压载水系统主要由海底阀、滤器、压载水泵、阀箱、压载舱、通海阀等组成。压载水系统的主要作用是通过调整吃水(注入、排出或调驳)使船舶具有适当的稳性高度,减小水上受风面积以利于船舶操纵,空载时使螺旋桨有一定的深沉以减小船体振动,减小船体因空载引起的过大弯曲力矩和剪力等保证船舶航行安全。

（三）水消防系统

水消防系统主要由消防泵、消火栓、消防水带、消防水枪及管路附件等组成，广泛地用于扑灭起居舱室、货舱和机炉舱等处的火灾。灭火时，消防泵从舷外把海水送至船上各甲板和舱室处的消火栓，再经消防水带从水枪喷射到船舶任何处所进行灭火。水消防系统也有冷却和保护的作用，有时还兼作船舶甲板水、锚链水之用。因此，每一艘机动船舶都必须配置消防水系统。

（四）通风系统

通风系统主要由风机、风帽、风筒、风管等组成。其主要作用是对货舱、机舱、客舱和船员住室、工作室等进行通风，排出废气，补充新鲜空气。在炎热的夏季或寒冷的冬季，为了改善旅客和船员的生活条件，空调系统利用通风机将室外空气吸入，通过制冷装置或锅炉蒸汽对其进行冷却和加热，然后再将其通过管路送到各个居住舱室，从而进行制冷和供暖。

（五）日用海、淡水系统

日用海水系统又称卫生水系统，主要由泵、水柜、管系及附件组成，主要用来冲洗卫生设备。其具体做法是：将卫生水泵经海底阀吸入的舷外水送进压力柜（或重力柜），再经管路分别通至各厕所、甲板冲洗接头。甲板排水管和卫生排泄管分别引向污水沟、污水柜、粪便柜或舷外。

日用淡水系统主要由泵、水柜、管系及附件组成，主要用来向全船供应饮用、洗涤等生活所需淡水。其具体做法是：用日用淡水泵将淡水从淡水舱（柜）打进压力水柜（或重力柜），再由水柜经管路引至各加热器、盥洗室、厨房和饮水茶炉等处。

三、船舶管系的识别及认读

由于船舶管系种类繁多，为了便于管理人员识别各种管路所输送的工质和流向，按照国标的要求，管路外表通常按系统涂有不同颜色的油漆：燃油管路用棕色表示；滑油管路用黄色表示；海水管路用绿色表示；淡水管路用灰色表示；压缩空气管路用浅蓝色表示；消防管路用红色表示；舱底水管路用黑色表示；蒸汽管路用银白色表示；透气、测量和溢流管路则依其介质而定。但是，不同国家的颜色标志可能略有差异，故应以船上的标志说明为准。管路上还有用颜色标志表示的介质流向的箭头符号。

轮机员应当依据造船厂提供的船舶管系图对船舶管系进行识读。

船舶管系图标明了船舶管系中管材的种类、规格、尺寸，管路的附件，管路系统代号，管路在该系统的编号，阀的规格、种类及编号，管路弯头的形式、尺寸及规格等，管路连接件的种类、规格等信息。

船舶管系的种类有无缝钢管（碳钢与低合金钢）、焊接钢管、无缝铜管、双金属管、塑料管等。

船舶管系的规格主要是指管子的公称直径、外径、壁厚等。

管路附件种类繁多,用途广泛且各异,按形式可分为通用(标准)附件和自制附件两大类。通用(标准)附件主要包括调节控制附件(即阀件),观察、检测附件,滤器,热交换器,连接附件(法兰等),垫片等六大类。自制附件主要有支架等。

船级社规范对阀的基本要求如下:

(1)阀的手轮应以顺时针方向转动为关闭,逆时针方向转动为开启。

(2)阀及旋塞应有标明主要参数的铭牌和指示开关的标志,一些阀还需有指示开度装置。

(3)遥控阀应有手动操纵装置。

常用船舶管系的名称及代号如表 5-3 所示。

表 5-3 常用船舶管系的名称及代号

系统名称	系统代号	系统名称	系统代号	系统名称	系统代号
透气管	AP	燃油净化管系	FP	海水管系	SW
测深管	SP	轻柴油管系	TO	饮用水管系	DW
注入管	FL	柴油管系	DO	热水管系	HW
舱底管系	BG	滑油管系	LO	粪便污水管系	SO
压载管系	WB	滑油输送管系	LS	污水管系	SL
消防水管系	WD	艉管滑油管系	LT	泄水排水管系	SC
淡水冷却管系	CF	锅炉供水管系	FE	排烟管系	EG
海水冷却管系	CW	蒸汽管系	SM	货油管系	CO
燃油输送管系	FS	凝水管系	ED	惰性气体管系	IG
燃油管系	FO	日用淡水管系	FW	通风管系	VD

(一)管路系统的符号

管路系统的符号包括基本符号、管线符号、管路连接符号、阀和阀箱及滤器符号、仪表和传感器符号等,其符号及含义参见表 5-4。

表 5-4　管路系统的符号及含义

符号	名称	符号	名称	符号	名称	符号	名称
	直通截止阀		蝶阀		膜片阀(带手柄,带定位器)		盲板法兰
	截止阀(角阀)		蝶阀(带手柄,电动机驱动)		三通膜片阀(带手柄)		节流孔板
	截止止回阀		蝶阀(带手柄,空气活塞控制)		三通膜片阀(带手柄,带定位器)		喇叭口
	截止止回阀(角阀)		蝶阀(无手柄,空气活塞控制)		三通温控阀(旋转式)		空气管帽(带金属丝网)
	针阀		蝶阀(带手柄,远程液压控制)		三通温控阀门(蜡型)		空气管帽(无金属丝网)
	针阀(角阀)		蝶阀(无手柄,远程液压控制)		针阀(螺纹或咬合连接型)		测深管(带自闭阀)
	抬升式截止止回阀		截止阀(带手柄,空气活塞控制)		旋塞(螺纹或咬合连接型)		测深管(带盖)
	抬升式截止止回阀(角阀)		截止阀(无手柄,空气活塞控制)		截止阀(螺纹或咬合连接型)		漏斗
	三通阀		截止止回阀(无手柄,空气活塞控制)		电磁阀(螺纹或咬合连接型)		带盖的漏斗
	软管阀(直通)		截止角阀(带手柄,空气活塞操作)		三通电磁阀(螺纹或咬合连接型)		手摇泵
	软管阀(角阀)		截止止回角阀(带手柄,空气活塞控制)		四通电磁阀(螺纹或咬合连接型)		带滤网的落水口
	闸阀		三通阀(带手柄,空气活塞控制)		球形止回阀		下水道存水槽

续表

符号	名称	符号	名称	符号	名称	符号	名称
	回转止回阀或双板止回阀		三通阀(无手柄,空气活塞控制)		底阀		观察镜
	速闭阀(远程操作)		截止阀(带手柄,电动机驱动)		放气阀		扩压管
	自闭阀		截止止回阀(带手柄,电机驱动)		球阀		阻火器
	自闭阀(通过配重)		截止角阀(带手柄,电动机驱动)		Y 型过滤器		噪声阻尼器
	调节阀		截止止回角阀(带手柄,电动马达驱动)		单联滤器		套管式膨胀接头
	防浪阀		三通阀(带手柄,电机驱动)		双联滤器		波纹管式膨胀接头
	旋塞		截止阀(电磁阀)		泥箱		橡胶接头
	三通旋塞(左端口)		三通阀(电磁阀)		舱底水过滤箱		挠性管接头
	三通旋塞(T 口)		膜片阀(无手柄)		减压阀(直接式)		毛细管
	安全阀或溢流阀		膜片阀(带手柄)		疏水器		电线
	安全阀或溢流阀(角阀)		膜片阀(无手柄,带定位器)		疏水器装置(带旁通阀)		废气消音器
	温度计插孔	LC	液位控制器	OM	含油量监测器		软管接头
T	温度计(本地)	LI	液位指示器(远程)	OCAH	含油量报警(高)		舱柜观察镜

续表

符号	名称	符号	名称	符号	名称	符号	名称
TC	温度控制器	LAH	液位报警(高)(远程)	OCS	含油量开关		未连接的交叉管
TI	温度指示器(远程)	LAL	液位报警(低)(远程)	I/P	电信号/压力信号转换器		液压油管路
TAH	温度警报(高)(远程)	LSW	液位开关		汽笛		蒸汽伴热管线
TAL	温度警报(低)(远程)	CR	集控室远程指示器		玻璃管液位计(下端带阀门)		虹吸管
TS	温度开关		变送器(带测试旋塞)		玻璃管液位计(两端带阀门)	CLI	盐度指示器
P	压力表(本地)	WH	驾驶室远程指示器		玻璃管式液位计(下端带自闭阀)	CLAH CR	机舱控制室盐度警报(高)
C	复合式压力表 (本地,含真空)	CCR	货物控制室远程指示器		玻璃管液位计(下端带自闭阀, 顶端带阀门)	CLS	盐度开关
PC	压力控制器	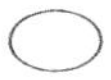	本地指示器		平板玻璃液位计	SB	吹灰器
PI	压力指示器(远程)	VI	黏度指示器(本地)		浮子式液位计		表面阀
PAH	压力警报(高)(远程)	VC	黏度控制器		外浮子式液位计		蝶阀(远程,电动液压油)
PAL	压力警报(低)(远程)	VI	黏度指示器(远程)	LS	限位开关		
PS	压力开关(带测试旋塞)	VAH	黏度警报(高)(远程)		法兰连接		
PD	压差表(本地)	VAL	黏度警报(低)(远程)		连接的交叉管道		

续表

符号	名称	符号	名称	符号	名称	符号	名称
PDI	压差指示器(远程)	BCC	远程指示器~压载水控制台内		螺纹接头或活接头		
DPS	压差开关(带测试旋塞)	HY	肼检测器或仪表	FS	浮子开关		
FI	流量指示器(本地)	PH	pH 检测器或仪表	F	无孔法兰(F 型法兰)		
FI	流量指示器(远程)	μυ	电导率检测器或仪表		通气管(无金属丝网)		
FAL	流量警报(低)(远程)	SM	烟雾指示器		油盘或围板		
FLS	流量开关	SMAH LGB	烟雾报警器(高)本地仪表板		易熔塞		
L	液位计(本地)	CO2	二氧化碳测量仪		控制空气管路		

(二)分析工作流体的流程

(1)例如:如图 5-16 所示,给 No.1 右压载舱提供压载水。

①打开海底阀 1、水泵进口阀 3、压载水的进口阀 6 和截止阀 12,其他阀关闭。

②海水依次沿着海底阀 1、水泵进口阀 3、压载泵 5、压载水的进口阀 6、截止阀 12 及其相连接的管路进入 No.1 右压载舱。

(2)例如:如图 5-16 所示,给 No.2 左压载舱排压载水。

①打开截止阀 10、排压载水吸口阀 4、水泵出口阀 7、通海阀 8,关闭水泵进口阀 3、压载水的进口阀 6、截止阀 9、11、12。

②水从 No.2 左压载舱开始,依次沿着截止阀 10、排压载水吸口阀 4、压载泵 5、水泵出口阀 7、通海阀 8 排到船舷外。

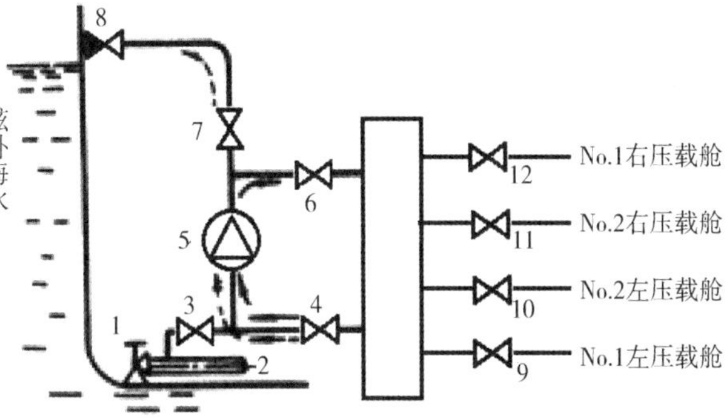

图 5-16　压载水管系图

1—海底阀;2—海水总管;3—水泵进口阀;4—排压载水吸口阀;5—压载泵;6—压载水的进口阀;7—水泵出口阀;8—通海阀;9、10、11、12—截止阀

任务五

轮机值班认知

轮机值班应符合《中华人民共和国海船船员值班规则》。

一、总则

(1)100 总吨及以上中国籍海船的船员值班适用本规则,下列船舶除外:军用船舶;

渔业船舶;游艇;构造简单的木质船。

(2)交通运输部海事局是实施本规则的主管机关。各级海事管理机构按照职责具体负责海船船员值班的监督管理工作。

(3)航运公司应当根据本规则以及有关国际公约的要求编制《驾驶台规则》《机舱值班规则》等船舶值班规则,张贴在船舶各部门的易见之处,要求全体船员遵守执行,以保证船舶航行安全。

(4)航运公司应当确保指派到船上任职的值班船员熟悉船上相关设备、船舶特性、本人职责和值班要求,能有效履行安全、防污染和保安等职责。

(5)船长及全体船员在值班时,应当遵守法律、行政法规、相关国际公约以及当地有关防治船舶造成海洋污染的要求,采取一切可能采取的预防措施,防止因操作不当或者发生事故等造成船舶对海洋环境的污染。

二、航次计划及值班的一般要求

1.航次计划

船长应当根据航次任务,组织驾驶员研究有关资料,制订航次计划,及时通知各部门做好开航准备工作,保证船舶和船员处于适航、适任状态。

制订航次计划应当满足以下要求:

(1)与大副、轮机长协商后,预先确定并落实本航次所需各种燃料、物料、淡水以及备品的数量;

(2)保证各种船舶证书和船员证件齐全、有效;

(3)保证本航次涉及的航海图书资料和其他航海出版物准确、完整、更新及时;

(4)保证运输单证及港口文件齐全。

2.值班的一般要求

(1)航运公司和船长应当为船舶配备足够的适任船员,以保持安全值班。

(2)船长应当安排合格的船员值班,明确值班船员的职责。值班的安排应当符合保证船舶、货物安全及保护海洋环境的要求,并保证值班船员能得到充分休息,防止疲劳值班。在船长的统一指挥下,值班驾驶员对船舶安全负责。轮机长应当经船长同意,合理安排轮机值班,保证机舱运行安全。船长应当根据保安等级的要求,安排并保持适当和有效的保安值班。

(3)值班应当遵守下列驾驶台和机舱资源管理的要求:①根据情况合理地安排值班船员;②考虑值班船员资格和适任的局限性;③值班船员应当熟悉其岗位职责和部门职责;④值班船员对值班时所接收到的与航行有关的信息应当能够正确领会、正确处置,并与其他部门适当共享;⑤值班船员应当保持各部门之间的适当沟通;⑥对于为保证安全而采取的行动,值班船员如果有任何怀疑,应当立即告知船长、轮机长、负责值班的高级船员。

(4)值班的高级船员认为接班的高级船员明显不能有效履行值班职责时,不得交班,并应立即向船长或者轮机长报告。

(5)值班的高级船员在交班前正在进行重要操作的,应当在确认操作完成后再交班,船长或者轮机长另有指令的除外。

(6)接班的高级船员应当在确认本班人员完全能有效地履行各自职责后接班。

(7)不得安排船员在值班期间承担影响值班的工作。

(8)值班船员应当将值班期间发生的重要事件按照要求做好记录。

三、轮机部航行值班

1.值班安排

(1)轮机值班的组成应当适合当时的环境和条件,以确保影响船舶安全操作的所有机械设备在自动操作方式、手动操作方式的模式下均能安全运行。

(2)确定轮机值班组成时,应当考虑下列因素:

①保持船舶的正常运行;

②船舶类型、机械设备类型和状况;

③对船舶安全运行关系重大的机械设备进行重点监控的值班需求;

④由于天气、冰区、污染水域、浅水水域、各种紧急情况、船损控制或者污染处置等情况的变化而采用的特殊操作方式;

⑤值班人员的资格和经验;

⑥人命、船舶、货物和港口的安全及环境保护的要求;

⑦有关国际公约、国家法规和当地规定。

2.值班交接

(1)交、接班轮机员应当清楚下列交接事项:

①轮机长关于船舶系统和机械设备运行的常规命令和特别指示;

②对机械设备及系统进行的所有操作及目的、参与人员以及潜在的危险;

③污水舱、压载舱、污油舱、备用舱、淡水柜、粪便柜、滑油柜等使用状况和液位以及对其中贮存物的使用或者处理的特殊要求;

④备用燃油舱、沉淀柜、日用燃油柜和其他燃油贮存设备中的燃油液位和使用状况;

⑤有关卫生系统处理的特殊要求;

⑥主机、副机系统(包括配电系统)的操作方式和运行状况;

⑦监控设备和手动操作设备的状况;

⑧自动锅炉控制装置和其他与蒸汽锅炉操作有关设备的状况和操作模式;

⑨恶劣天气、冰冻、被污染的水域或者浅水引起的潜在威胁;

⑩在设备故障或危及船舶安全的情况下而采取的特殊操作方式和应急措施;

⑪机舱普通船员的任务分派;

⑫消防设备的可用性；

⑬轮机日志的填写情况。

（2）接班轮机员对接班事项不满意或者观察到的情况与轮机日志记录不相符时，不得接班。

3.值班职责

（1）值班轮机员是轮机长的代表，主要负责对与船舶安全有关的机械设备进行安全、有效的操作和保养，并根据要求，负责轮机值班责任范围内的一切机械设备的检查、操作和测试，保证安全值班。

（2）值班轮机员应当维持既定的正常值班安排。机舱值班的普通船员应当协助值班轮机员，确保主机、辅机系统能安全、有效地运行。

（3）轮机长在机舱时，值班轮机员仍应当继续对机舱工作全权负责，除非被明确告知轮机长已承担责任。

（4）轮机值班的所有成员都应当熟悉被指派的值班职责，并掌握下列内容：

①内部通信系统的适当使用；

②机舱逃生途径；

③机舱报警系统；

④机舱的消防设备和破损控制装置的数量、位置和种类，以及它们的使用方法和应当采取的各种安全预防措施。

（5）轮机值班开始时，应当对所有机械设备的工作情况、工况参数加以验证、分析，使其保持在正常范围内。

（6）在值班期间，值班轮机员应当定期巡回检查机舱和舵机房，及时发现机械设备的故障和损坏情况，并采取相应措施。

（7）值班轮机员应当对运转失常、可能发生故障或者需要特殊处理的机械设备，以及已经采取的措施做详细记录。需要时，应当对拟采取的措施做出安排。

（8）在机舱值守的值班轮机员应当能够随时操纵推进装置，以应对换向和变速的需要。机舱无人值守的，值班轮机员在获知报警、呼叫时，应当立即到达机舱。

（9）值班轮机员应当执行驾驶台的命令。对主推进动力装置进行换向和变速操作后，应当做好记录。当人工操作时，值班轮机员应当确保主推进动力装置的操纵装置有人不间断地值守，并随时处于准备和操作状态。

（10）值班轮机员应当掌握正在维护保养的机械设备（包括机械、电气、电子、液压和空气系统）及其控制装置和与此相关的安全设备、所有舱室服务系统设备的维护保养情况，并对物料和备品的使用做好记录。

（11）轮机长应当将值班时拟进行的预防性保养、破损控制或者修理工作等情况通知值班轮机员。值班轮机员应当负责值班责任内的拟处理的所有机械设备的隔离、旁通和调整，并将已进行的全部工作做好记录。

（12）机舱处于备车状态时，值班轮机员应当保证一切在操纵时可能用到的机械设备处于随时可用状态，并使电力有充足的储备，以满足舵机和其他设备的需要。

（13）值班轮机员应当指导本班值班人员，并告知其对机械设备可能造成不利影响的情况或者危及人命、船舶安全的潜在危险情况。

（14）值班轮机员应当对机舱保持不间断监控。在值班人员丧失值班能力时，应当安排替代人员。

（15）值班轮机员应当采取必要的措施，以减轻由设备损坏、失火、进水、破裂、碰撞、搁浅和其他原因造成的损害。

（16）进行预防性保养、破损控制或者维修工作时，值班轮机员应当与负责维修工作的轮机员配合，做好下列工作：

①对要进行处理的机械设备加以隔离，并保留值班所需的通道；

②在维修期间，将其他的设备调节至充分和安全地发挥功能的状态；

③在轮机日志或者其他适当的文件上详细记录维修保养过的设备、参加人员情况以及采取的安全措施；

④必要时将已修理过的机器和设备进行测试、调整，并投入使用。

（17）值班轮机员应当确保，在自动设备失灵时履行维修职责的轮机部普通船员能够立即协助其对机器进行手动操作。

（18）值班轮机员应当了解失去舵效或者因机械故障导致失速会危及船舶和海上人命的安全，当发生机舱失火或者机舱中即将采取的行动会导致船速下降、瞬间失去舵效、船舶推进系统停止运转或者电站发生故障或者类似威胁安全的情况时，值班轮机员应当立即通知驾驶台。如有可能，应当在采取行动之前通知驾驶台，以便驾驶台有充分的时间采取一切可能的措施来避免发生海上事故。

（19）出现下列情况，值班轮机员应当立即通知轮机长，并根据情况采取措施：

①机器发生故障或者损坏，可能危及船舶的安全运行；

②发生可能引起推进机械、辅机、监视系统、调节系统的损坏和失常的现象；

③遇到其他紧急情况或感到疑虑时。

（20）值班轮机员应当给予其他机舱值班人员适当的指示和信息，以保持安全值班。常规的机械设备保养应当纳入值班工作。全船的机械、电子与电气、液压、气动等设备的维修工作，应当在轮机长和值班轮机员知情的情况下进行，并做好记录。

4.特殊环境下的轮机值班

（1）值班轮机员应当保证提供鸣放声号用的空气或蒸汽压力，并随时执行驾驶台变速、换向的命令，还应当备妥用于操纵的一切辅助机械。

（2）值班轮机员接到船舶进入通航密集水域航行的通知时，应当确保涉及船舶操纵的机械设备能够随时置于手动操作模式，舵和其他设备的操作有足够备用动力，应急舵和其他辅助设备处于随时可用状态。

（3）船舶在开敞的港外锚地或者开敞的海域锚泊时，值班轮机员应当做到以下几点：

①保持有效的轮机值班；

②定时检查所有正在运行和处于准备状态的机械设备是否正常；

③执行驾驶台发布的使主机和辅机保持准备状态的命令；

④遵守适用的防治污染规则，防治船舶污染海洋环境；

⑤保持破损控制和消防系统处于备用状态。

在开敞锚地，轮机长应当与船长商定是否仍保持与在航时同样的轮机值班。

四、港内值班

1.港内值班应当遵守的一般要求

(1)船舶在港内停泊时，船长应当安排适当而有效的值班。对于具有特种形式的推进系统或者辅助设备，以及装载有危害、危险、有毒、易燃物品或者其他特殊货物的船舶，还应当按照有关规定的特殊要求值班。

(2)船长应当根据停泊情况、船舶类型和值班特点，配备足够的具有熟练操作能力的值班船员，并安排好必要的设备。

(3)船舶在港内停泊期间的值班安排应当满足下列要求：

①确保人命、船舶、货物、港口和环境的安全；

②确保与货物作业相关机械的安全操作；

③遵守有关国际公约、国家法规和当地规定；

④保持船舶工作正常。

(4)停泊时，甲板值班人员应当至少包括一名值班驾驶员和一名值班水手。

(5)轮机长应当与船长协商确定轮机值班安排。在决定轮机值班人员组成时，应当考虑下列内容：

①至少有一名值班轮机员；

②对推进功率在 750 kW 及以上的船舶，至少安排一名值班机工协助值班轮机员。

轮机员在值班期间，不应当承担妨碍其监控船上机械系统的其他任务。

2.轮机值班

在港内值班时，值班轮机员应当做到以下几点：

(1)遵守有关防范危险情况的特殊操作命令、程序和规定；

(2)监测运行中的所有机械设备及系统的仪表和控制系统；

(3)遵守当地有关防污染的规定，按照规定采用必要的技术、方法和程序，防止船舶对周围环境造成污染；

(4)查看污水井中污水的变化情况；

(5)出现紧急情况并且需要时，发出警报并采取一切可能的措施避免船上人员、船舶及其货物遭受损害；

(6)了解驾驶员对装卸货物时所需设备的要求，以及对压载和船舶稳性控制系统的附加要求；

(7)经常巡查以判断可能发生的设备故障或者损坏情况,发现设备故障或者损坏情况时,应当采取补救措施以确保船舶、货物作业、港口及其周围环境的安全;

(8)在职责范围内采取必要措施,避免船上电气、电子、液压、气动以及机械系统发生事故或者损坏;

(9)对影响船上机械运转、调节或修理的重要事项做好记录。

3.轮机值班的交接班

(1)交、接班轮机员应当清楚地交接下列事项:

①当日的常规命令,有关船舶操作、保养工作、船舶机械或者控制设备修理的特殊命令;

②所有机械和系统检修工作的性质、涉及的人员以及潜在的危险;

③舱底、残渣柜、压载水舱、污油舱、粪便柜、备用柜的液位及状态,以及对其中贮存物的使用或者处理的特殊要求;

④有关卫生系统处理的特殊要求;

⑤灭火设备以及烟火探测系统的状况和备用情况;

⑥获准从事或者协助机器修理的人员及其工作地点和修理项目,以及其他获准上船的人员;

⑦港口有关船舶排出物、消防要求及船舶防备工作等方面的特殊规定;

⑧发生紧急情况或者需要援助时,船上与岸上人员、相关机关可使用的通信方式;

⑨其他有关船员、船舶、货物的安全以及防治环境污染等的重要情况;

⑩轮机部的活动造成环境污染时,向相关机关报告的程序。

(2)接班轮机员在承担值班任务前还应当做到以下几点:

①熟悉现有的和可用的电、热、水源和照明来源及其分配情况;

②了解船上的燃油、润滑油及淡水供给的可用程度;

③备妥机器以应对紧急状况。

五、驾驶、轮机联系制度

1.开航前

(1)船长应当提前24 h将预计开航时间通知轮机长,如停港不足24 h,应当在抵港后立即将预计离港时间通知轮机长;轮机长应当向船长报告主要机电设备情况,燃油、润滑油和炉水存量;如开航时间变更,应当及时更正。

(2)开航前1 h,值班驾驶员应当会同值班轮机员核对船钟、车钟,试舵等,并分别将情况记入航海日志、轮机日志及车钟记录簿。

(3)主机试车前,值班轮机员应当征得值班驾驶员同意。待主机备妥后,机舱应当通知驾驶台。

2.航行中

(1)每班交班前,值班轮机员应当将主机平均转数和海水温度等参数告知值班驾驶员,值班驾驶员应当回告本班平均航速和风向、风力,双方分别记入轮机日志和航海日志;每天中午,驾驶台和机舱校对时钟并互换正午报告。

(2)船舶进出港口,在通过狭水道、浅滩、危险水域或抛锚等情况下需备车航行时,驾驶台应当提前通知机舱准备。如遇雾或暴雨等突发情况,值班轮机员接到通知后应当尽快备妥主机。判断将有恶劣天气来临时,船长应当及时通知轮机长做好各种准备。

(3)因等引航员、候潮、等泊等需短时间抛锚时,值班驾驶员应当将情况及时通知值班轮机员。

(4)因机械故障不能执行航行命令时,轮机长应当组织抢修,通知驾驶台报告船长,并将故障发生和排除时间及情况记入航海日志和轮机日志。停车应当先征得船长同意。但当情况危急,不立即停车就会威胁人身安全或者主机安全时,轮机长可以立即停车并及时通知驾驶台。

(5)因调换发电机、并车等需要暂时停电时,值班轮机员应当事先通知驾驶台。

(6)在应变情况下,值班轮机员应当立即执行驾驶台发出的信号指令,及时提供所要求的水、气、汽、电等。

(7)值班驾驶员和值班轮机员应当执行船长和轮机长共同商定的主机各种车速,另有指示的除外。

(8)船舶在到港前,值班轮机员应当对主机进行停、倒车试验,当无人值守的机舱因情况需要改为有人值守时,驾驶台应当及时通知轮机长。

(9)抵港前,轮机长应当将本船存油情况告知船长。

3.停泊中

(1)抵港后,船长应当告知轮机长本船的预计动态,以便安排工作,动态如有变化应当及时更正;机舱若需检修影响动车的设备,轮机长应当事先将工作内容和所需时间报告船长,取得同意后方可进行。

(2)值班驾驶员应当将装卸货情况随时通知值班轮机员,以保证安全供电。在装卸重大件、特种危险品或者使用重吊之前,大副应当通知轮机长派人检查起货机,必要时应当派人值守。

(3)当装卸作业造成船舶过度倾斜,影响机舱正常工作时,轮机长应当通知大副或者值班驾驶员采取有效措施予以纠正。

(4)驾驶和轮机部门应当对船舶压载的调整,以及可能涉及海洋污染的各种操作,建立起有效的联系制度,包括书面通知和相应的记录。

(5)添装燃油前,轮机长应当将本船的存油情况和计划添装的油舱以及各舱添装数量告知大副,以便大副计算稳性、水尺和调整吃水差。

六、值班保障

（1）航运公司及船长应当采取有效措施防止船员疲劳操作。除紧急或者超常工作情况外，负责值班的船员以及被指定承担安全、防污染和保安职责的船员休息时间应当满足以下要求：

①任何 24 h 内不少于 10 h；

②任何 7 天内不少于 77 h；

③任何 24 h 内的休息时间可以分为不超过 2 个时间段，其中一个时间段至少要有 6 h，连续休息时间段之间的间隔不应当超过 14 h。

船长按照第②、③项中的规定安排休息时间时可以有例外，但是任何 7 天内的休息时间不得少于 70 h。

对第②项规定的每周休息时间的例外，不应当超过连续 2 周。在船上连续 2 次例外时间的间隔不应当少于该例外持续时间的 2 倍。

对第③项规定的例外，可以分成不超过 3 个时间段，其中一个时间段至少要有 6 h，另外两个时间段不应当少于 1 h。连续休息时间间隔不得超过 14 h。例外在任何 7 天时间内不得超过 2 个 24 h 时间段。

（2）紧急集合演习、消防和救生演习，以及国内法律、法规，国际公约规定的其他演习，应当以对休息时间的干扰最小且不导致船员疲劳的形式进行。船员处于待命状态时，若因被派去工作而中断了正常休息时间，则应当给予补休。

（3）因船舶、船上人员或者货物出现紧急安全需要，或者为了帮助海上遇险的其他船舶或者人员，船长可以暂停执行休息时间制度，直至情况恢复正常。情况恢复正常后，船长应当根据实际情况尽快安排船员获得充足的补休时间。

（4）船舶应当将船上工作安排表张贴在易见之处。船舶应当对船员每天的休息时间进行记录，并将由船长或者船长授权的人员和船员本人签注的休息时间记录表发放给船员本人。船上工作安排表和休息时间记录表应当参照《国际劳工组织（ILO）和国际海事组织（IMO）编制船员船上工作安排表和船员工作时间或休息时间记录格式指南》，并使用船上工作语言和英语制作。

（5）船长在安排船员值班时，应当充分考虑女性船员的生理特点和国家的有关规定。

（6）船员不得酗酒。值班人员在值班前 4 h 内禁止饮酒，且值班期间血液酒精浓度（BAC）不高于 0.05%或呼吸中酒精浓度不高于 0.25 mg/L。

（7）船员不得服用可能导致其不能安全值班的药物。

（8）航运公司应当制定相应的措施防止船员酗酒和滥用药物。船员履行值班职责或者有关安全、防污染和保安值班职责的能力受到药物或酒精的影响时，不得被安排值班。

七、法律责任

船员有下列情形之一的,由海事管理机构处 1 000 元以上 1 万元以下罚款;情节严重的,并给予暂扣海船船员适任证书 6 个月以上 2 年以下直至吊销海船船员适任证书的处罚:

(1)未按照要求履行值班职责;

(2)未按照要求值班交接;

(3)不按照规定测试、检修船舶设备;

(4)发现或者发生险情、事故、保安事件或者影响航行安全的情况未及时报告;

(5)未按照要求填写或者记载有关船舶法定文书;

(6)在船上值班期间,体内酒精含量超过规定标准;

(7)在船上履行船员职责,服食影响安全值班的违禁药物。

八、附则

(1)轮机值班,系指一个人或组成值班的一组人履行其职责,包括一个高级船员亲临机舱或不亲临机舱履行其高级船员的职责。

(2)本规则的值班规定系海船船员的最低值班要求。航运公司或船舶可以根据不同的航线、船舶种类或等级制定相应值班程序和要求,但是不得低于本规则的值班规定。

九、航行中值班人员的交接事项

(1)值班轮机员应保证维持既定的正常值班安排。机舱值班的普通船员应协助值班轮机员使主机、辅机安全和有效地运行。轮机员值班时间安排:

大管轮:0400—0800,1600—2000;

二管轮:0000—0400,1200—1600;

三管轮:0800—1200,2000—2400;

(2)值班机工应于交班前半小时(白天 0400—0800 班、0800—1200 班于交班前 45 min)通知接班人员,并做好交班准备。

(3)接班人员提前 15 min 到达机舱,按照职责分工认真检查舵机、主机、副机、轴系、锅炉及各种机电设备的运转情况,以及日用燃油柜、污油柜的液位情况。若发现问题,由接班轮机员汇总后向交班轮机员提出,其中应将主要问题记入轮机日志,双方如有争议应报告轮机长处理。

十、无人值班机舱船舶的轮机值班制度

1.由驾驶台操纵时的轮机值班规定

(1)不论航行或停泊,每班由一名轮机员和一名机工从0800到次日0800,实行24 h值班责任制。

(2)为确保安全,每天0800—1600由值班机工按值班职责和各项规定在集控室监视并处理警报,巡回检查动力设备的运转情况;在值班时间内如需暂时离开值班处所,必须经值班轮机员同意并将召唤警报开关转至值班轮机员房间的位置。

(3)值班轮机员在1530开始检查值班机工的工作和机电设备的运转情况,确认正常后值班机工方可离去。从1600至次日0800由值班轮机员按值班职责处理警报,并在2200到机舱巡回检查一次。离开机舱前应将召唤警报开关转至自己房间的位置。

(4)值班轮机员可以在自己房间或集控室内和衣休息。但不得在超越召唤警报呼叫范围的场所活动。一旦发生报警,应立即到机舱检查处理。

(5)值班轮机员在值班时间内应认真按规定填写轮机日志、副机日志和各种记录簿。按规定每日0800、1600、2200三次记录各种设备工况、运转参数,还应将每日0800的记录数据与机旁仪表的读数进行核对。

(6)设有车钟记录仪、警报记录器和巡回监测数据记录器等设备的船舶,应使用这些设备持续地监测运转中的动力装置。各种记录资料均应完整保存。

(7)巡回监测数据记录器一般每8 h(旧规定4 h)进行一次巡回检测。特殊情况下,由轮机长确定自动巡回检测的周期。

(8)在下列情况下,轮机长必须到机舱亲自指挥:

①机电设备发生故障并危及安全运转时;

②在狭水道、恶劣天气等特殊情况下航行及船长命令时;

③在遥控监测装置进行模拟试验或功能试验时;

④每次启动主机之前,直至主机达到正常工况时;

⑤值班轮机员有疑难并要求轮机长前往时;

⑥应变部署时;

⑦特殊情况下船长命令时。

(9)在各种需要机动操纵且持续时间不超过4 h的情况下,轮机长的工作岗位在机舱还是驾驶台,应由各公司根据各船舶设备和操纵特性予以确定,船长和轮机长必须坚决执行。如轮机长因有其他重要工作必须暂时离开岗位时,应经船长同意并由大管轮暂代。

(10)船舶在机动操纵,或者临时暂停驾驶台操纵时,值班轮机员和机工在接到轮机长的命令后,应立刻到达机舱值班。

(11)每次机动操纵结束转入正常航行,或者临时暂停驾驶台操纵结束后,必须得到

轮机长的许可才能开始按无人机舱值班制度值班。

2.暂停机舱无人值班

(1)发生下列情况时,应暂停机舱无人值班,恢复有人值班制:

①机电设备或控制系统发生故障,不能满足无人值班的要求时;

②进出港、移泊、过运河等机动操纵持续时(旧规定为超过 4 h);

③过狭水道,在恶劣天气中航行并在船长命令时;

④在其他特殊情况下,轮机长认为必要并命令时。

(2)暂停机舱无人值班后,不论航行或停泊,均应按本制度规定的有关值班职责联系制度执行,直至恢复无人机舱值班制度。

(3)机舱实行有人值班后,轮机长应组织好轮机部人员的值班并安排好日常工作,确保安全生产。

3.无人机舱值班的值班轮机员职责

(1)值班期间负责保持所有机电设备的安全运转。

(2)督促检查本班机工严格遵守机炉舱规则及各项安全操作规程,当值班机工有疑难并要求时,应及时前往机舱处理。

(3)按时检查机电设备和轴系的运转情况,当机舱警报呼叫时,应迅速前往检查处理。

(4)经常对设备的工况和运转参数进行正确的判断,在故障发生前或发生后进行有效的处理,并将情况如实记入轮机日志。

(5)根据驾驶台的命令,负责主机的备车和完车工作,确保推进装置处于良好操纵状况。

(6)值班期间如遇进出港、移泊等机动操纵,或在接到船长或轮机长的命令时,应在集控室坚守值班,随时准备推进装置的操纵转换。若遥控操纵系统失灵,应立即转换至机舱操纵或应急手动操纵,并同时报告驾驶台和轮机长,保证推进装置的功能正常和航行安全。

(7)在恶劣天气中航行时,为防止主机飞车或超负荷,需要降低主机转速或改变桨叶角前,应先取得轮机长同意并通知驾驶台。

(8)当机舱发生火警或设备故障等意外情况,引起主机减速、停车以及电网停电等连锁反应,危及航行安全时,应先采取一切必要的有效应急措施,并立即报告值班驾驶员和轮机长。

(9)当船舶发生火警或关键重大设备故障等意外情况时,如遇轮机长和大管轮不在船,应在船舶领导的统一指导下(或协助值班驾驶员指挥),组织轮机部全体在船人员进行抢救。

(10)在港停泊期间,如遇轮机长和大管轮不在船,根据领导指示,负责轮机部的日常工作,接待外单位来船人员。重要事项应及时向轮机长请示、汇报。

(11)在未配备机工的船上或本班无值班机工时,还须履行值班机工的职责。

4.无人机舱值班轮机人员的工作制度

(1)不论航行或停泊,除当班人员外,所有人员均实行 8 h 工作制。在 0745 时—1145 时(旧规定为 0730 时—1130 时)和 1300 时—1700 时的工作时间内,进行日常的维修保养工作。

(2)值班轮机员在其当值的次日休息半天,一般安排在下午。必要时轮机长可另行安排其休息。

(3)从 1600 时到次日 0800 时期间,在特殊情况下,如值班轮机员认为必要,可以命令本班机工参加抢修工作或进行值班,并报告大管轮,由大管轮酌情在第二天安排适当时间休息。

(4)因工作需要,非当值人员受大管轮指派在 8 h 工作时间以外参加了检修或值班,应由大管轮酌情在第二天安排适当休息时间。

(5)如因特殊原因不能参加工作,轮机员的请假必须经轮机长同意,机工的请假必须经轮机长或大管轮同意。

十一、轮机日志的记录及保管

轮机日志是轮机部工作的主要法定记录文件,是船舶运行全过程的原始记录之一。中国籍国际航行船舶和 500 总吨以上的沿海航行船舶应使用中华人民共和国海事局按照国家标准 GB 18436—2022 监制,统一编号,并经船籍港海事局授权单位盖章核发的轮机日志。

轮机日志由轮机长负责保管,用完后至少在船保存 2 年,之后送公司保存或自存 5 年后方可销毁。船舶发生海事时,轮机长应将轮机日志及有关资料妥善保管,弃船时应将其带下,以供海事调查之用。

(1)记录规定:

①轮机长对轮机日志的记载全面负责,应每日检查、指导记录情况。

②轮机日志必须按时间顺序记录,不得间断,内容应当明确反映出船舶航行、停泊、作业或修理的基本情况。

③轮机日志的记载必须真实,不得弄虚作假、隐瞒事实、故意涂改内容。

④轮机日志在航行中(包括移泊)由值班轮机员负责填写;停泊期间由大管轮负责记载和保管。

(2)记录要求:

①记载轮机日志必须使用不褪色的墨水,用规定的语言和符号记载,各栏内容要记载准确、完整、字体端正,词句要清楚明确,不得任意删改涂抹。若有记错或漏写,应在错误处画一横线,但必须使被删的原写处仍清晰可辨。改正字写在错字上方;补充字也应写在漏写处的上方,并在改正处或补充字后签名,签名应标以括号。

②轮机日志在启用前,轮机长必须准确、完整地填写扉页和船舶概况参数页。

③各项数据应按下列精度要求记载：

a.主机转速：记平均值，小数点后1位；

b.透平转速：百位；

c.油门开度：小数点后1位，末位数只记5或0，其余的就近舍入；

d.排烟温度：个位，末位数只记5或0；

e.油水温度：小数点后1位，末位数只记5或0，其余的就近舍入；

f.扫气压力：小数点后2位，以MPa为单位；

g.其余压力：小数点后2位，以MPa为单位；

h.耗存量：小数点后1位，以t为单位；

i.润滑油耗存量：个位，以kg为单位；

j.使用时间：主机、副机精确到分钟，其他设备精确到半小时，就近舍入。

④值班记事栏由值班轮机员如实填写，记载值班期间发生的下述情况，并在本班结束时签字，向接班轮机员交代清楚：

a.主机、副机、锅炉等设备工作中的特殊情况。

b.驳油、驳水情况；压载水加装、排放和更换过程，并保持和航海日志一致。

c.船长、轮机长的命令；驾驶台的通知或命令；重要的车钟令（如备车、第一次用车、正常航行最后一次用车、完车等）。

d.本班发生的问题及其处理情况。

e.其他有关情况。

⑤工作记录栏由大管轮负责填写，主要内容包括：

a.主要检修工作（包括承修人姓名、厂名）；

b.值班机工的调班；

c.机械设备的损坏及检修的概述；

d.包括轻微事故和隐性事故在内的各类事故的概况；

e.应变及应变演习的情况；

f.轮机部人员的调动或职务变更（但高级船员的调动或职务的变更应由轮机长负责记载并签署）；

g.其他重要事项。

（3）燃料的耗存量，由主管轮机员负责计算，并记载从前一日正午至当日正午的燃料耗存量，不得使用估计数字或定额数字。

（4）主机、副机的使用时间，分别由大管轮、二管轮每天进行统计和记载；其他在轮机日志内有要求的设备的使用时间，在每单航次结束后由各主管轮机员统计和填写。

（5）航行中，轮机长须每日认真查阅轮机日志的记载情况，对记载栏内一昼夜的燃料耗存量、航行时间、航速、主机平均转速和副机运转时间等情况的记载进行核对并签署。

(6)航行中,二管轮负责将每日驾驶台的正午报告中的有关内容填入轮机日志,并根据推进器速率及航行速率求出推进器的滑失率并记入轮机日志。

(7)轮机部高级船员交接时,在双方交接手续办理完毕后,应填写轮机日志中的轮机长、轮机员动态表。

(8)公司机务监督员有责任对轮机日志的记录情况进行审阅并签署。

项目六

电气、电子和控制工程

任务一

船舶电力系统认知

船舶电力系统是由电源装置、配电装置、电力网和负载按照一定方式连接的整体，是船上电能产生、传输、分配和消耗等全部装置和网络的总称，其示意图如图 6-1 所示。

一、电源装置

电源装置是将机械能、化学能等能源转变为电能的装置。目前，船舶电源主要有船舶发电机组和蓄电池，某些船舶还配有轴带发电机组。

(一) 船舶发电机组

使用交流电制的船舶，通常都选用三相交流同步发电机作为船舶的主电源。船舶发电机组通常都是由作为原动机的发电柴油机带动的，从而实现机械能向电能的转换。根据用途不同，船舶发电机组又分为主发电机组和应急发电机组。主发电机组的主要功能是向全船所有用电设备进行供电，它是船舶电力系统的重要组成部分。为了提高船舶电力系统的可靠性，船上通常配备 3 台主发电机组。图 6-2 所示为某船交流发电机组的示意图。

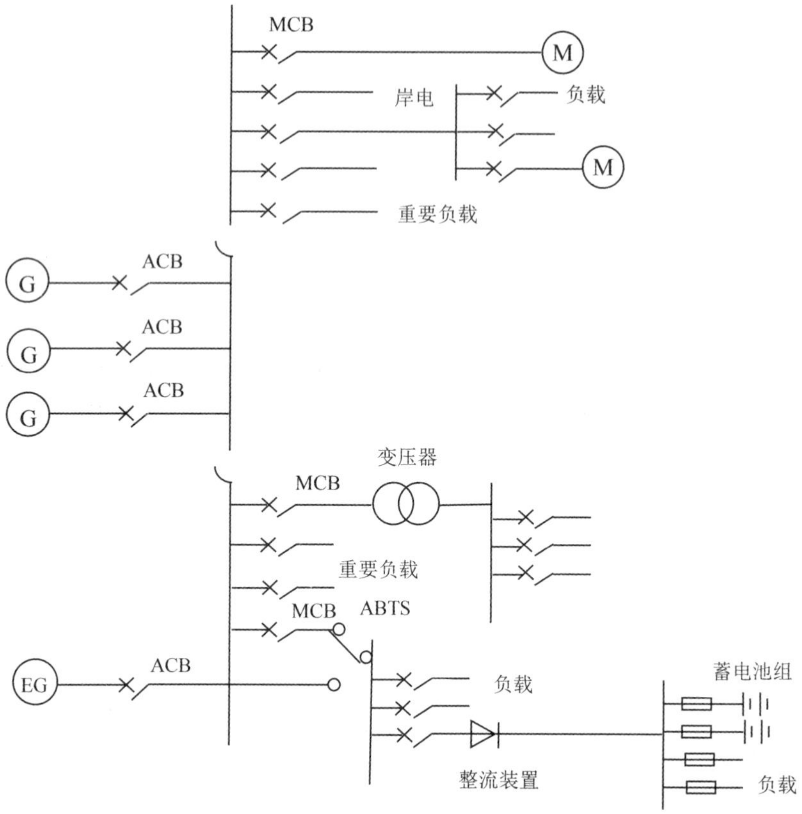

图 6-1　船舶电力系统示意图

G—主发电机;EG—应急发电机;M—电动机;ACB—自动空气断路器;MCB—装置式自动空气断路器;ABTS—汇流排转换接触器

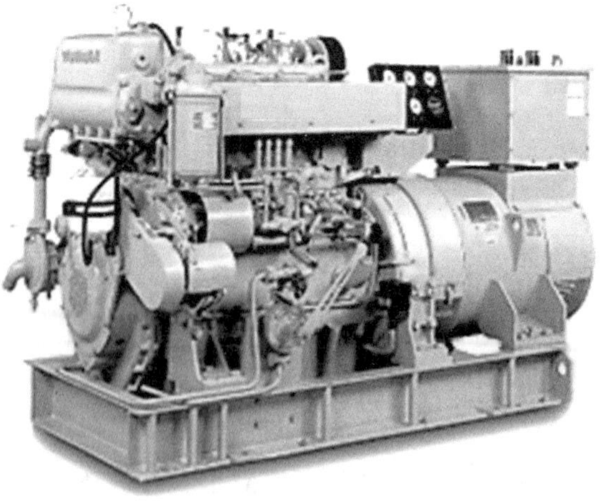

图 6-2　某船交流发电机组

根据造船规范的要求:客船和 500 总吨及以上的货船都要配备应急发电机组。船舶应急发电机组应布置在机舱外面主甲板及以上的应急发电机间,应急发电机组应具有独立的燃油系统及冷却装置，并具有 2 种启动方式，满足当船舶主电网失效时应急发电机组能在 45 s 内自动启动并向船舶应急设备供电的要求。

（二）蓄电池

1.蓄电池在船上的应用

蓄电池是任何类型的机动船舶都无法离开的可靠电源设备，其主要用途是作为应急电源或备用电源。一般商船都把蓄电池作为船舶小应急电源，在船舶主电网失电而应急发电机组尚未正常供电的时间内，由蓄电池组给小应急负载供电；蓄电池还作为低压设备（如无线电收发报机、自动电话、交换机和各种报警器等）的电源。此外，蓄电池也用作应急发电机组和救生艇上柴油机的启动电源，以及罗经的直流电源等。

2.船用蓄电池的类别

船用蓄电池主要有酸性蓄电池和碱性蓄电池两大类。酸性蓄电池又称铅酸蓄电池，其具有体积小、价格低廉、维护方便等特点，在船上广泛用于柴油机的启动和应急照明。图 6-3 所示为某船蓄电池实物图。碱性蓄电池包括镉-镍蓄电池、铁-镍蓄电池、锌-银蓄电池和镉-银蓄电池等，因其价格较高，在船上主要用于给无线电通信设备供电。

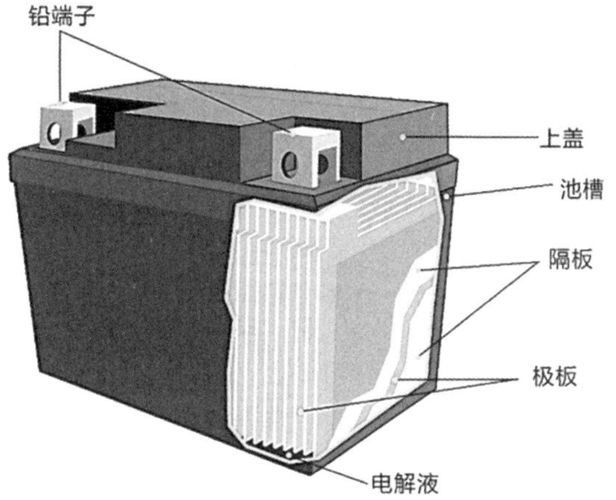

图 6-3　某船蓄电池结构图

（三）轴带发电机组

船舶轴带发电装置是由船舶主机驱动发电机供电的装置，将轴带发电机布置在柴油发电机自由端或齿轮端，通过传动齿轮来传动，利用主机航行时的富余功率来达到节能的目的。轴带发电机主要有以下优点：

（1）节省燃料和燃料费用。主机以劣质燃油作为燃料，热效率高，经济性好。

（2）缩短辅助柴油发电机组的运行时间并降低消耗，减少了相应的维修工作量和维修费用。

（3）减少滑油消耗。船舶在航行中不使用辅助柴油发电机组，减少了辅助柴油发电机滑油的消耗。

(4)有利于机舱的布置。由于辅助柴油发电机组总的工作时间缩短,故可选用较高速的柴油发电机组。在使用轴带发电机时,往往会减少1台副机,节省了机舱的空间。

(5)改善机舱的工作环境。降低机舱的噪声,同时也减少了机舱的热源。

轴带发电机系统也存在一些缺点:

(1)船舶在港作业时,不能用轴带发电机供电,仍需要辅助柴油发电机组供电。

(2)对于交流电制的船舶,若主机的转速恒定,则必须采取特殊措施,保证电网的频率恒定,这使整个系统变得较为复杂。

(3)一次投资较大,初次造船成本较高。

二、配电装置

配电装置是对电源即发电机发出的电能、电力网和电力负载进行保护、分配、转换、控制和检测的装置。根据供电范围和对象的不同,配电装置可分为主配电板、应急配电板、蓄电池充放电板、岸电箱、动力分配电板和照明分配电板等。

(一)主配电板

船舶主配电板是船舶电力系统的中枢,具有对主发电机和用电设备的控制、保护、监测和配电等多种功能,一般由发电机控制屏、并车屏、负载屏和连接母线(汇流排)四部分组成。图6-4所示为主配电板示意图。

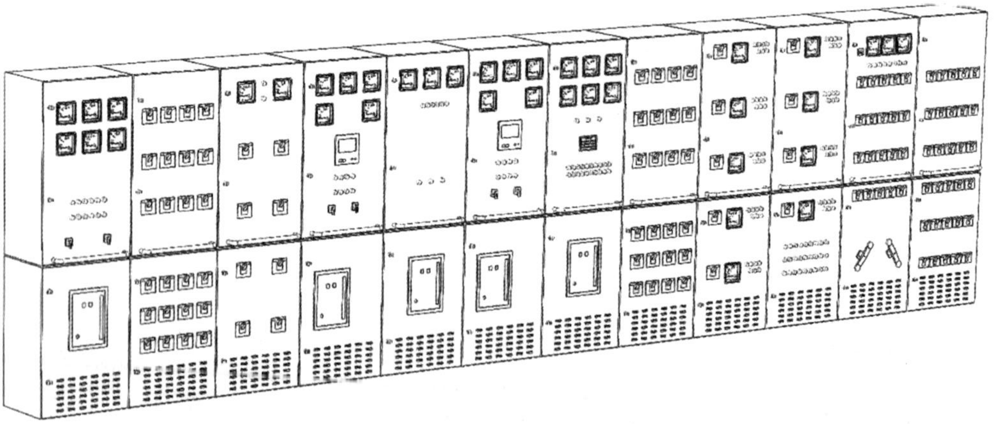

图6-4 主配电板示意图

1.发电机控制屏

发电机控制屏用于控制、调节、保护、检测发电机组,每个发电机组均应配有单独的控制屏。发电机控制屏上通常安装有电压表、电流表、频率表、功率表、指示灯、转换开关等。

2.并车屏

并车屏用于交流发电机组的并联运行、解列等操作。并车屏上主要有频率表、同步表和同步指示灯、转换开关、调速开关、分合闸按钮等。

3.负载屏

负载屏用于分配电能并完成对各馈电线路的控制、监视和保护等,包括动力负载屏和照明负载屏,通常安装有装置式自动空气开关、电压表、电流表及转换开关、绝缘指示灯、兆欧表,以及与岸电箱相连的岸电开关。

4.汇流排

汇流排配电板上主汇流排及连接部件是铜质的,连接处做了防腐或防氧化处理,汇流排能承受短路时的机械冲击力。交流汇流排按从上到下(垂直排列)、从左到右、从前到后(水平布置)的顺序依次为A相、B相、C相,颜色依次为绿色、黄色、褐色或紫色,中线为浅蓝色(若有接地线,则接地线为黄绿相间的颜色)。

(二)应急配电板

应急配电板用于控制和监视应急发电机,并向应急用电设备供电。它与应急发电机组在同一舱室内,一般位于艇甲板上。应急配电板由应急发电机控制屏和应急配电屏组成,其上面安装的仪器、仪表与主配电板基本相同。应急发电机总是单机运行,所以不需要并车屏、逆功率继电器和同步表。

应急电网平时可由主配电板供电,当主发电机发生故障或检修时才由应急发电机组供电。主配电板和应急配电板之间有供电联络开关,它与应急配电板的主开关之间设有电气连锁,以保证主发电机向电网供电(即主网不失电)时应急发电机组不工作。一旦主发电机开关跳闸,经应急发电机组的自动启动装置确认后,自动启动应急发电机组并合闸向应急电网供电。平时需要检查和试验应急发电机组时,可把应急发电机工作方式选择开关置于试验位置,使应急发电机脱离电网。

(三)蓄电池充放电板

船舶小应急照明、操纵仪器和无线电设备的电源均采用蓄电池,船舶设置充放电板对蓄电池进行充电、放电,实现向用电设备的正常供电。

(四)岸电箱

船舶停靠码头或进坞修理时,一般接用岸电箱。在码头上设置有与岸电连接的装置,船舶靠码头即可使用岸电。船上发电机组全部停机,既可减少靠岸时的值班人员,又便于对发电机组进行正常的维护或修理。

三、电力网

船舶电力网泛指主配电板和应急配电板和用电负载之间的电缆连线,是全船电缆和电线的总称。其作用是将各种电源与各种负载按一定关系连接起来。船舶电力网根据其所连接负载的性质,可分为动力分配网络、正常照明配电网络、应急电网、小应急电网和弱电网络等。

1.动力分配网络

动力分配网络主要指供电给三相异步电动机负载的电网,也包括供电给 380 V 三相电热负载的电网。

2.正常照明配电网络

正常照明配电网络通过主配电板中的照明负载屏馈电给各照明分配电板或分电箱,再由各分配电板供电给全船所有舱室及甲板的照明灯具。

3.应急电网

当主电源失电时,应急电源自动启动并通过应急电网供电给应急用户。在主电源正常工作时,应急负载可由主配电板经联络开关供电给应急配电板,再经应急电网供电。

4.小应急电网

由 24 V 蓄电池提供的直流电通过小应急电网馈电给小应急照明以及主机操纵台、主配电板前后、锅炉仪表、应急通道出入口处、艇甲板等处的照明,还有助航设备等。

5.弱电网络

弱电网络是向全船无线电通信设备、各种助航设备、信号报警系统等供电的低压直流电网或中频电网。

四、负载

船舶电力负载即用电设备,按系统可分为:动力装置用辅机、甲板机械、舱室辅机、机修机械、冷藏通风、厨房设备、照明设备、弱电设备、自动化设备等。

(1)动力装置用辅机:为主机和主锅炉等服务的辅机,如滑油泵、海水冷却泵、淡水冷却泵和鼓风机等。

(2)甲板机械:锚机、绞缆机、舵机、起货机、舷梯机和起艇机等。

(3)舱室辅机:生活用水泵、消防泵、舱底泵,以及为辅锅炉服务的辅机等。

(4)机修机械:车床、钻床、电焊机和盘车机等。

(5)冷藏通风:空调装置、伙食冷库等用的辅机和通风机等。

(6)厨房设备:电灶、电烤炉等厨房机械用的辅机和电茶炉等。

(7)照明设备:机舱照明、住舱照明、甲板照明等照明设备,航行灯、信号灯,以及电风扇等。

(8)弱电设备:无线电通信、导航和船内通信设备等。

(9)自动化设备:自动化装置、蓄电池充放电设备、冷藏集装箱和艏侧推装置、电力推进船舶或特种工程船舶使用的推进电动机、生产机械和专用设备等。

任务二

船舶自动控制系统认知

船舶自动控制系统是由各种自动化仪表和控制元件组成的控制系统，可以实现船舶设备自动运行，对提高船舶的自动化水平和提高轮机设备的运行可靠性、安全性、经济性，降低船舶的运营成本和改善轮机管理人员的工作条件都具有重要意义。

一、自动控制系统简介

反馈控制系统是自动控制系统中最常见的一种系统。

组成一个反馈控制系统，必须有四个最基本的环节，即控制对象、测量单元、调节单元和执行机构，图 6-5 所示为反馈控制系统的基本传递方框图。

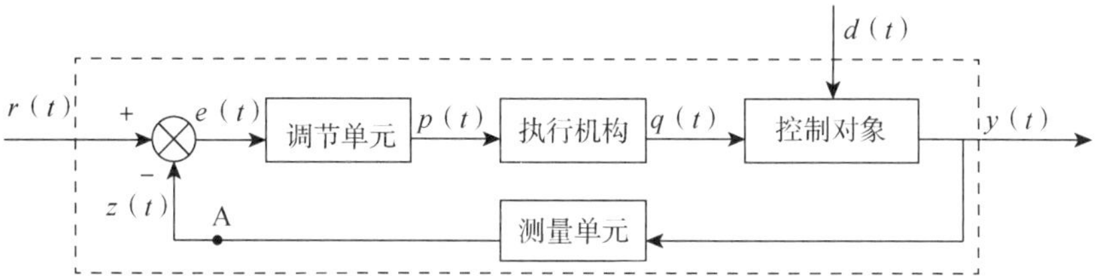

图 6-5　反馈控制系统的基本传递方框图

$r(t)$—设定值；$z(t)$—测量值；$e(t)$—偏差值；$y(t)$—被控量；$q(t)$—执行量；$p(t)$—控制量；$d(t)$—外部扰动值

二、船舶主机遥控系统

目前，大型船舶的推进装置主要有柴油机推进装置和电力推进装置。采用柴油机推进时，直接驱动螺旋桨的柴油机称为主柴油机。一般可以在机旁、集控室和驾驶台三个操作部位操作和控制主柴油机。当离开机旁，在集控室或驾驶台操作时，无法通过机旁操纵机构直接操纵主机，这就需要在操纵部位与主机之间设置一套能够对其进行远距离操纵的控制系统，即主机遥控系统。

对于大型低速柴油主机，主机遥控可分为自动遥控和手动遥控两种方式。在驾驶台操作时，通常采用自动遥控方式，此时，遥控系统能根据驾驶员发出的车令信号按照主机要求的操作步骤和要求自动地进行启动、停车、换向和加减速控制，直至主机运行状态达到车令要求为止。而在集控室操作时，考虑到操纵主机的是轮机员，通常采用手动遥控方式。

主机遥控系统主要包括遥控操纵台、车钟系统、逻辑控制单元、转速与负荷控制单元、主机气动操纵系统（包括遥控执行机构在内）以及安全保护装置六大部分，其组成如图 6-6 所示。

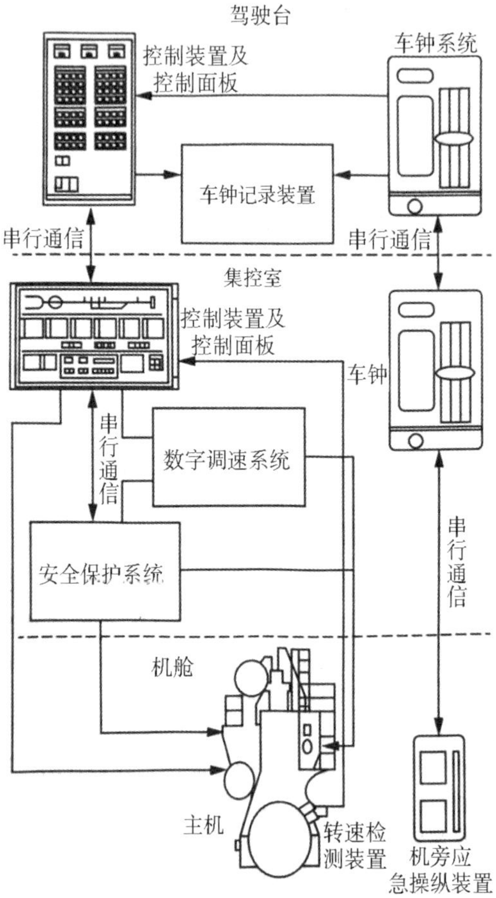

图 6-6　主机遥控系统的组成

（一）遥控操纵台

遥控操纵台设置在驾驶台和集控室内，分别与驾驶台操纵台和集控室操纵台形成一个整体。图 6-7 所示为集控室操纵台示意图。驾驶台操纵台主要安装有车令手柄、辅助车钟、车钟记录装置、指示灯和控制面板以及显示仪表等；集控室操纵台主要安装有车钟回令兼换向手柄、主机启动与调速手柄、操作部位切换装置、指示灯、控制面板以及显示仪表等。此外，在主机机旁还设有应急操纵台，包括应急车钟和机旁应急操纵装置。

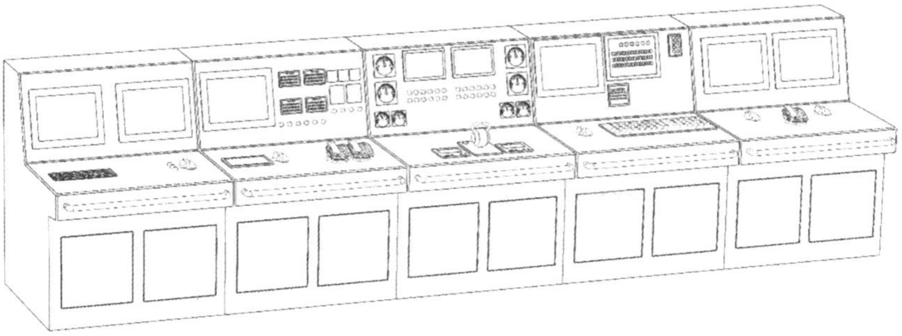

图 6-7　集控室操纵台示意图

驾驶台控制面板如图 6-8 所示，它为驾驶员与遥控系统提供了人机交互的界面。在驾驶台，可以实现对主机的遥控、状态监视，也可以实现对有关驾驶台单元的参数设定。

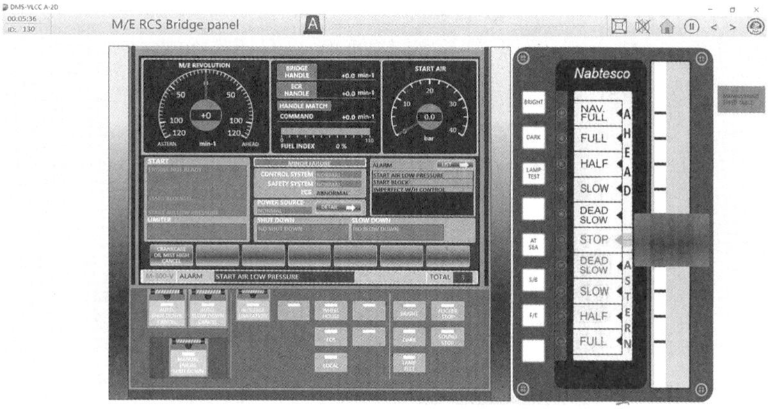

图 6-8　驾驶台控制面板

集控室控制面板如图 6-9 所示。同驾驶台控制面板一样，其操作指示面板内部的一台微处理器主板、多个 I/O 接口板和电源板等。它是轮机员与遥控系统之间进行人机交互的部件，可以实现系统状态监视、操作及参数修改等。

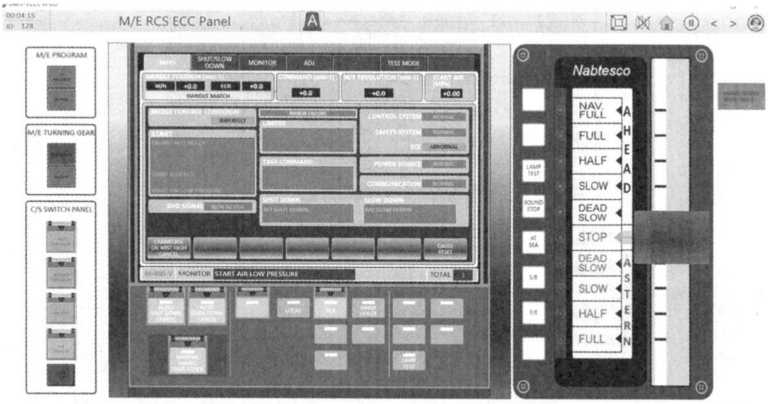

图 6-9　集控室控制面板

（二）车钟系统

车钟系统是实现驾驶台与集控室、驾驶台与机旁之间进行车令传送与应答的重要设备，由驾驶台车钟、集控室车钟和机旁应急车钟组成。目前，大多数船舶的驾驶台主车钟还兼有主机控制信号的发信功能。根据所传递指令的性质，车钟可分为主车钟和副车钟两种。

主车钟用于传送停车、换向和转速设定等主机操纵命令，一般设有停车（STOP）、前进微速（AHEAD DEAD SLOW）、前进慢速（AHEAD SLOW）、前进半速（AHEAD HALF）、前进全速（AHEAD FULL）、海上全速（NAV. FULL）、后退微速（ASTERN DEAD SLOW）、后退慢速（ASTERN SLOW）、后退半速（ASTERN HALF）、后退全速（ASTERN FULL）等挡位（参见图 6-8）。驾驶台车钟和集控室车钟一般采用手柄操作，而机旁应急车钟除了早期船舶采用手柄操作外，目前大多数船舶采用按键操作。

副车钟用于传送与主机操纵有关的其他联络信息，如备车（STAND BY）、完车（FWE）和海上定速（AT SEA）等。副车钟示意图如图 6-10 所示。

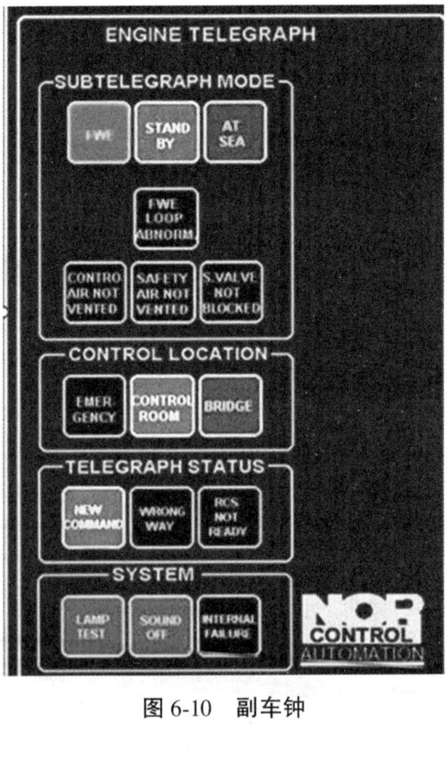

图 6-10　副车钟

（三）逻辑控制单元

逻辑控制单元是自动遥控系统的核心，它根据遥控操纵台给出的指令、转速的大小和方向、凸轮轴的位置以及主机的其他状态信息，完成对主机的启动、换向、制动、停油等逻辑控制功能。

(四)转速与负荷控制单元

转速与负荷控制单元一方面通过闭环控制使主机最终运行在车令手柄设定的转速,另一方面在加减速过程中对加减速速率以及主机所承受的机械负荷和热负荷进行必要的限制,以确保主机运转的安全。

(五)主机气动操纵系统

主机气动操纵系统是为实现主机的启动、换向、制动和停车等操作的逻辑控制功能而设置的一套气动逻辑回路,通常由主机厂家随主机一起提供,是主机遥控系统的重要组成部分。通过气动操纵系统,可以在集控室对主机进行手动遥控和在机旁进行应急操作。

(六)安全保护装置

安全保护装置用来监视主机运行中的一些重要参数。一旦某个重要参数发生严重越限,安全保护装置应能通过遥控系统使主机减速,或迫使主机停车,以保障主机安全。

三、常见的船舶自动控制系统

船舶机舱中实际应用的自动控制系统有很多种,如柴油机冷却水温度控制系统、燃油供油单元自动控制系统、船舶燃油辅锅炉自动控制系统、分油机自动控制系统、起货机自动控制系统和柴油主机遥控系统等,这些都是自动控制技术在船上的典型应用。

(一)柴油机冷却水温度控制系统

船舶冷却水系统是船舶柴油机动力装置的重要辅助系统之一,根据工作方式的不同,柴油机冷却系统可以分为开式冷却系统和闭式冷却系统两种。开式冷却系统是指柴油机直接利用舷外的海水或淡水冷却,目前海船一般不再采用开式冷却方式;在闭式冷却系统中,柴油机首先经淡水冷却系统冷却,冷却后的淡水再经热交换器由舷外水冷却。20 世纪 70 年代,中央冷却系统开始出现,这种冷却系统的特点是由高温淡水、低温淡水、海水三个分系统组成:高温淡水(80~85 ℃)用于冷却主柴油机、气缸盖、废气涡轮增压器;低温淡水(30~45 ℃)用于冷却高温淡水、发电柴油机气缸套、增压空气、活塞冷却油、柴油机系统滑油、空压机、船舶空调冷凝器、船舶伙食装置冷凝器和蒸汽冷凝器等;受热后的低温淡水在一个中央冷却器中由开式的海水系统进行冷却。图 6-11 所示为某船电动冷却水温度控制原理图。

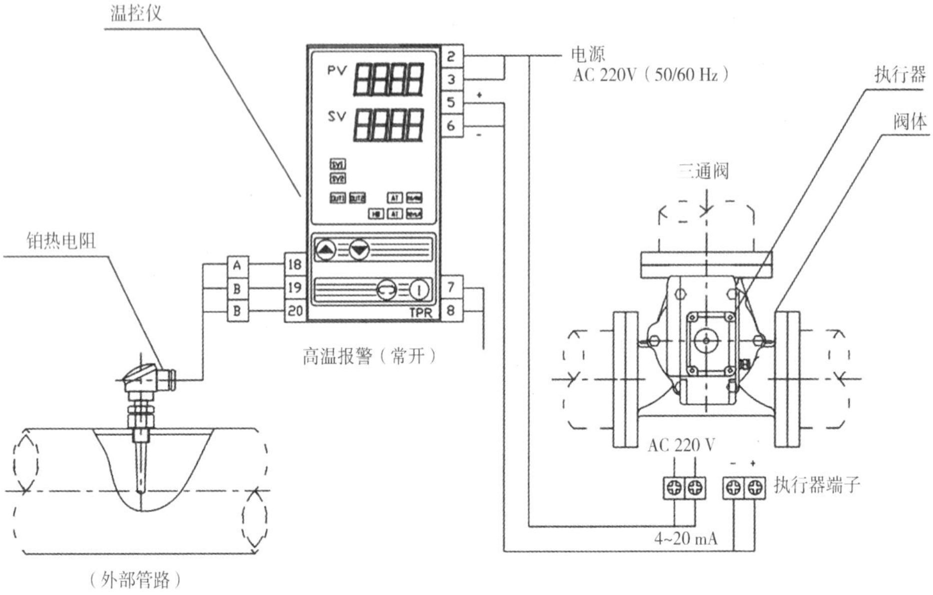

图 6-11　某船电动冷却水温度控制原理图

(二)燃油供油单元自动控制系统

为了降低船舶营运成本,大型船舶主机和发电用副机都燃用重油,但是重油黏度高、密度大,无法被直接使用,因此需要燃油供油单元自动将燃油加热控制到合适的温度、黏度,以保证柴油机正常雾化,从而提高燃烧质量。

燃油供油单元是船舶机舱燃油系统中重要的辅助设备。图 6-12 所示为某船燃油供油单元的结构组成图。燃油供油单元总体上可以分为供油处理系统、燃油黏度或温度自动控制系统、油泵电机和滤器自动控制系统等部分。

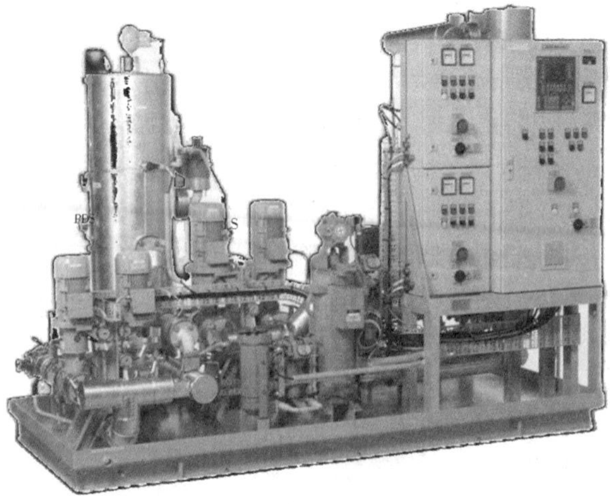

图 6-12　某船燃油供油单元的结构组成图

燃油供油处理系统由重油日用柜、柴油日用柜、柴油/重油转换阀、燃油供给泵（供油泵）、燃油自动滤器、流量变送器、压力变送器、混合管（混油筒）、燃油循环泵、燃油回油管系等设备组成。

（三）船舶燃油辅锅炉自动控制系统

船舶燃油辅锅炉自动控制系统主要包括水位的自动控制、蒸汽压力的自动控制、燃烧时序自动控制等。

在蒸汽动力装置中，船用锅炉称为主锅炉，它所产生的蒸汽用来驱动船舶主机，如汽轮机等，它的蒸发量较大，蒸汽压力较高，对水位和蒸汽压力要求比较严格，水位和蒸汽压力不允许有较大的波动。对主锅炉，一般都采用带有积分作用的调节器所组成的定值控制系统加以控制。在内燃机动力装置中所使用的锅炉称为辅锅炉。柴油机货船辅锅炉所产生的蒸汽仅用于加热柴油机所需用的燃油、滑油及满足船员生活用汽。它的蒸发量小（一般小于 5 t/h），蒸汽压力低（一般低于 1.0 MPa），对水位和蒸汽压力的波动要求不严格，一般采用双位控制。

1.水位的自动控制

柴油机货船辅锅炉的蒸发量小、蒸汽压力低，为简化其控制系统，一般对水位进行双位控制。当锅炉水位下降到允许的下限水位时，自动启动给水泵向锅炉供水，使锅炉水位逐渐升高。当锅炉水位达到允许的上限水位时，自动停止给水泵的工作，并停止向锅炉供水。因此，锅炉在工作期间，其水位在允许的上、下限之间波动，不会稳定在某一个水位上。

2.蒸汽压力的自动控制

对锅炉的蒸汽压力进行控制，是通过改变向炉膛的喷油量和送风量，控制锅炉的燃烧强度来实现的。对柴油机货船辅锅炉蒸汽压力自动控制系统的要求是简单、可靠，对经济性的要求并不严格。因此，大多数柴油机货船辅锅炉采用蒸汽压的双位控制，保证在锅炉的不同负荷下，其送风量基本上适应喷油量的要求。在燃烧的双位控制系统中，锅炉的蒸汽压力不能稳定在某一值上，而是在允许的范围内波动，并通过蒸汽管路上的压力监测开关检测锅炉压力波动情况。当蒸汽压力上升到允许的上限值时，压力监测开关断开，切除油泵和风机的工作，停止向炉膛喷油和送风，从而实现自动停炉。当蒸汽压力下降到允许的下限值时，压力监测开关闭合，自动启动油泵和风机，即自动启动锅炉进行点火燃烧。图 6-13 所示为某船锅炉蒸汽压力控制器实物图。

图 6-13　某船锅炉蒸汽压力控制器

3.燃烧时序自动控制

辅锅炉燃烧时序自动控制是指,给锅炉一个启动信号后,能按时序的先后,其自动进行预扫风、预点火、喷油点火,点火成功后对锅炉进行预热,接着转入正常燃烧的负荷控制阶段,同时对锅炉的运行进行一系列的安全保护。图 6-14 所示为某船锅炉燃烧控制装置结构图。

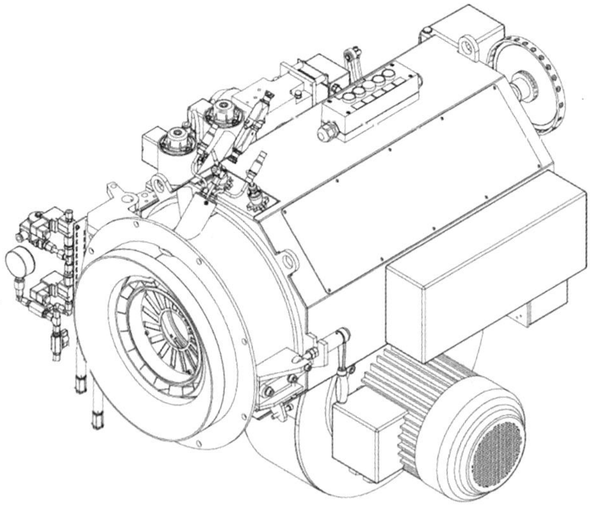

图 6-14　某船锅炉燃烧控制装置

当按下锅炉启动按钮后,自动启动燃油泵和鼓风机,关闭燃油电磁阀,使燃油在锅炉外面进行循环。此时风门开得最大,以大风量进行预扫风,以防止锅炉内残存的油气在点火时发生“冷爆”。预扫风的时间根据锅炉的结构形式而异,一般是 20~60 s。达到预扫风时间后自动关小风门,同时点火变压器打出电火花,进行预点火,时间为 3 s 左右。然后打开燃油电磁阀,开大回油阀,以小风量和小喷油量进行点火。点火成功后维持一段“低火燃烧”对锅炉进行预热,然后开大风门、关小回油阀使锅炉转入“高火燃烧”,即进入正常燃烧的负荷控制阶段。在预定的时间内若点火不成功,或风机失灵,或发生中间熄火等故障时,会自动停炉,待故障排除后按复位按钮方能重新启动锅炉。

任务三

船舶机舱监视与报警系统认知

机舱监视与报警系统是轮机自动化的一个重要内容,它的功能是准确可靠地监测机舱内各种动力设备的运行状态及其参数,一旦运行设备发生故障,自动发出声光报警信号。根据自动化程度,有些系统还具有报警记录打印,参数和状态的定时或召唤打印,以及参数的分组显示等功能。对于无人值班机舱,机舱监视与报警系统还能把报警信号延伸到驾驶台、公共场所、轮机长房间和值班轮机员的住所。机舱监视与报警系统不仅可以改善轮机管理人员的工作条件,减轻劳动强度,及时发现设备的运行故障,也是实现无人机舱的基本条件。

一、机舱监视与报警系统

1.监视与报警系统的组成

一个完善的监视与报警系统由以下几部分组成,如图 6-15 所示:

(1)传感器:安装在机舱的各种设备上,用于采集温度、压力、转速等关键参数。

(2)数据处理单元:将传感器采集的数据进行处理和分析。

(3)报警控制单元:当检测到参数超出设定范围时,触发报警。

(4)显示单元:在集控室和驾驶台等位置显示设备的运行状态和参数。

(5)延伸报警箱:在驾驶台、集控室、轮机员房间、公共场所等位置安装,用于接收和显示报警信号。

2.监视与报警系统功能

监视与报警系统主要具有数据采集与显示、故障报警、记录与分析、延伸报警等功能。

(1)数据采集与显示:是指通过模拟仪表、数字仪表或者计算机屏幕对机舱内各种设备的运行参数进行实时采集和显示,即模拟量显示,该功能是系统正常工作的基础。

(2)故障报警:声光报警是监视与报警系统最根本的功能,在正常运行期间,监视与报警系统不会发出报警指示和声响报警。当被监视点发生异常时,若该监视点未被闭锁,则系统立即发出声响报警,相应的报警指示灯(或屏幕文本代码)快速闪烁,指示报警内容。图 6-16 所示为某船机舱声光报警器。

(3)记录与分析:打印记录一般有参数打印和报警打印两种。报警打印是由系统自动进行的,只要有报警发生,系统就会把报警名称、报警内容和报警时间进行自动打印输出。

(4)延伸报警:延伸报警功能是为无人值班机舱设置的,在无人值班的情况下,必须将机舱故障报警信号分组后传送到驾驶台、公共场所、轮机长住所及值班轮机员住所的延伸报警箱。延伸报警通常是按故障的严重程度来分组的,可把全部监视点的报警信息分为四组:主机故障自动停车报警、主机故障自动降速报警、重要故障报警和一般故障报警。图 6-17 所示为某船延伸报警控制屏。

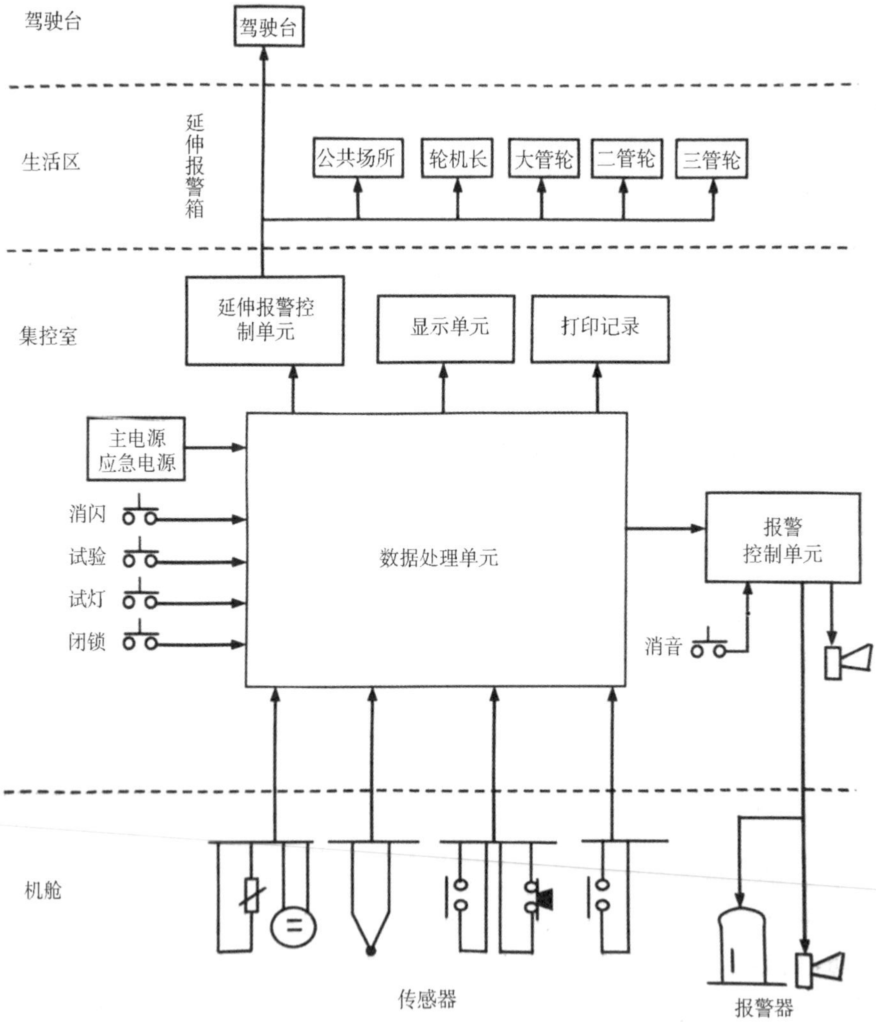

图 6-15 监视与报警系统的组成

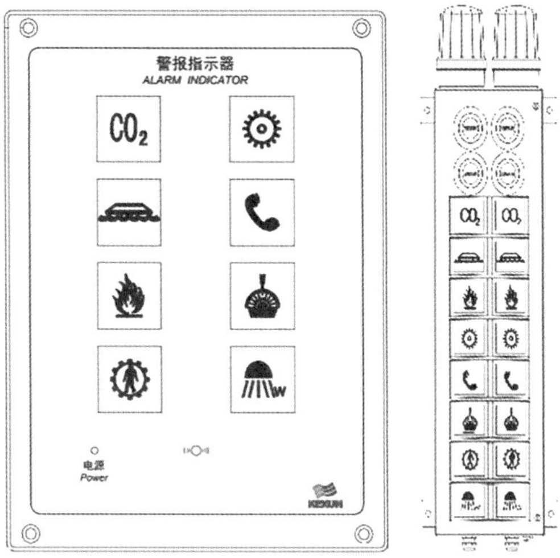

图 6-16　某船机舱声光报警器

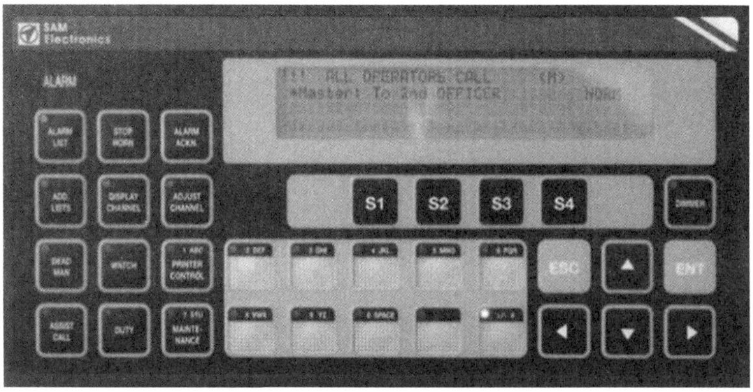

图 6-17　某船延伸报警控制屏

二、船舶火灾自动监视与报警系统

船舶火灾自动监视与报警系统根据安装区域和探测介质的不同主要分为三种:用于舱室的火灾自动监视与报警装置,用于干货舱的火灾自动监视与报警装置,以及可燃气体探测装置。

火灾初起阶段的征兆一般是产生烟雾、不正常的温升和火光。因此为了及早地发现火灾,可以通过各种传感器(自动探测器)将烟、热或光信号变换为电信号,然后将其送入报警控制单元进行信号处理,并发出报警及其他控制信号。

火灾自动报警系统的基本功能及工作原理

火灾自动报警系统的型号有很多,按系统中火灾探测器的分布形式可将火灾自动报警系统主要分为分路式和环路式两种。

1.分路式火灾自动报警系统

分路式火灾自动报警系统主要由火灾探测器和火灾报警中央装置两部分组成，如图6-18所示。

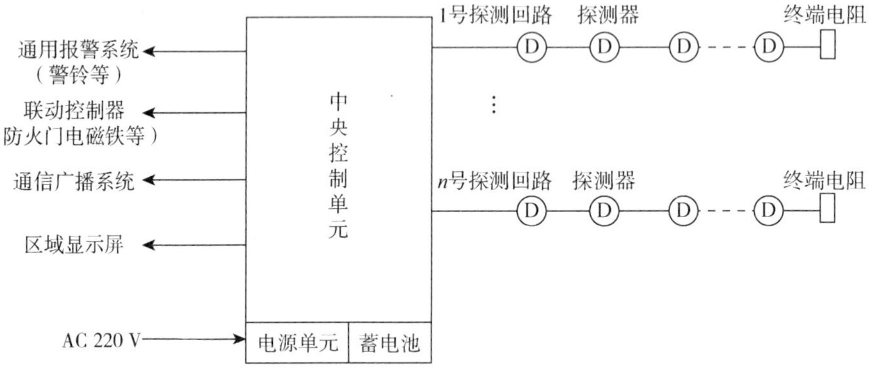

图6-18　分路式火灾自动报警系统示意图

(1)基本功能

火灾探测器用于监测周围环境的情况，并将信号传输给中央装置。

火灾报警中央控制单元的基本功能是：当它接收到探测器传来的火警信号后，它会发出声光报警信号，并指示火源部位，启动外部报警控制设备；同时，它还能对系统进行故障监测。

当系统发生故障时，它会发出故障声光信号，并指示故障类型。故障声光信号与火警声光信号有明显的区别。

(2)工作原理

此类系统的探测器为开关量型，探测器在非报警状态时工作电流为零或很小(微安级)。当发生火灾，探测器动作时，内部机械或电子开关闭合，流经探测器的电流迅速增大。探测器的连接电缆多为二芯线，所有同一分路上的探测器均并联在一起。为了监视探测分路的正常工作，系统采用如图6-19所示的火警系统探测分路结构。

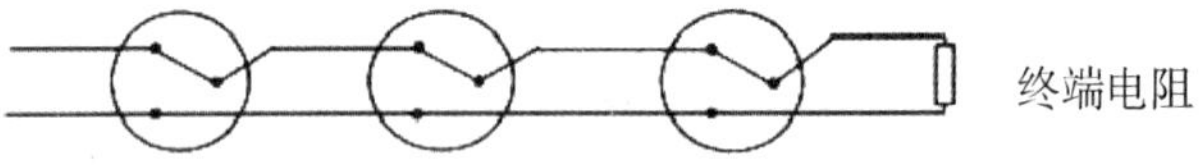

图6-19　火警系统探测分路结构图

2.环路式火灾自动报警系统

环路式火灾自动报警系统框图如图6-20所示。该系统采用单片计算机技术，由中央处理单元、探测环路、操作单元等部分组成。

随着计算机技术的发展，在火灾探测器内装上微型智能模块后，就构成了智能探测器，内有微处理器、A/D转换器及串行口。所探测到的烟雾浓度或温度是一个模拟量，所以可根据火灾探测器安装场所的不同来设定不同的报警阈值，以取得最佳效果。

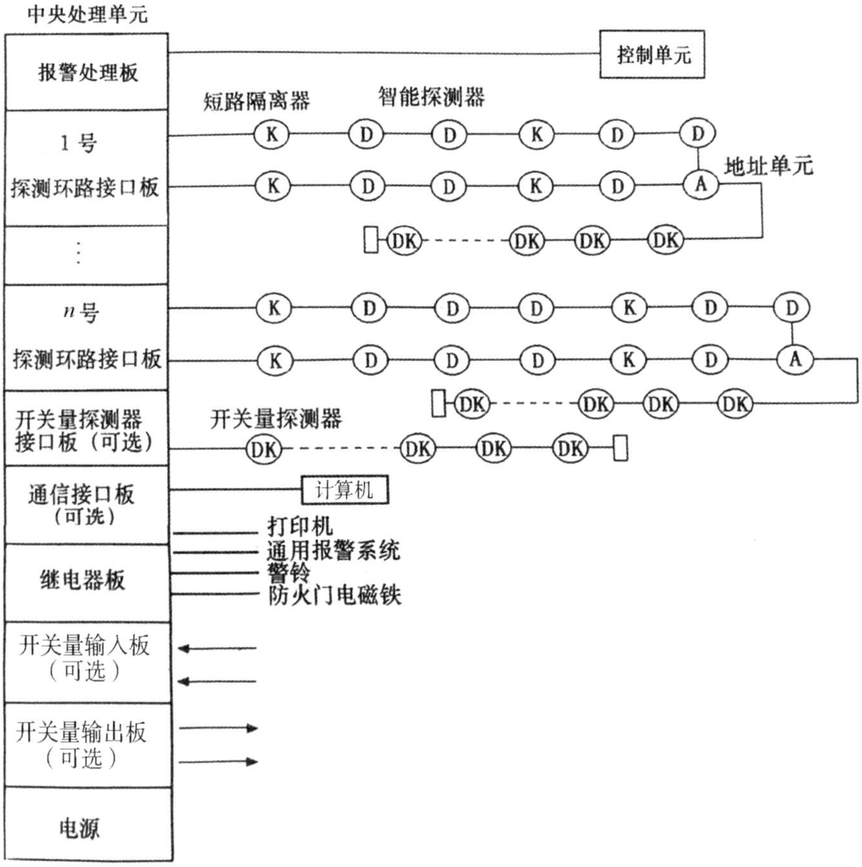

图 6-20　环路式火灾自动报警系统框图

中央处理单元上的串行口可以与计算机通信，利用计算机上丰富的软件来完成许多功能，如经过软件编程后可在计算机的屏幕上显示各层甲板上火灾探测器、按钮的安装位置。

当发生火警时，系统指示出报警点的位置，向值班人员提示最佳灭火方案，通过打印机记录各种事件的发生。

(1) 中央处理单元

中央处理单元为模块式结构，由几种功能不同的模块组成，可根据系统所需选用相应的模板，如图 6-20 环路式火灾自动报警系统框图的左半部分所示。所有线路板安装在一个标准的框架中。中央处理单元由报警处理板、探测环路接口板、开关量探测器接口板、通信接口板、继电器板、开关量输入板、开关量输出板、电源等部分组成。

(2)探测环路

在该系统中,一个中央处理单元最多可连接190个探测环路,每个环路中可安装99个模拟量探测器或地址单元。一个环路可覆盖船上几层甲板。

(3)操作单元

操作单元是操作者与系统进行人机对话的装置,环路式火警装置面板如图6-21所示。

当发生火警时,左上角的火警灯闪亮,其右侧的液晶显示屏分别显示报警的位置和报警时间,并打印报警信息。

液晶显示屏下方的键盘用以输入操作者的各种控制命令,如设置日期、时间,设置某个探测器的灵敏度,报警确认或在某段时间内关断某几个探测器等。

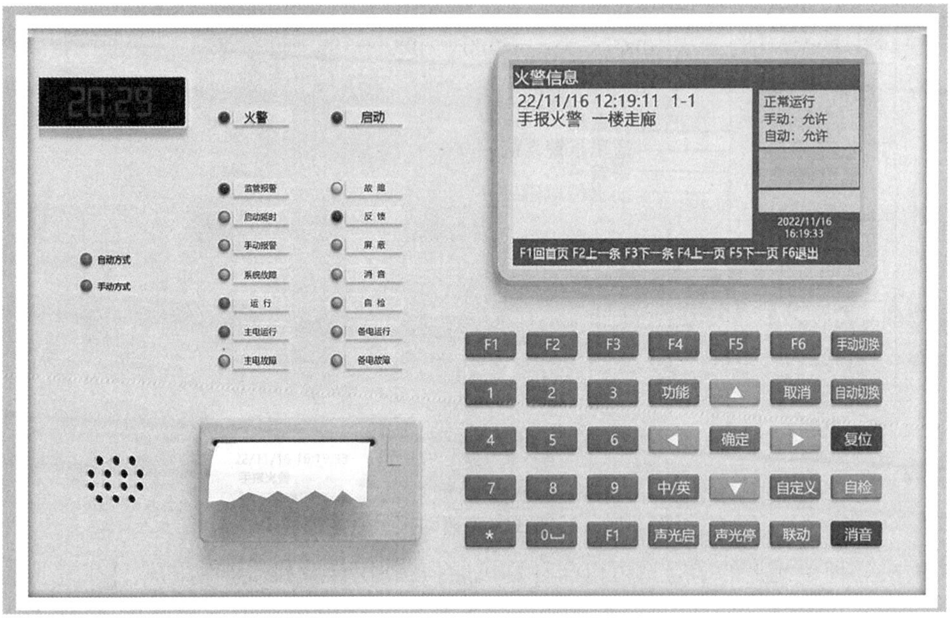

图6-21 环路式火警装置面板

三、火灾探测器

火灾探测器是火灾自动报警系统的检测单元,一旦在它所监视的环境中有火情,它就将火灾的特征物理量,如烟雾、温度、火光等转换成电信号向火灾报警中央处理单元发送。对普通可燃物,按探测火灾参数的不同,火灾探测器可以划分为感烟式、感温式和感光式等类型,而船上主要采用感烟式火灾探测器和感温式火灾探测器。船上通常采用气敏半导体型探测器探测易燃气体。

1.感烟式火灾探测器

船上常用的感烟式火灾探测器主要有感烟管式(又称光电式)和离子式两种。感烟管式主要用于大舱内的火灾探测,离子式主要用于机舱等处的火灾探测。

(1)感烟管式火灾探测器

感烟管式火灾探测器如图 6-22 所示。它是利用烟雾浓度不同其透光程度不同的原理来探测火灾的。

图 6-22　感烟管式火灾探测器

(2)离子式火灾探测器

离子式火灾探测器如图 6-23 所示。它由内、外电离室和检测电路组成,内电离室 FSY 是封闭气室,充有标准气体,外电离室 FSY 开有小孔与所监视的舱室相通,每个电离室中放一块同位素镅-241 和一个电极。它是利用烟雾颗粒能吸附离子的原理来探测火灾的。

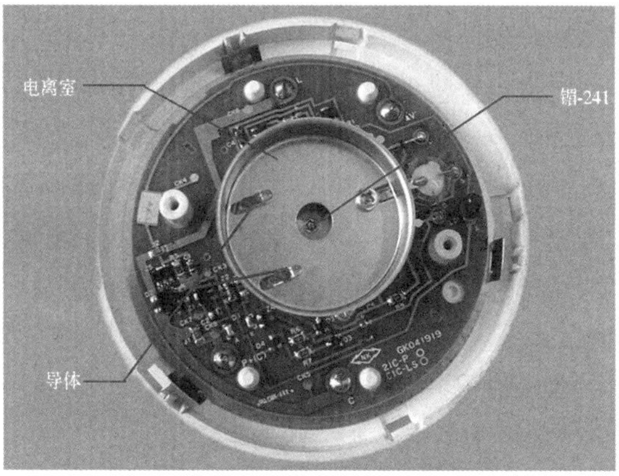

图 6-23　离子式火灾探测器

2.感温式火灾探测器

船上常用的感温式火灾探测器有定温式、差温式和差定温式三种。感温式火灾探测器主要用于住室、走廊、控制室和舱室容积较小场所的火灾探测。图 6-24 所示为感温式火灾探测器实物图。

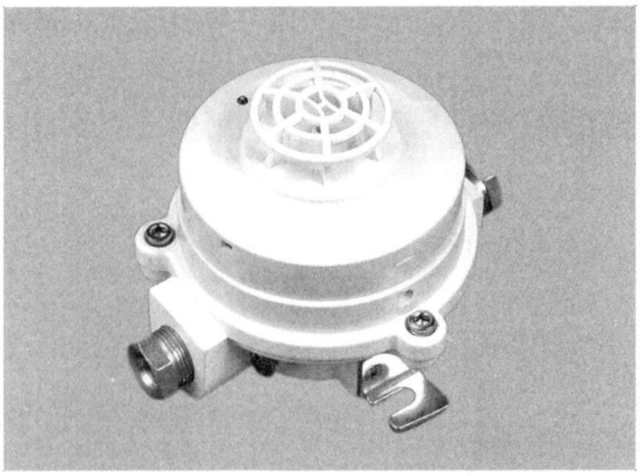

图 6-24　感温式火灾探测器

(1)定温式火灾探测器

定温式火灾探测器是根据监测点温度达到某个设定值来探测火灾的。

(2)差温式火灾探测器

差温式火灾探测器是根据监测点温度升高变化率来探测火灾的。

(3)差定温式火灾探测器

差定温式火灾探测器将定温式和差温式组合在一起,兼有两者的功能,扩大了使用范围,提高了可靠性。

3.智能型火灾探测器

智能型火灾探测器具有一定的智能处理能力,能对火灾特征信号进行直接分析和处理,从而大大减轻了中央处理单元的信息处理负担,提高了整个火灾报警系统的响应速度。图 6-25 所示为智能型火灾探测器实物图。

智能型火灾探测器一般具有地址编码功能,同时具有很高的环境适应能力与稳定性,并具有自动故障测试功能等。

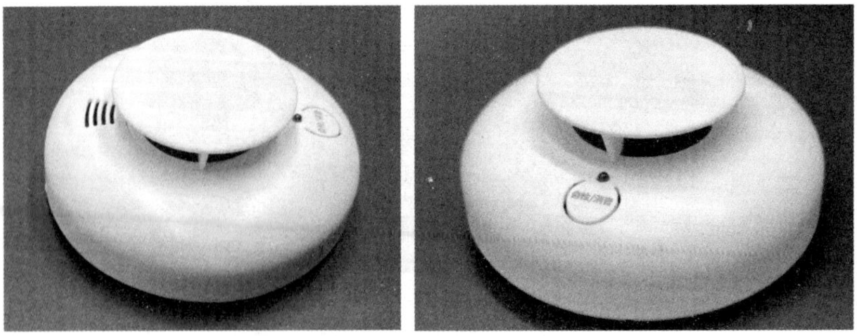

图 6-25　智能型火灾探测器

4.气敏半导体火灾探测器

目前在易燃气体探测的实际应用中,常采用气敏半导体元件(或称金属氧化物元件),它是在铂金丝上涂以金属氧化物,在高温中焙烧而成。图 6-26 所示为气敏半导体火灾探测器实物图。

图 6-26　气敏半导体火灾探测器

5.火灾自动报警系统相关系统及元件

手动报警按钮与火灾探测器的功能基本相同。火灾探测器是自动报警,而手动报警按钮是由人工手动报警,两者输送的报警电信号都传输给报警指示设备,发出火灾报警信号。手动报警按钮安装于经常有人出入的通道、走廊、控制站、公共舱室等场所。当巡逻员或附近人员发现火情时,可取下小锤或用其他物体击碎玻璃,该手动报警按钮即自动向报警指示设备发出报警信号,同时按钮上确认灯发亮,表示信号已送出。图 6-27 所示为手动报警按钮实物图。

图 6-27　手动报警按钮

项目七

维护和修理

任务一

甲板维护和修理认知

一、船舶日常检查保养

船舶日常检查保养是船舶甲板部的一项重要且经常性的工作任务。应根据本船船况、航行区域、环境条件、载货种类与特点及甲板部水手的人数配备数量等来制订合理、高效的日常检查保养计划。

船舶日常检查保养计划一般应包括航次、月度、季度、半年和年度的工作项目,并安排在合适的时间内进行。这些在不同时间应完成的工作项目就组成了完整的"船舶年度维修保养计划"。

甲板保养的设备主要包括:锚设备、舵设备、系泊设备和装卸设备等。

二、船体结构日常检查事项

电化学、化学、机械因素,防腐涂层损坏及热应力等会不可避免地造成暴露在空气和水中的钢质船体发生腐蚀。此外,外部受力及应力集中等还会造成船体局部部位发生焊缝脱焊、变形及产生裂纹等。因此,在对船体结构进行日常检查时应能及时发现和消除这些缺陷。

(1)应重点关注的部位:船壳板、甲板、肋骨、舱口围、压载舱、舱道门、通风筒与空气管的甲板开口处及测量孔甲板开口处等。

(2)应重点检查的局部部位：舷边及其焊缝、梁肘板及其连接焊缝、通风筒与空气管的甲板开口连接处、测量孔与甲板开口的连接处、舱口围板与其防倾肘板下部的死角处等局部部位。

(3)注重检查容易发生腐蚀的局部部位：轻、重载重线间的外板及焊缝，流水孔下的外板，推进器附近的外板，人孔周围的内底板、舱口围板与其防倾肘板下部的死角处等船体容易发生腐蚀的局部部位。

(4)不同类型船舶的检查保养项目也不同。

三、船舶维护保养计划

船体日常维护保养是《船舶年度维护保养计划》的重要组成部分，作为甲板部部门长的大副，必须组织水手长等有关人员认真编制，并注意督促和检查经船长审核批准后的《船舶年度维护保养计划》的执行情况。直接责任人水手长应带领和组织甲板部水手按《船舶年度维护保养计划》中关于对船体进行日常维护保养的项目内容要求进行检查、清洁、保养、除锈和油漆等日常维护保养工作。

除此之外，大副还要注意经常检查船体各部分的腐蚀、裂纹和变形情况，并根据检查出来的具体问题，及时安排维护保养，并对需要进行的修理做好记录，为航修或厂修前编制修理单提供依据。

四、船舶修理

船舶修理(Ship repair)分为计划修理和临时修理。

计划修理(Planned repair)多结合船舶的各种检验有计划、周期性地进行，包括小修、检修和坞修。

临时修理(Occasional repair)是由于意外情况而进行的非计划修理，包括航修和事故修理。

(一)自修

在船舶营运过程中或船舶进厂修理时由船员自己完成的修理项目称为自修(Self-repair)。自修可以是计划性项目，也可以是临时性工作。计划性的自修应单立计划。自修不仅可提高船舶的营运效率，降低修船费用，缩短非生产性停泊时间，还可以提高船员对船体和船舶设备进行检查、维护和保养的技术水平。

(二)计划修理

1.小修

按规定周期有计划地结合船舶的中间检验或年度检验而进行的厂修和坞修工程称

为小修(Current repair),也称为岁修(Annual repair)。其主要是对船体和机舱主要设备进行检查、保养和修理,使船舶能安全营运到下次计划修理。其基本工程有:船体除锈、油漆,修换部分船体构件,对主机和辅机及管系等进行一般检查和修理。客船和客货船小修间隔期常为 12 个月,钢质货船为 12~18 个月。

2.检修

检修(Overhaul)是船舶修理的最大修理类别,是按规定周期结合船舶的定期检验或特别检验而进行的厂修和坞修工程。其目的是对船舶设备和系统进行全面检查、维护和修理,保证船体强度,使设备系统能安全营运到下一次检修。除小修的工程外,检修的基本工程还包括船体测厚、主机的检修、明管系的彻底检修等。检修一般在 2~3 次小修后进行一次,即间隔期一般为 4~6 年。

3.坞修

必须在船坞(Dock)内对船体水下部分的构件和设备进行检查和修理的工作称为坞修(Dock repair),一般结合小修或检修进行。由于坞修的费用较高,故缩短坞修时间是降低修船费用的重要保证。

(三)临时修理

1.航修

航修(Voyage repair)是船舶营运过程中产生的因影响正常运营,而必须由船厂或航修站进行的一般修理工程或一般事故修理。它一般在船舶两航次间停港时进行。为缩短修理时间,减小对正常营运的影响,有条件的可随船抢修。

2.事故修理

由于意外事故致使船体和设备遭受损坏,因此要做临时性修理以恢复船舶原有的技术状态的临时性修理称为事故修理(Accident repair)。若涉及索赔问题,应邀请有关机构见证。

任务二

轮机维护和修理认知

通过维护可保持设备功能或性能,通过修理和更换配件可恢复设备功能或性能。维护一般指维护保养,通常是对设备进行护理;维修侧重于“修”,是对损坏和丧失功能的设备物进行修复。设备维修是指设备技术状态劣化或发生故障后,为恢复其功能而进行的技术活动,包括各类计划修理和计划外的故障修理及事故修理,又称设备修理。设备维修的基本内容包括:设备维护保养、设备检查和设备修理。

一、工具和量具

(一)轮机常用工具

机舱使用的工具种类繁多,一般可分为三类:标准工具、推荐的专用工具、可租用的大型专用工具。

标准工具是指机舱日常保养维修工作所需的通用工具及装置,包括各种手动工具、电动工具、气动工具、切割工具、起重工具、测量工具、切削工具、工夹具、刀具、砂轮、钻头、抛光机、油漆工具、磨具磨料、拆装工具(活络扳手、梅花扳手、开口扳手、六角扳手、套筒扳手、吊环螺钉、钳子)、应急处理工具、油枪、电焊、气焊、虎钳、车床、钻床、刨床等。

使用随机配备的推荐的专用工具进行有关保养工作要比使用标准工具简便且省时间。缺乏专用工具不仅难以完成某些保养维修工作,还可能损坏设备。为了提高设备的可维修性和延长设备的使用寿命,各种设备都随机配备推荐的专用工具,因此专用工具的种类和数量越来越多,一般都随设备一起供应或订购,如各种专用扳手、专用拉具、专用吊环螺钉、专用顶丝、专用液压工具、气动工具、专用测量工具、清洗工具、研磨工具等。

可租用的大型专用工具是指可向制造厂租借的、用于柴油机和重要部件的运输和安装的大型专用工具,如吊运横梁、托架、导轨、固定架等,安装结束后应将其归还给制造厂。

(二)轮机常用量具

船舶机舱根据维修保养工作的需要,须配备一系列的量具,主要有两大类别:通用量具和专用量具。通用量具主要有直尺、塞尺、游标卡尺、内外卡钳、千分尺、百分表等;专用量具有柴油机臂距差测量仪表、轴承间隙测量专用塞尺、桥规、量缸表、艉轴下沉量测量表、示功仪、爆压表等。图7-1所示为常用外径千分尺结构图。

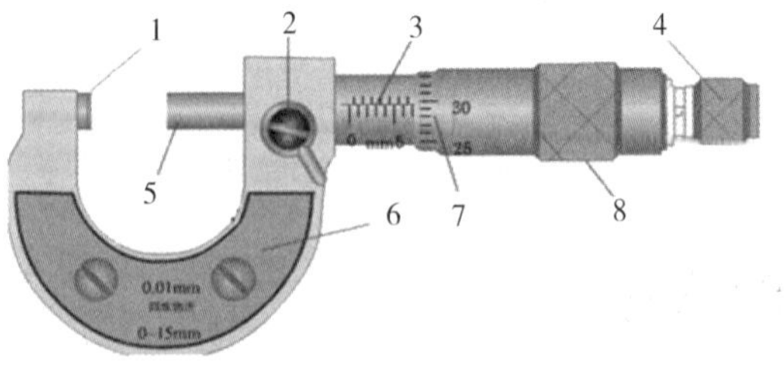

图7-1 常用外径千分尺结构图

1—测砧;2—锁紧装置;3—固定套筒;4—测力装置;5—测微螺杆;6—隔热装置;7—微分筒;8—旋钮

二、检修作业的安全注意事项

(一)检修作业的一般要求

(1)作业实施前应做好安全风险评估,落实防范措施。

(2)工作场所应设置醒目的安全标志牌或警示牌。工作场所的光线应该充足,采光部分不要遮蔽,局部照明度应符合操作要求,光线不刺目。对易活动的物体要给予可靠的固定,尤其是在风浪天要绑扎牢固。

(3)工作场所应保持整齐清洁。应将废弃的棉纱头、破布等放于指定的金属容器内,不得乱丢、乱放。应将潮湿、油污的棉、毛织品及时收集到焚烧炉焚烧处理,禁止堆放以防自燃。

(4)机器、工作台、场地等应该便于船员安全操作。电工工作台、试验台必须铺有绝缘橡胶。

(5)进入工作场所必须穿戴适合作业的工作服和防护用品。

(6)机舱壁、通道栏杆、花铁板、梯子、梯子扶手应牢固可靠,在经常出入的走廊和台阶附近要喷涂防滑漆。

(7)在通道、梯口、门口等低矮处要贴、涂警告标志;在机舱、大舱等工作场所上下斜梯、直梯时应保持手握扶手上下,防止跌落致伤。

(8)机舱梯口、过道、机舱逃生孔和台阶附近严禁堆放杂物,保持通道畅通,并应有足够的照明。

(9)对因工作需要临时打开的孔盖、开口、盖板、花铁板、道门等应予固定,并应在其周围设置栏杆护绳,夜间必要时应设置警示灯,防止坠落。

(10)对电站、配电板、电源箱、分电箱、插座箱等高电压部位要标识高压警示标志。

(11)开启机舱各门时必须用开门挂钩扣牢,对没有挂钩的门应采取可靠的固定措施。

(12)禁止吸烟场所要有警示标志,允许吸烟场所应设水烟灰缸。

(二)检修作业的安全注意事项

1.主机禁动

检修主机时,必须在主机操纵处悬挂“禁止动车”的警告牌并应合上转车机,以防水流带动推进器。检修中如需转车,须征得驾驶员同意。应特别注意检查各有关部位是否有人或影响转车的物品和构件,并应发出信号或通知周围人员注意,以防伤人或损坏部件。

2.副机禁动

检修副机和各种辅助机械及其附属设备时,应在各相应的操纵处或电源控制部位悬挂“禁止使用”或“禁止合闸”的警告牌。

3.电气禁动

检修发电机或电动机时，应在配电板或分电箱的相应部位悬挂“禁止合闸”的警告牌。如有可能，还应取出控制箱内的保险丝。

4.检修管系

检修管路及阀门时，应事先按需要将有关阀门置于正确状态，并在这些阀门处悬挂“禁动”的警告牌，必要时用锁链或铁丝将阀扎住。

5.封闭场所

在锅炉、油水舱内部工作时，应打开两个导门并给予足够通风。作业期间应经常保持空气流通，并悬挂“有人工作”的警告牌；派专人守望配合，注意在内部工作的人员情况。

6.封闭场所

在锅炉汽包等汽水空间内工作时，如在连通的其他部位仍有压力，还应事先检查并确认阀门无泄漏，并派专人看守阀门。

7.压力部件

检修空气瓶、压力柜及有压力的管道时，应先泄放压力，禁止在有压力时作业。

8.安全灯具

在锅炉、机器和舱柜等内部工作时应使用可携式低压照明灯，但在油柜内工作时应使用防爆式低压照明灯，使用前必须认真检查并确保状态良好。

9.个人防护

在拆装带热部件时，要穿长袖衣裤，戴安全帽及防护手套。着装要求如图 7-2 所示。

10.冷冻器具

拆装冷冻液管时，一般应先抽空冷冻液，拆装时必须戴防护手套、防护镜或面罩，以防冻伤和中毒。

11.难入部位

检修气门室、气缸、透平内部、减速齿轮以及其他较为隐蔽或不易接近的部位时，作业人员衣袋中不得携带任何零星杂物，以免落入机内造成事故。检查减速齿轮时，必须由主管检修的轮机员亲自监督指导方可打开探视门，收工以前必须盖好；严禁在无人看守时敞开探视门。

12.停机检修

柴油机在运转中如发现喷油器故障需立即更换，应先停车，打开示功阀，泄放气缸内压力，禁止在运转中或气缸尚有残存压力时拆卸喷油器。

13.高压射流

在试验柴油机喷油器时，禁止用手探摸喷油器的油嘴或油雾。

图 7-2　着装要求

14.严防触电

裸露的高压带电部位必须悬挂危险警告牌或用油漆书写危险标记。除非绝对必要，严禁带电作业;确需带电作业时,必须使用绝缘良好的工具。禁止单人作业,只有一名电机人员时,轮机长应指派一名合适的人员进行协助。作业中注意防止工具、螺栓、螺帽等物掉入电器或控制箱内。看守人员应密切注意工作人员的操作情况,随时准备采取切断电源等安全措施;作业完毕后,应再认真检查。对于所有电气设备,除主管人员和电气人员外,任何人不得自行拆修。禁止使用超过额定电流的保险丝。

15.挂牌卸牌

一切警告牌均由检修负责人挂卸,其他任何人不得乱动。

16.防跌防滑

在因检修移走栏杆、花铁板或盖板后,应在周围用绳子拦住,以防人员不慎踏空而伤亡。

三、船舶维修方式

为了保证船舶的营运满足船级社和法定主管机关的要求,使船舶始终处于良好的技术状态,保证安全、保障船员的健康、保护环境,必须对船舶进行维修保养。

现代船舶维修大多以预防维修为主。预防维修是指为了防止机械和设备发生故障,在故障发生前有计划地进行一系列的维修工作。

20世纪30年代至50年代中期，英国、美国等西方国家限于当时的科技与认知水平，认为一般的机械设备故障规律基本上符合浴盆曲线，因此广泛应用传统的预防维修体系，采用日常检查、保养和定时修理等措施进行有计划的预防维修。20世纪50年代后期，随着科学技术的飞速发展，传统的预防维修体系已经不完全适用，浴盆曲线不能够描述各类设备的故障规律，无法定时修理，只能采用状态监控的手段防止故障的发生。20世纪50年代中后期至今，采用的是现代预防维修体系，设备的维修主要采用以下几种方式。

(一)事后维修

事后维修适用于故障不直接影响使用安全仍保持基本功能的设备，或采取预防维修不经济的损耗设备。事后维修的特点是不具备预防性，且只限于修复故障。事后维修不应当是一种消极和被动的办法，船上工作人员应当主动地加以监控。

(二)定期(计划)维修

定期维修是按照规定的时限对机械、设备进行拆卸检验和维修，以防止故障的发生。定期维修的机械、设备应具备以下条件：

(1)故障率曲线有明显的磨损故障期，不适于发生偶然性故障的设备；

(2)设备的无故障生存期要足够长，即正常使用期较长，否则无维修的必要；

(3)采用其他任何维修方式均不适宜的设备。

这种维修方式在船舶机械中应用较多。

(三)视情(状态)维修

视情维修是立足于故障机理的分析，根据不解体测试的结果进行维修。当维修对象出现“潜在故障”时就进行调整、维修或更换，从而避免“功能故障”的发生。

视情维修不确定维修期，而是根据实际情况确定最佳维修时间，因此维修的针对性强。由于是在设备功能性故障发生前采取措施，因而视情维修可有效地预防故障和充分地延长设备的使用寿命，而且维修工作量和费用均较少。因此，视情维修是理想的预防维修方式。

(四)主动维修

主动维修是对导致设备损伤的根源性参数进行修复，从而有效防止失效的发生，延长设备的使用寿命，是继状态维修之后国际上近几年来提出的一种新的设备管理理念。主动维修能大幅降低设备的维修费用。

在日常工作中，对船舶机械和设备应推广使用主动维修方式；在维修方式上重点选用视情维修方式或定期维修方式；对不危及安全的故障即偶然性故障可采用事后维修；对一些经过精确计算有规定使用寿命的零部件或设备可采用定期维修，而对大多数设备和零部件逐步采用视情维修与定期维修相结合的方式。一个复杂设备的不同项目，可依据具体情况分别选取不同的维修方式;同一项目可采取一种或多种维修方式。

任务三

船舶电子电气维护和修理认知

一、船舶用电安全

缺乏安全用电常识或对电气设备的使用管理不当,是发生触电事故的主观原因。电气设备的绝缘损坏使原本不带电的物体带电,是发生触电事故的客观原因,也是最大的隐患。环境条件是发生触电事故的重要影响因素。

(一)触电的种类

当人体触及带电体,或带电体与人体之间闪击放电,或电弧波及人体时电流经人体进入大地,或通过其他导体形成导电回路,人体受到较高电压或较大电流伤害,造成人体局部受伤或致残,甚至死亡的现象称为触电。按照人体被伤害的程度,触电可分为电伤(外伤)和电击(内伤)两种。

1.电伤

电伤是指电路放电时由于电流的热效应、化学反应、机械效应对人体表面造成局部伤害,一般会在肌体上留下伤痕。常见的电伤有电灼伤、电烙印和皮肤金属化。电灼伤的特征是皮肤红肿、起泡或被烧焦。

2.电击

电击是指人体直接接触带电体时,电流通过人体对内部器官造成的伤害。人遭电击时轻则疼痛麻木、肌肉抽搐,重则强烈痉挛、呼吸困难、失去知觉,甚至心脏停止跳动、停止呼吸。

(二)触电的原因

触电的原因如下:

(1)缺乏安全用电意识,违反操作标准或误操作而触电。

(2)遇到紧急修理情况,紧张过度,举措不当,意外触及带电体而触电。

(3)电气设备年久失修、绝缘性被破坏且未妥善接地,人体接触到此类设备的金属外壳而触电。

(三)预防触电的措施

强化安全用电意识,强化应急应变能力的训练,做到沉着冷静、忙而不乱、严格遵守安全操作规程。做好电气设备的维修和保养工作,发现问题并及时解决。

(四)触电急救措施

1.迅速脱离电源

发现有人遭受触电伤害时,应设法迅速切断电源。如果人在高处触电,切断电源时还应采取安全措施,防止触电者松手后从高处坠落造成额外摔伤。

2.及时组织现场抢救

如触电者伤害较轻且神志清醒,只有心慌、乏力、肢体发麻等感觉,可让其在通风处静卧休息,一般在 2~3 h 后即可恢复。

如触电者受伤害较严重,出现失去知觉、停止呼吸、心脏停止跳动等现象,则应及时采取人工呼吸和人工心脏按压进行抢救并及时将伤者护送至医院救治。

二、船舶常用电工仪表

(一)船舶常用电工仪表的分类

船舶常用的电工仪表种类繁多,分类方法也有许多种。根据电工仪表的工作原理,可分为磁电系、电磁系、电动系、感应系、整流系、静电系、热电系及电子系等,目前应用较多的是前五种;根据电工仪表的被测对象,可分为电流表、电压表、功率表、功率因数表、频率表及多种用途表等;根据电工仪表工作电流的种类,可分为直流仪表、交流仪表、交直流两用仪表;根据电工仪表的使用方式,可分为安装式仪表(又称配电板式仪表)和可携带式仪表;根据电工仪表的读数方式,可分为指针式、数字式和记录式等。

(二)万用表的认识

万用表是一种多功能、多量程的测量仪表。一般的万用表可以测量直流电压、直流电流、交流电压、交流电流、电阻等电量。有的还能测量电容量和晶体管的共射极直流放大系数 hFE 等电参数。图 7-3 所示为常用万用表的外形结构。

（a）MF500-B型万用表　（b）MF47型万用表　（c）数字式万用表

图 7-3　常用万用表的外形结构

（三）钳形电流表的认识

通常在使用电流表测量线路电流时，需切断电路以后再接入电流表才能进行测量。而钳形电流表能够在不切断电路的情况下测量电流。钳形电流表分为指针式钳形电流表和数字式钳形电流表，其中指针式钳形电流表又分为互感器式钳形电流表和电磁系钳形电流表。

1.互感器式钳形电流表

互感器式钳形电流表由电流互感器和带整流装置的磁电系表头组成，如图 7-4 所示。电流互感器的铁芯呈钳口形，被测导线成为电流互感器的一次绕组，被测电流在铁芯中产生工作磁通，使绕在铁芯上的二次绕组产生感应电动势，从而产生感应电流。感应电流经整流后流入磁电系表头，使指针发生偏转，在表盘上指示出被测电流的数值。

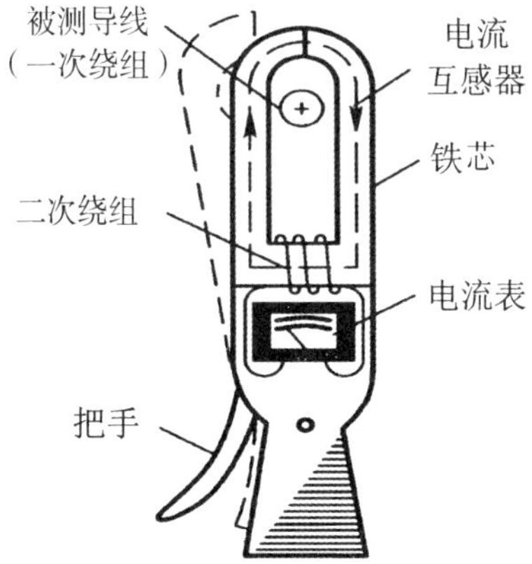

图 7-4　互感器式钳形电流表

2.电磁系钳形电流表

电磁系钳形电流表是可以交、直流两用的仪表，如图 7-5 所示。被测导线在铁芯中产生工作磁通,将位于钳口的动铁片磁化,产生电磁推力,带动指针偏转。

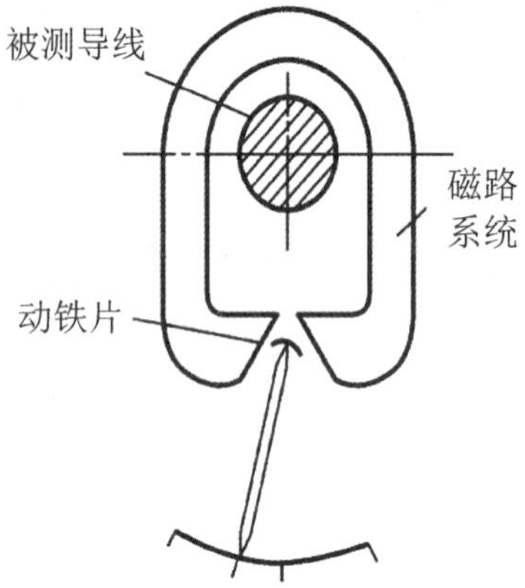

图 7-5　电磁系钳形电流表

3.数字式钳形电流表

数字式钳形电流表主要由互感器式钳头、钳口扳机、功能量程选择开关、测量电路和数字式电压基本表(DVM)等组成。

(四)交流电压表和电流表

船上的电压表和电流表一般是电磁系仪表,利用线圈通电后产生磁场磁化铁片而产生电磁力的原理制成。单纯的电流表和电压表的测量对象一般是固定的,通常装在配电盘和控制箱上,分别用来测量电流和电压,如图 7-6 所示。

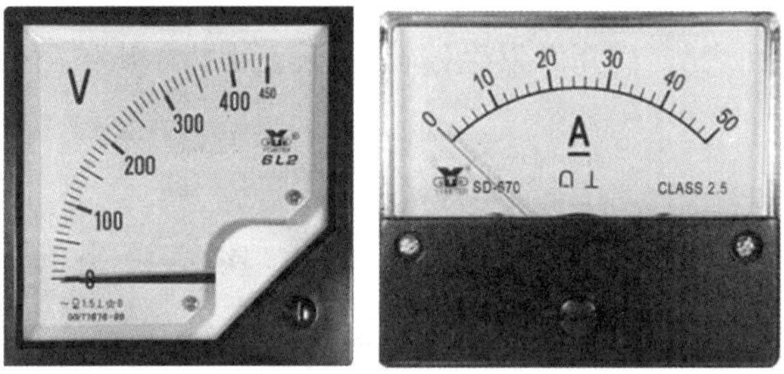

(a)　(b)

图 7-6　交流电压表和电流表

(五)手摇式兆欧表

手摇式兆欧表又叫摇表、迈格表、高阻计、绝缘电阻测定仪等,是一种测量电气设备及电路绝缘电阻的仪表,其外形如图 7-7 所示。兆欧表主要由三部分组成:手摇直流发电机(有的用交流发电机加整流器)、磁电式流比计及接线柱(E、G、L)。

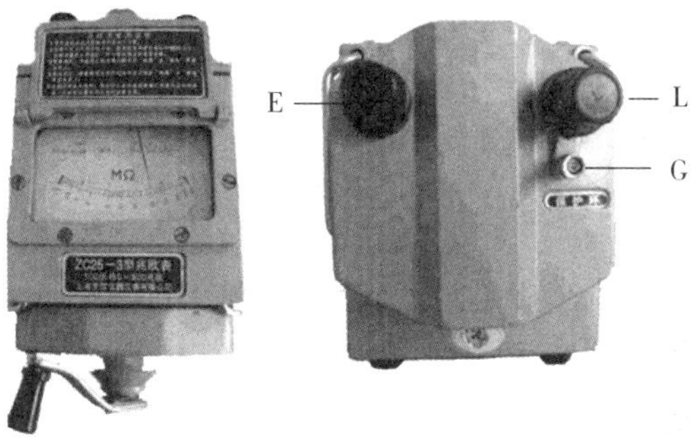

（a）　　（b）

图 7-7　手摇式兆欧表外形图

E、G、L—接线柱

三、船舶常用的低压电器

(一)熔断器

熔断器是低压线路和电动机控制电路中最简单、最常用的过载和短路保护电器。它的主要工作部分是熔体,串联在被保护电器或电路的前面,当电路或设备过载或短路时,大电流将熔体熔化,分断电路而起保护作用。图 7-8 所示为熔断器实物图。

图 7-8　熔断器

(二)交流接触器

交流接触器是通过电磁机构动作,频繁地接通和分断主电路的远距离操纵电器。其优点是动作迅速、操作方便和便于远距离控制。交流接触器广泛用于电动机、电热设备、小型发电机、电焊机和机床电路。交流接触器的主要部分是电磁系统、触头系统和灭弧装置,其外形、结构示意图及电气符号如图 7-9 所示。

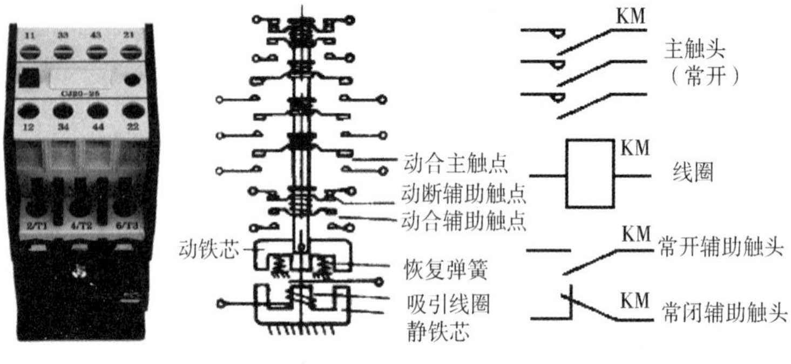

（a）外形　　（b）结构示意图　　（c）电气符号

图 7-9　交流接触器

(三)时间继电器

时间继电器是从得到输入信号(如线圈通电或断电)起,经过一段时间延时后实现触点延时接通或断开的自动控制电器。其种类较多,图 7-10、图 7-11、图 7-12 所示分别为数字式时间继电器、晶体管式(电子式)时间继电器和空气阻尼式时间继电器。数字式时间继电器、晶体管式(电子式)时间继电器调节精度高、时间整定调节较为简单,而空气阻尼式时间继电器调节精度较低,但其结构组成简单、易于观察。

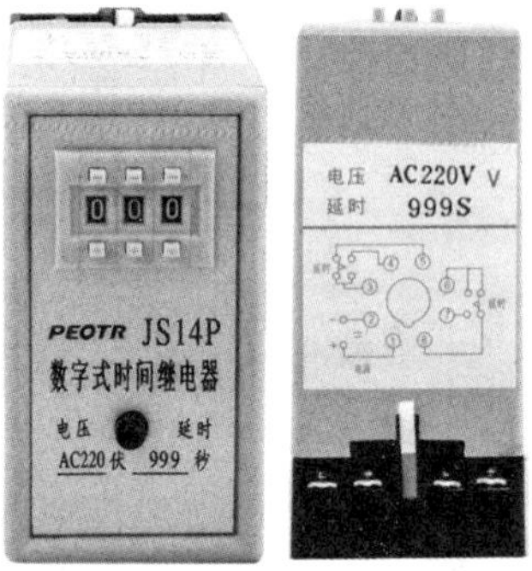

图 7-10　数字式时间继电器

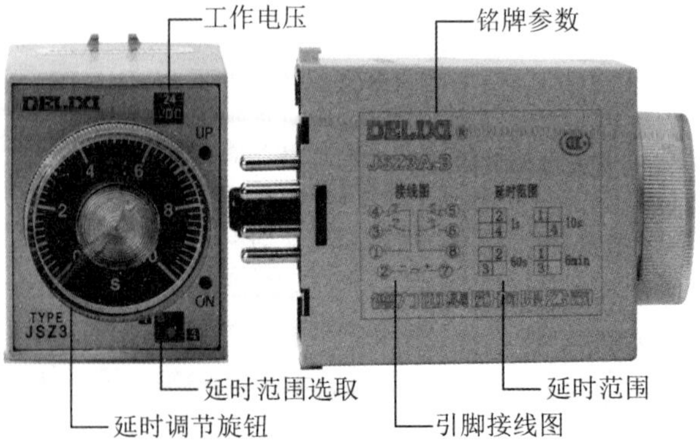

图 7-11　晶体管式时间继电器

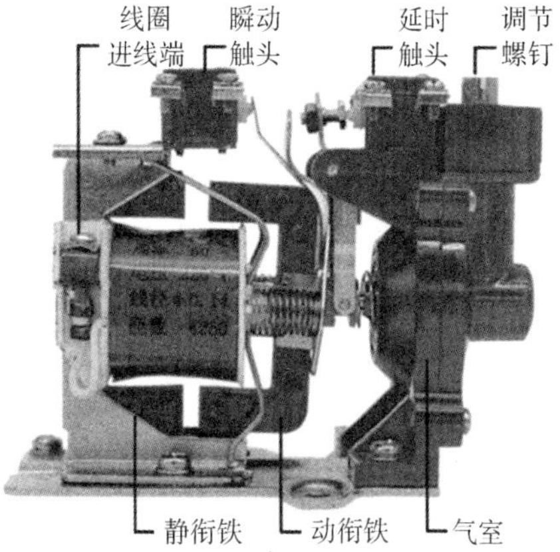

图 7-12　空气阻尼式时间继电器

(四)热继电器

热继电器通常作为三相异步电机的过载保护和缺相保护元件。其外形如图 7-13(a)所示;内部结构如图 7-13(b)所示,其主要部分由发热元件、动触点、静触点、动作机构、复位按钮和整定电流调节装置等组成;电气符号如图 7-13(c)所示。

(a) 外形

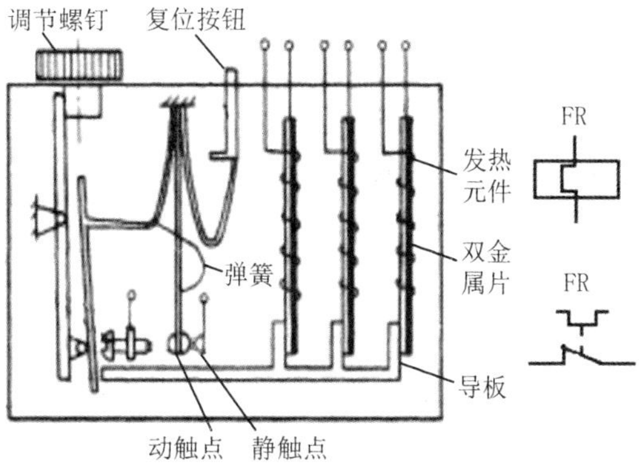

(b)　内部结构　　　　(c) 电气符号

图 7-13　热继电器和结构

(五)压力继电器、温度继电器

压力继电器是将压力信号转换为电信号的转换元件。温度继电器则是将温度信号转换为电信号的转换元件。压力继电器和温度继电器既可作为控制电器,又可作为保护电器,如压力继电器用于辅锅炉的蒸汽压力自动控制时就是一个控制电器,用于监视主机滑油压力时就是保护电器。温度继电器用于冷却水温度报警时就是一个保护继电器。图 7-14 所示为 YT-1226 型压力调节器示意图。

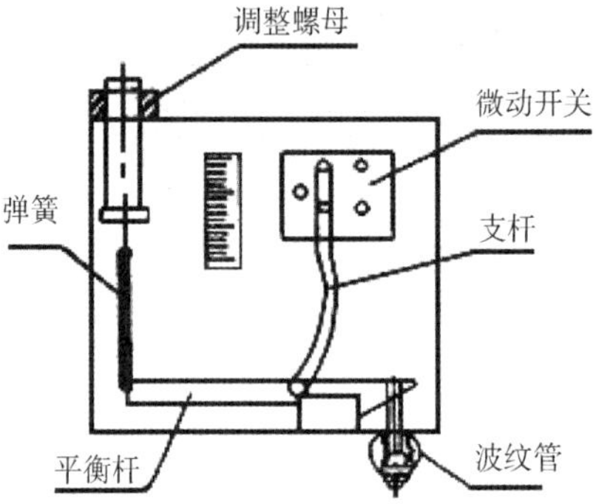

图 7-14　YT-1226 型压力调节器示意图

四、常见的电子元器件识别与电气控制线路识图

(一)电阻器

电阻器是电子设备中使用最多的基本元件之一,在电路中起限流、分流、降压、分压、负载、匹配等作用。电阻器按结构可分为固定电阻器、可变电阻器(电位器)和敏感电阻器;按组成材料可分为碳膜电阻器、金属膜电阻器、绕线电阻器、热敏电阻器、压敏电阻器等。常用电阻器的外形及电气符号如图 7-15 所示。

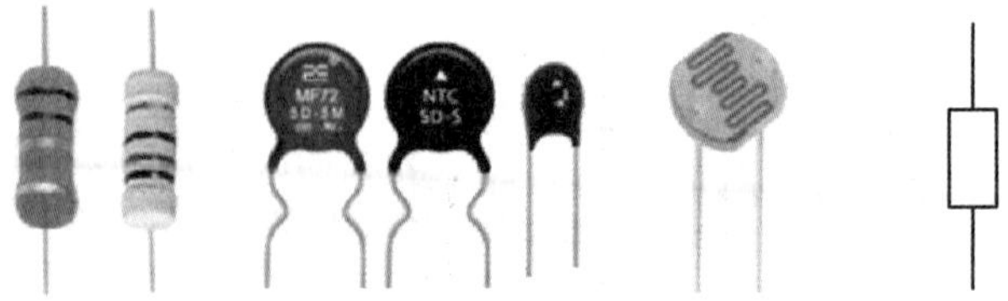

(a)色环电阻器　(b)热敏电阻器　(c)光敏电阻器　(d)电气符号器

图 7-15　常用电阻器的外形及电气符号

(二)电感线圈

电感线圈由绝缘导线在绝缘骨架上绕制一定的圈数制成。直流信号可通过线圈,直

流信号电阻就是导线本身的电阻，压降很小；当交流信号通过线圈时，线圈两端将会产生自感电动势，自感电动势的方向与外加电压的方向相反，阻碍交流信号通过。因此，电感的特性是通直流、阻交流，频率越高，线圈阻抗越大。电感在电路中常用“L”表示，常见的电感线圈外形如图 7-16 所示。

图 7-16 常见的电感线圈外形

(三) 电容

电容在电路中一般用“C”加数字表示，电容是两片金属膜紧靠、中间用绝缘材料隔开的元件。电容的特性主要是隔直流、通交流，电容容量的大小表示能存储电能的大小。根据功能不同，电容可分为普通电容和电解电容两大类，如图 7-17 所示。电容的主要用途是滤波、隔直、选频、提高功率因数等。

(a) 瓷介电容外形 (b) 独石电容外形 (c) 高压陶瓷电容外形 (d) 金属化聚丙烯电容外形

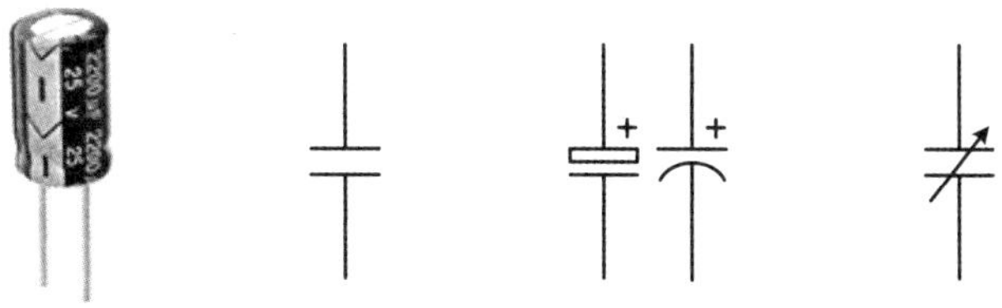

(e) 电解电容外形 (f) 普通电容电气符号 (g) 电容电解电气符号 (h) 可调电容电气符号

图 7-17 常见电容外形及电气符号

(四) 二极管

二极管的主要特性是单向导电性，即在正向电压作用下导通电阻很小，在反向电压作用下导通电阻极大或无穷大。二极管在电路中具有整流、隔离、稳压、极性保护等作用。常见的二极管外形及电气符号如图 7-18 所示。

（a）常见的二极管外形　　（b）电气符号

图 7-18　常见的二极管外形及电气符号

(五)三极管

三极管又称晶体管,晶体管在电路中常用“VT”表示,其特点是内部含有两个 PN 结,并且具有电流放大能力。晶体管分为 NPN 型和 PNP 型两种类型。常见的三极管的封装外形、管脚排列、电气符号如图 7-19 所示。

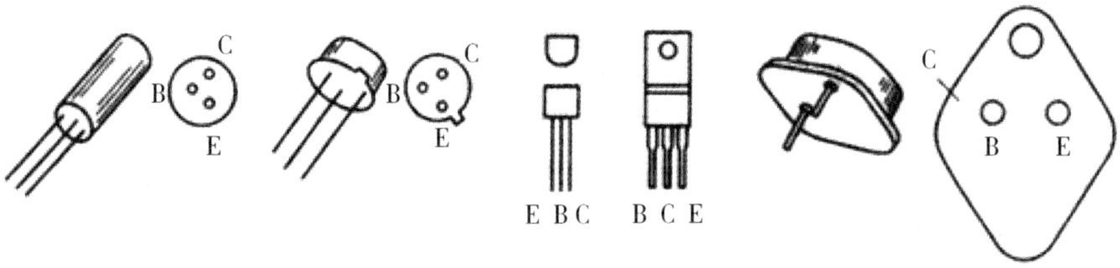

图 7-19　常见的三极管的封装外形、管脚排列、电气符号

五、 船用电气控制箱的日常管理与维护

船用电气控制箱应定期进行检查,在航行中要对停用设备的启动箱或备用设备的启动箱进行检查,停靠码头或锚泊时,可以检查为主机服务的各类泵的启动箱。对启动箱进行检查时应切断电源。要为远离启动箱的电源开关挂上修理告示牌,写明“进行检修,严禁合闸”等字样,除放置人员外,任何人不得移动告示牌,以保证检修安全。

控制箱的维护与保养内容:

除锈:控制箱内电器等装置的零件有腐蚀生锈的地方,必须用砂布或刮刀等除锈。对不导电和不受摩擦的零件表面,刮磨之后可涂以凡士林或润滑脂。

应保持接触器触头接触面贴合良好,所有导电接触面必须洁净光滑,露出金属光泽,便于接触导电。

检查接触器的电磁机构、灭弧系统和弹簧,检查电磁机构在吸合和释放时,其行程是否符合要求。弹簧长期使用后,有可能会发生疲劳断裂或失去弹性,也会随着船舶的振动或由于弹簧本身的弹力而脱落,在维护保养启动箱时,应细心检查,根据情况修理或换新。

检查各部分机械连接情况，仔细检查有无零件脱落掉入箱内，有无螺母松动，如有松脱，应按照接线图正确接好并紧固。

定期测量接触器线圈和线路的绝缘电阻，电器线圈的绝缘电阻在冷态下不得低于1 MΩ，否则应进行烘潮处理。

保持控制箱的水密性，经常检查出线端和箱盖的水密性，若有损坏或变质，应及时更换。

保持控制箱内清洁，定期用吸尘器或电吹风清除箱内灰尘，如有油污应用干净抹布擦拭，不得使用棉纱擦拭。

项目八

无线电通信

任务

全球海上遇险与安全系统认知

全球海上遇险与安全系统(Global Maritime Distress and Safety System,GMDSS),是指国际海事组织(IMO)提出并实施的用于海上遇险、安全和日常通信的海上无线电通信系统。

GMDSS 的建立历经多年的研究和协商,在各国的共同努力下才确保这一系统能够在全球范围内得以实施。1988 年,GMDSS 正式通过,成为 SOLAS 公约的一部分,并于 1992 年正式生效,1999 年才得到全面实施。该系统涵盖了不同的通信手段和频率,包括卫星通信、VHF 无线电通信、MF/HF 无线电通信等,以满足各种海上通信需求。GMDSS 借助多元化全球性覆盖的通信手段、定期播发的海上安全信息、遇险时自动发出的紧急信号,以及第一时间救援帮助的协调,确保了在任何海域都能及时响应遇险事件。GMDSS 的引入和成功实施标志着海上通信和搜救进入了一个新的时代。

随着科技的迅猛发展和通信技术的不断创新,卫星通信、数字化通信、宽带数据传输等技术的发展为海上通信提供了更高效、更可靠的手段,促使 IMO 对 GMDSS 进行复审以适应新技术的应用,满足航运日益增长的通信信息服务需求。

经过多年审议,2022 年 4 月,海上安全委员会 MSC 105 会议以 MSC.496(105)决议通过了 SOLAS 公约 GMDSS 相关修正案。修正案的目的是允许在 GMDSS 中使用现代化的通信系统,其修正内容主要涉及通信卫星、海区定义和 NBDP 的删减等,适用于 2024 年

1 月 1 日及以后安装上船的无线电设备。

一、GMDSS 系统组成

该系统由国际移动卫星通信系统，极低轨道搜寻救助卫星系统，甚高频（VHF）、中/高频（MF/HF）通信系统等组成，具有遇险报警、搜救协调通信、救助现场通信、海上安全信息播发、寻位、日常通信，以及驾驶台对驾驶台安全避让通信等功能。GMDSS 主要由以下四部分组成。

（一）卫星通信系统

GMDSS 的卫星通信系统使船舶能够在全球范围内发送和接收信号。截至目前，IMO 批准纳入 GMDSS 的卫星通信系统仅有三家，分别是国际海事卫星系统（Inmarsat）、铱星系统（Iridium）和中国的北斗报文服务系统（BDMSS）。

（二）地面无线电通信系统

地面无线电通信系统系指 MF/HF、VHF 通信分系统，主要船载设备有 MF/HF 无线电话设备、VHF 无线电话设备、MF/HF 和 VHF 数字选择性呼叫终端（DSC）等。DSC 主要用于传输船方的遇险报警和岸台的相关信息，如 VHF 甚高频、MF 中频、HF 高频等，如图 8-1、图 8-2 所示。

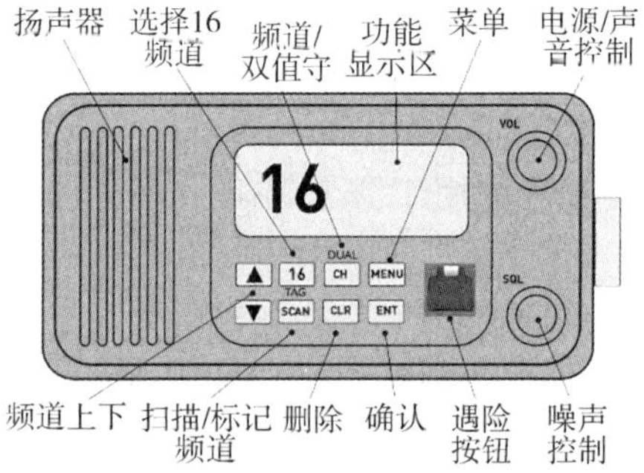

图 8-1　船舶 VHF 设备

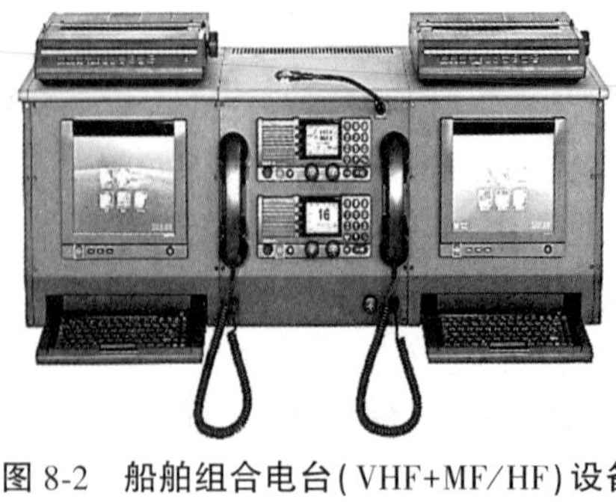

图 8-2　船舶组合电台（VHF+MF/HF）设备

1.VHF(甚高频)无线电台

VHF 是 Very High Frequency 的缩写,即甚高频,是指频带由 30 MHz 到 300 MHz 的无线电电波。船用 VHF 电台的正常工作范围为 20~30 n mile,理论上可达 100 n mile。其主要功能有:

(1)通信功能:船舶引航业务、船舶业务通信联系、船舶之间通信联系、近距离搜救通信、VHF CH16 频道值守。

(2)VHF DSC 呼叫功能:VHF DSC 自动值守 CH70 频道;可实现遇险报警,遇险收妥,遇险转发;可实现紧急、安全和常规呼叫。

2.MF/HF 船用组合电台

MF/HF 通信系统是 GMDSS 地面通信系统中的一个重要组成部分。MF/HF 船用组合电台可用来实现船岸间或船舶间中远距离通信,同时通过海岸电台的转接还可实现船台与陆地公众用户的通信。MF/HF 船用组合电台与 DSC、NBDP 终端相接可实现遇险报警、搜救协调通信、现场通信、MSI 接收和常规通信等功能。

(三)MSI(海上安全信息系统)

该系统用于向船舶播发航行和气象警报、气象预报和与安全有关的其他紧急信息。其中 NAVTEX 在 518 kHz 上,使用窄带直接印字电报手段,用英语协调广播和自动接收海上安全信息。在 A3 海区,可通过 EGC 来实现对 MSI 的接收;在 A4 海区,MSI 是通过高频 NBDP 来实现接收的。船用 NAVTEX 设备如图 8-3 所示。

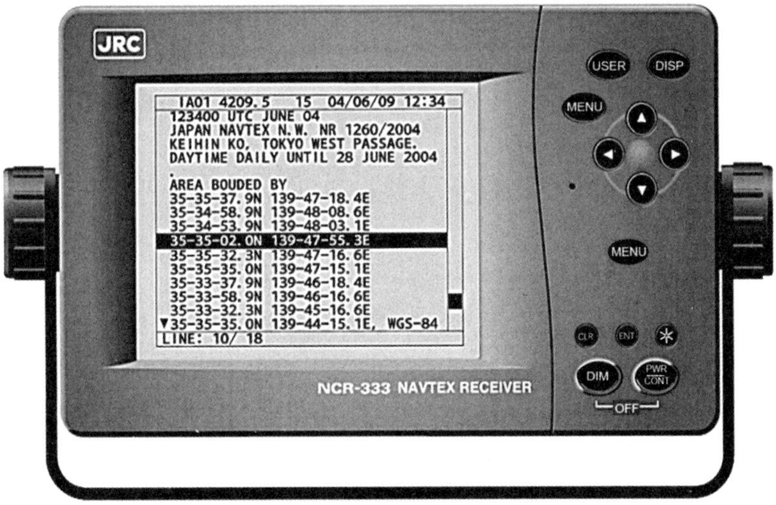

图 8-3　船用 NAVTEX 设备

(四)寻位系统

寻位系统包括 SART(搜救雷达应答器)和 EPIRB(紧急无线电示位标)。船舶

EPIRB 救援示意图如图 8-4 所示。

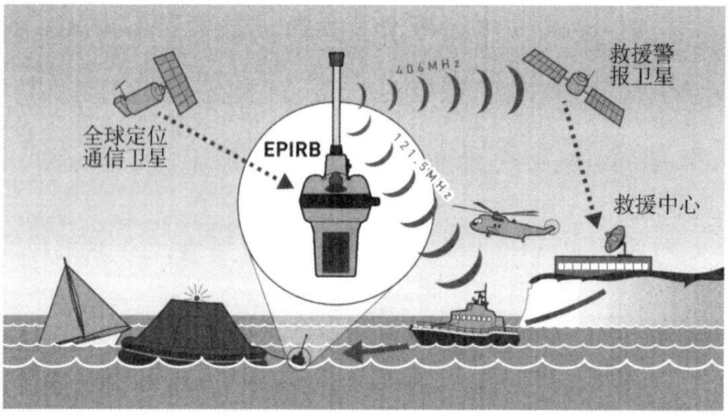

图 8-4 船舶 EPIRB 救援示意图

1.EPIRB

EPIRB 是一台全自动小型发射机,其作用是在发射遇险报警和搜救作业时帮助确定幸存者的位置。

(1)IMO 规定,所有总吨 300 以上的货船以及符合 SOLAS 公约的所有船,除在 A1 海区可以用 VHF EPIRB 代替外,在其余海区(A2、A3、A4)航行时都必须配备 EPIRB。

(2)目前,符合 GMDSS 要求的 EPIRB 有三种:VHF EPIRB,工作在 1.6 GHz 频率上的通过 Inmarsat 卫星进行中继的 L 波段 EPIRB(Inmarsat-E)和工作在 406 MHz(同时含有 121.5/243 MHz)上的通过 COSPAS-SARSAT(全球搜救卫星系统)卫星进行中继的 EPIRB。其中,406 MHz EPIRB 在船舶上已被广泛装配使用,并在全球范围内大量的搜救行动中起着不可替代的作用。

(3)406 MHz EPIRB 的组成如下:

406 MHz EPIRB 由电池供电单元、主控单元、信号收发单元和释放机构四个部分组成。

EPIRB 的启动方式通常有两种:自动启动和手动启动。

如果 EPIRB 的存放盒或安装支架是浮离式的,则该 EPIRB 可以自动启动。当船舶遇险,船体下沉到一定深度后(一般是 1.5~4 m),由压力传感器测得海水静压力,释放机构自动启动,EPIRB 脱离支架或存放盒,浮出水面,开始发射报警信号,所以自动启动式 EPIRB 需要安装在没有遮挡的暴露场合。当然,自动启动式 EPIRB 通常也可以手动启动。

手动启动是指人为地将 EPIRB 从安放支架或存放盒中取出,手动启动示位标的遇险报警功能,使 EPIRB 开始发射遇险信号。

船用 EPIRB 一般内装 2 个发射机,即 406 MHz 发射机和 121.5/243 MHz 发射机(121.5/243 MHz EPIRB 不是强制的),用于发射遇险报警信号。121.5/243 MHz 发射机发射的信号还可作为搜救飞机和搜救船舶的寻位信号。

EPIRB 的电池使用年限为 4 年,电池容量为 48 h。自浮式支架上的静水压力释放器使用年限为 2 年,有效期通常标记在静水压力释放器以及存放盒侧面的标签上。要经常查看电池和释放器的有效期,在其到期前应及时报告并申请安排换新,换新后的电池和释放器要标明有效期。

2.SART 和 Two-way VHF(双向甚高频无线电话)

SART 是 GMDSS 所要求的具有发射示位信号,使救助船或飞机能确定漂浮 EPIRB 或救生艇筏,或幸存者位置的设备;Two-way VHF 则是供幸存者使用的现场通信设备。

按照 GMDSS 的要求,客船和 500 总吨及以上的货船,应至少配备 2 台(每舷各 1 台)SART、3 台救生艇筏 Two-way VHF;300 总吨及以上但小于 500 总吨的货船至少应配备 1 台 SART 和 2 台救生艇筏 Two-way VHF。

(1)SART

①SART 工作在 9 GHz(X 波段)频段,所以也称为 9 GHz SART,与救助船或飞机上安装的 X 波段雷达组成 GMDSS 中的寻位系统。SART 的作用是发射示位信号,让救助船或飞机上的雷达能发现 SART 并测定 SART 的位置,即救生艇筏或幸存者的位置。

②9 GHz SART 与 X 波段雷达配合使用,是 GMDSS 系统中用来近距离确定遇险船舶、救生艇筏及幸存者位置的主要方式。该系统的工作不受能见度限制,尤其在黑夜和能见度不良的情况下,示位的效果十分明显。而持有 SART 的幸存者可以根据 SART 的声光信号判断附近是否有救助船或飞机。可以说,SART 是最终实现 GMDSS 的搜救,确定救生艇筏、遇险人员位置的最主要设备之一。

③SART 的应答信号在救助者的雷达屏幕上,能沿半径显示出 12 个等间距排列的亮点,第 1 个亮点到雷达屏幕中心的距离就是救助者到 SART 的距离;12 个亮点的连线与艏线的夹角就是救助者到 SART 的相对方位。12 个亮点中从第 1 个亮点到最后一个亮点的距离大约是 8 n mile,每 2 个亮点的间距大约是 0.65 n mile。

(2)Two-way VHF

①Two-way VHF 设备主要用于救生艇筏之间、救生艇筏与船舶之间,以及救生艇筏与救助单位之间的现场通信。

②双向无线电话体积小、重量小,至少应由包括天线和电池在内的完整的收发信机、包括按钮式发射开关在内的完整的控制装置、内置式送话器和扬声器组成。

二、GMDSS 系统功能

船舶一旦遇险,GMDSS 能够立即向陆上搜救机构及附近航行船舶通报遇险信息,陆上有关搜救机构能够在最短时间内进行协同搜救活动。

(1)遇险报警(包括船-岸,岸-船,船-船):船舶一旦遇险,能迅速、有效地向陆上搜救协调中心(RCC),或其附近的其他船舶发出遇险报警信号,搜救中心能立即组织对遇险船舶的搜救。报警过程时间短,系统反应迅速,报警成功概率更高,救助成功的可能性更大。

(2)搜索与营救协调通信:指在遇险报警之后,搜救协调中心(RCC)与遇险船舶、参加搜救的船舶、飞机和陆上的其他搜救机构之间的通信。

(3)现场通信:主要指在遇险现场的遇险船舶、救生艇筏、救助船舶或飞机之间的通信。

(4)定位和寻位:定位功能由卫星和地面系统的报警设备发出,使接收到信息的有关单位可以直接或通过分析得出遇险船舶的位置。定位功能因种种原因有一定偏差,所以系统提供了寻位功能,即一般采用 SART 和 EPIRB 发射引航信号。

(5)安全信息播发:GMDSS 系统中设立了一套完整的播发体系,用来播发航行警告、气象警告和气象预报等海上安全信息。

(6)日常无线电通信:主要指除遇险、紧急和安全通信以外的船舶业务及公众业务通信。

(7)驾驶台与驾驶台之间的通信:指在船舶通常的驾驶位置上,一般利用 VHF 无线电话,为确保船舶航行安全而进行的通信。

三、GMDSS 适用海域划分

考虑到组成 GMDSS 的各个不同无线电分系统在地理覆盖范围和提供的业务方面具有其各自的局限性,因此,GMDSS 船舶的设备配备要求原则上由船舶的航行海区来确定。

GMDSS 的区域划分如下:

A1 海区:至少由一个具有连续 DSC 报警能力的甚高频(VHF)电台的无线电话所覆盖的区域(20~30 n mile)。

A2 海区:除 A1 海区以外,至少由一个具有连续 DSC 报警能力的中频(MF)海岸电台的无线电话所覆盖的区域(75~100 n mile)。

A3 海区:除 A1 和 A2 海区以外,由具有连续报警能力的 INMARSAT 静止卫星所覆盖的区域(覆盖范围是 70°N 至 70°S)。

A4 海区:A1、A2 和 A3 海区以外的区域。该海区基本上是南、北极地区,这个区域无法被赤道上空的静止轨道卫星所覆盖。

GMDSS 各海区划分范围如图 8-5 所示。

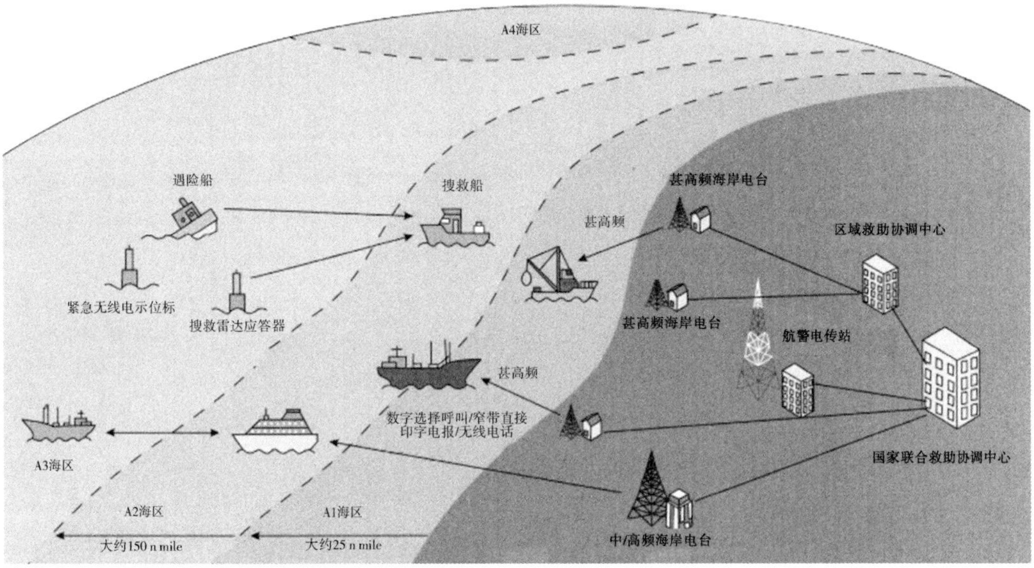

图 8-5　GMDSS 各海区划分范围

参考文献

[1] 许乐平. 船舶管理:轮机专业[M]. 大连:大连海事大学出版社,2000.
[2] 李品芳. 船舶管理:轮机[M]. 大连:大连海事大学出版社,2014.
[3] 刘万鹤. 船舶管理:轮机工程专业[M]. 大连:大连海事大学出版社,2007.
[4] 中国海事服务中心. 船舶管理[M]. 大连:大连海事大学出版社,2008.
[5] 蒋德志. 船舶管理[M]. 大连:大连海事大学出版社,2010.
[6] 蒋德志,史绍华. 轮机管理[M]. 大连:大连海事大学出版社,2014.
[7] 郑凤阁,李凯. 轮机自动化[M]. 大连:大连海事大学出版社,1999.
[8] 林叶锦. 轮机自动化[M]. 大连:大连海事大学出版社,2019.
[9] 国家市场监督管理总局. 海洋运输船舶应变部署表(GB 17566—2021)[S].国家标准化管理委员会,2021.